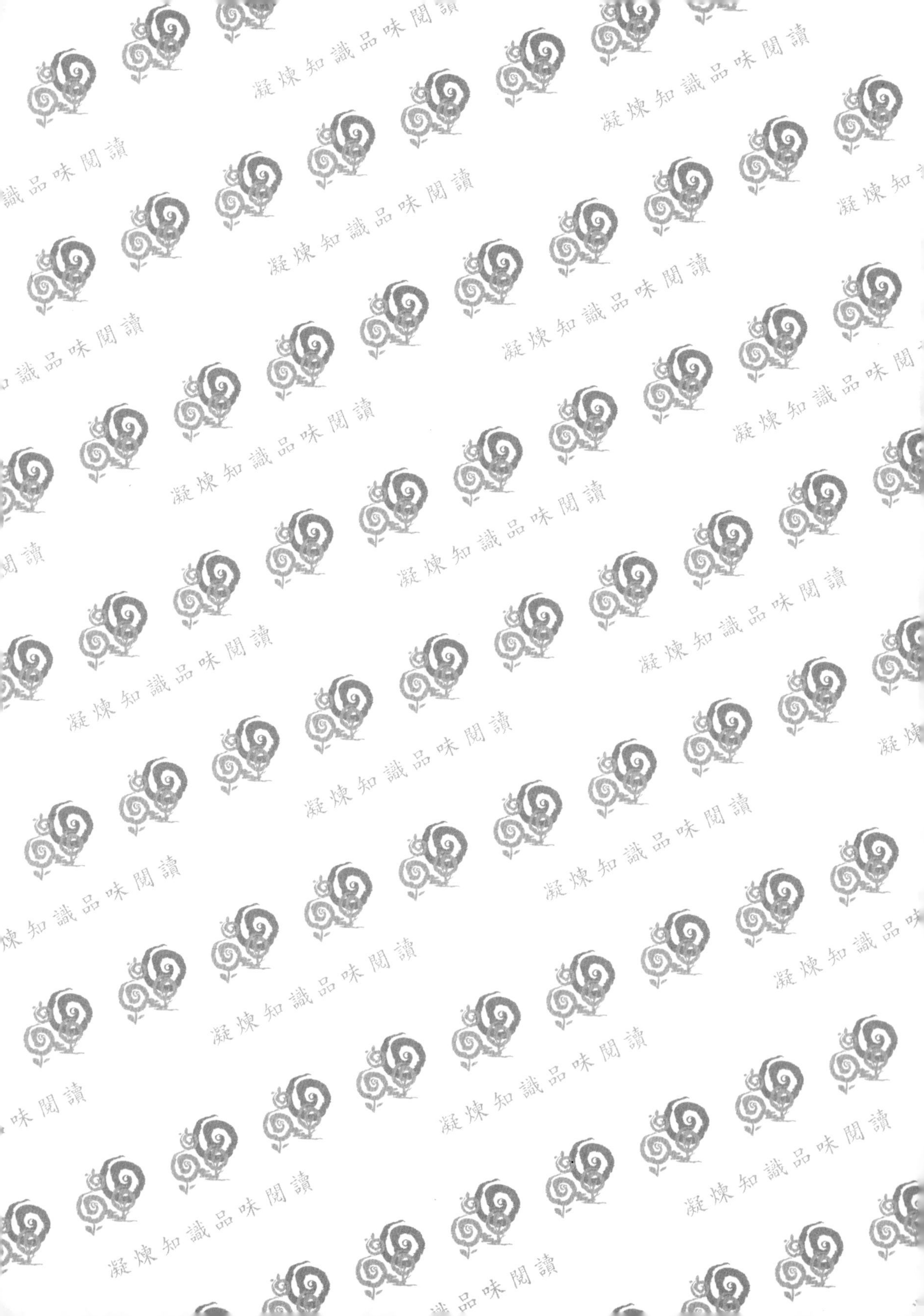
凝煉知識品味閱讀

凝煉知識品味閱讀

救災體系

楊永年 著

Disaster Management System

五南圖書出版公司 印行

推薦序

——黃榮村講座教授序

楊永年教授花了很大心力撰寫《救災體系》這本專書，究竟想要傳達什麼訊息？我想花這麼大心思考證周詳，深入寫出國內外防救災與重建經驗，以及探詢如何建立出有效體系的人，心中一定有一股熱情，也對這塊土地與人民有深刻的認同，希望大家一齊來護衛這個家園，而且不要讓應該可以避免的災難再度重演。在這種心情下寫出來的書，當然適合每個關心的人來閱讀，更應該看這本書的人，則是有過受災經驗以及與防救災事務決策有關的人。

本書旨在釐清救災體系的內涵與範疇，探討其所發揮的功能或成效，並以個案分析為主軸，從個案萃取出救災的盲點或迷思，放在國際脈絡（尤其是日美以及東南亞與中國）與國內運作機制上予以評估。臺灣是個典型的防災不力但救災內行，在災害來臨時，處處可以看到政治力及時正面大力介入的地方，作者在此脈絡下，就災害之初的救災指揮因應與災害管理體系進行檢討，確實是比較能由此找出應興應革之處。

設定了這樣一個框架後，不可避免的會直接碰觸到各級政府、消防署、內政部，與行政院的能量及能力問題，也會在此基礎上檢視國軍與民間的力量，一般人要在這個基礎上作均衡評量，並非一件容易的事，直覺上會從有限的報導與資訊中，傾向於去表揚民間與宗教的付出，並凸顯國軍的介入，但很容易在此忽略了政府的角色與貢獻，難得的是作者對這一點了然於心，常能作公允的論斷。自發或被動員的民間貢獻當然是最值珍貴的，國軍則在緊要關頭發揮了關鍵性力量，所以當然應該好好凸顯這些不可或缺的龐大力量，但也不要忘掉，救災與災害管理權責所在的公權力主體，實際上仍在各級政府，國軍更是政府的一部分。相關機制與法令的運作及修訂，其權責集中在相關部會與行政院，因此負責第一線（救災實務的一部分，但並非全部）的地方政府，最容易砲打中央，不免會以為自己與災區零距離而且主導救災重建的正當性最高，所以由中央在現場災區設置單一窗口統籌，是平衡這件爭議以及做好分工整合的最好方法。

救災的動員能力與效能，常要看災害本質，如大地震與海嘯，事前基本上無跡可尋（雖然大地震仍可以有幾十秒的預警，海嘯預警餘裕可以更高一點），來了一翻兩瞪眼，現場在短時間內必須有效啓動關係人命的緊急救災、衍生災害的持續救災（如日本311的福島原爆事件、大地震後易致災害地區的降雨及土石流防治）、後送的急救醫療，與災後安置。當救災與安置大體告一段落後，隨之而來的重點則是復原與重建。但大水災（如921震後隔年的桃芝與十年後發生的88水災）發生之後的救災，則由於災害來臨尚屬有跡可循，如異常降雨預報與微分區洪水演算，雖然不穩定性高，但仍有餘裕可以在這些基礎上，事先介入處理（如疏散），接著異常降雨大水肆虐後，時間可能持續長達幾天，此時之救災模式與大地震迥異，救災成效好壞將大有不同，如災情資訊是否能及時有效提供，緊急救災機制是否能順利大規模啓動（包括出動直升機與國軍），指揮體系是否強而有力，這些因素在在影響了該類災害的救災成效。

本書在「動員」與「組織間合作」相關各章，寫得特別具體，亦有恰當評論，部分原因係因作者熟悉國內警消動員與跨國救災業務之故。作者也實際協助過桃芝風災時東埔蚋溪旁嚴重受災區竹山的木屐寮，進行救災與災後復原工作，後來並由重建會委託作進行社區防救災行動計畫的執行。楊永年教授當然更關心臺灣政府救災體系與運作上應該如何改進，以及全民與社區防救災的概念與實際如何落實之類的問題。這類問題都涉及結構與行為因素之共同改善，徒靠既有法令與結構是不足的，還需要及時激起全民的關心與愛心。前者是政治性的，如在面對重大災害時，頒布緊急命令、制定暫行條例、籌措特別預算，與設立統一窗口，這些舉措都是因應全民關心下的政治動員。後者則是對救災重建助益甚大的民間捐款與龐大民間動員，以及影響社區共識至鉅的社區總體營造，並非出諸單純的法令與政策架構就可做到。所以結構的改善固然重要，但在同理心沛然勃興下發動的大量捐款與充滿愛心的民間參與，才是臺灣救災與重建受到國際重視及高度評價的主因。本書一直強調在災害來臨時，自助與共助是基本功，但要達到該一目標，就非得做好各層次的分工整合不可，這也是一個有效救災體系應該要植入的重要元素。

我想，楊永年教授已經將其一生中最寶貴的經驗與見解，融入在本書之中，在此特表推薦與敬佩之意。

黃榮村
中國醫藥大學生醫所講座教授
臺大心理學系名譽教授
曾任政務委員兼行政院921重建會執行長
教育部長
中國醫藥大學校長

自序

救災體系專書終於要出版，本書係經科技部委託TSSCI期刊編委會審查通過之專書。本書能夠出版除了難掩興奮，對於救災體系的內涵也更加了解。修改過程因試圖回答一位審查委員意見，才知道（天然）災難和災害的概念竟是那麼接近（雖然研究救災體系二十年、環境污染與生態十年），發現災害有時也是災難。甚至可能因為故意或輕忽，包括貪瀆（廉政）問題的發生，讓災難更為嚴重或惡化。夢想要寫這本書已經很久，從決定動筆寫書到完稿出版，歷時約一年半；過程雖有小辛苦，但寫作過程的重要發現、成長與喜悅，遠超過這些辛苦。由於每年國內外多會發生大小規模的災害或災難，而如何降低這些災難對社會的衝擊，是本書最重要的目的。作者投入救災體系研究，始於1999年921大地震的發生，因為故鄉位於重災區的南投縣，興起如何將救災和專長領域結合的想法，不意二十年就這樣過了。

2018年深感應儘快將過去救災體系的研究成果進行整理，因此加快腳步整理與撰寫；令人驚嘆的是，本書撰寫過程有許多難得的機緣與巧合。例如寫作過程發生許多國際與國內的災難（包括在日本講學研究的奇遇），成為本書重要的案例內容或寫作素材。也因寫作過程與初稿完成後，參加許多分享會議（包括上課）；以及接觸有防救災經驗的朋友、政府官員、非營利組織成員，因此持續增加專書內容。作者並未特別安排或計算出版日期，但初稿完成時，適逢921大地震於2019年滿二十週年；莫拉克風災則屆滿十週年，讓本書出版更具有特殊意義。2020年爆發Coronavirus 2019（簡稱COVID-19，爆發初期稱為武漢肺炎，現又稱新冠肺炎），全球疫情傳播迅速，成為人類災難，因此也適用本書理論與解釋。閱讀本書可以從第一章開始閱讀，也可以從第二章開始閱讀，因為第二章是本書的理論基礎概念，等於是貫穿整本書內容的章節。讀者也可以依興趣或需求，閱讀個別專章；就像組織分工般，各章有其專業或專屬性，但各章間也有相關性。

因此建議讀者在閱讀本書各章內容時，可以對照圖2-3與圖2-3-1，以增加對本書內容的理解；或者，每一個災難個案，都可以圖2-3或圖2-3-1解釋。例如，資訊、動員與組織間合作三個自變項，是相互影響（關連）與存在。也因這三個自變項的意義或內涵相當多元，這同時加深圖2-3的可塑性、複雜性與應用性。災難議題具有公共性，所以需要由政府主導或推動，但可能因諸多因素導致政府失靈。因此個人、家庭、公司或任何組織，也都不能忽略其面對災害的脆弱性（vulnerability），因此也必須同時思考強化災害防救的韌性（resilience）；所以也可以主動規劃、設計與參與防救災議題。雖因諸多因素導致本書出版日期延後，但不減作者對此議題的熱情，審查與修正過程增添不少內容。

本書的出版亦深具重要性，同時提醒或敦促政府、非營利組與社區，應有危機意識，採取積極主動作為，以隨時因應可預期與不可預期的災難。應該說，我們可以預期災難會降臨，只是不容易預測何時、何地會發生多大規模的災難。921大地震與莫拉克風災，是臺灣的重大事件，是應該作永久的紀錄。因此，作者在921大地震屆滿十週年時，承辦並借用921地震教育園區（博物館）的會議室舉辦研討會。會中邀請黃榮村前執行長、陳錦煌前執行長，以及當時擔任縣長的彭百顯先生、廖永來先生，以及木屐寮的李振儀先生和諸多學術先進，進行相關議題討論。本書寫作的初衷或理念，和前行政院921震災災後重建推動委員會執行長，也曾擔任教育部長的黃榮村博士相同；不希望救災體系重複發生錯誤，或應盡可能將重大災難發生的過程，作完整的紀錄。

可能因為使命感的關係，黃前執行長分別在921大地震十週年與二十週年，分別寫下《臺灣九二一大地震的集體記憶》（黃榮村，2009）、《921震後20年紀事：以及核電爭議與全球氣候變遷》（黃榮村，2019），以及共同出版《921地動綻開的花蕊》一書（建築改革社，2019）。前三本著作，主要希望為921大地震留下歷史紀錄，特別是正面的案例或故事；因此特別感謝黃前執行長為本書寫序。不同之處在於，本書則比較從批判的角度進行論述，並同時列舉正面與實務面的案例說明。但最終目的都希望我國救災體系能夠精進，並往正面純熟的方向發展；不論正面或負面皆可以本書救災成效作詮釋。1994年至2006年間，作者服務於中央警察大學行政管理系，主要從事組織管理相關教學與研究工作，期間同時指導多篇碩專班碩士論文。

2004年與2006年初，作者曾兩度前往日本京都大學進行救災體系研究，同時發現作者當時所作的訪談紀錄檔案，可納入本書內容。主要因為訪談資料，記錄了日本內閣府與地方政府因應災害的模式，有助讀者了解日本救災體系。2006年轉往國立成功大學政治系任教，仍持續防救災研究，並擴及環境污染（開發）與保育議題；同時發現，環境與防救災息息相關，因為山林或環境不當的開發或破壞，導致災難的發生。由於成功大學係綜合型大學，也因此開拓了跨領域的學術視野。2011年3月11日日本發生311大地震，地震發生時作者碰巧在成田機場轉機，前往美國參加美國公共行政年會，親身感受到大地震的威力驚人，同時在成田機場渡過難忘的一夜。2013年前往美國加州柏克萊大學進行研究，主題包括環境生態與核能安全；投入核安研究原因也在接續日本311核電廠事故，對臺灣核電（安全）發展造成衝擊。

也因為該議題的切入，加上過去在美國求學，以及其他的研究經驗，對美國救災（核安）體系也有一些了解。本書彙整過去二十年有關災害防救研究的經驗與內容，包括指導十七篇碩博士論文和許多災難個案的評析與建議，以及科技部、教育部、國發會（原研考會）、原能會、人事行政總處、臺南市政府、台電公司等政府與機關的委託研究。科技部的委託計畫包括，天然災害行政管理系統研究，救災組織體系之研究——以南投縣政府為主體，流水號：88AFE0700076。臺灣與美國地方政府救災組織體系之比較研究——以南投縣與加州洛杉磯縣比較，NSC 90-2414-H-015-002。核能公共參與與溝通機制之研究（以核三廠為例）——核能安全體系之研究，NSC98-3114-P-006-001。核能公共參與與溝通機制之研究（以核三廠為例），NSC 100-3113-P-006-009。救災醫療體系之研究——以雲嘉南為例，救災醫療體系組織分工與整合，NSC 101-2420-H-006-009-MY2。

還有能源國家型科技計畫：核能公共參與與溝通機制之研究（以核三廠為例），NSC101-3113-P-006-021。核能電廠緊急應變計畫區核安社區風險治理之研究，MOST 107-NU-E-006-002-NU。核三廠鄰近社區核安溝通之研究，MOST 108-NU-E-006-001-NU等。至於誰該看這本書？作者認為從事防救災工作的政府官員（隨著災難規模愈來愈大，包括幕僚與非消防機關都需參與）、非營利組織（包括宗教團體或以救災為任務的非營利組織）、營利組織（因為許多基金會或非營利組織受營利組織所掌控）、（防災）社區；或對救災有責任、承諾與興趣者，都可以參考這本書。閱讀本書有助了解救災體系各組織的定位與功能，亦期有助救災體系功能進一步發揮。而且，本書各章節觸及不同屬性或功能的組織，宜作整體性閱讀。也因為救災是公共事務或議題（眾人之事），政治人物、民意代表甚至全民都有監督之責；所以政治人物也應該閱讀（特別是政治人物掌握防救災資源）。

雖然本書各章具獨立性，卻也高度相關，因此這又回到本書「救災體系」的意涵，即在以網絡或組織體系的概念作連結。作者感受深刻的是，在第八章救災體系下社區撰寫過程，發現木屐寮社區應該是全國自主防災社區的典範；因為該社區防救災團隊於2002年由作者輔導成立後，仍持續運作（作者在本書完稿前親自詢問南投縣消防局與社區領域），成為地方政府與社會的重要防救災團隊。社區意見領袖進一步向政府陳情與溝通，將原本的災區變成「親水公園」。更特殊的是，第九章救災體系下非營利組織運作，是作者第一次針對非營利組織作深入的專題論述，寫完後也特別有感觸；感受到非營利組織資源或力量之龐大，是救災體系（含政府）不可或缺的重要（夥伴）組織；甚至認為政府應該和非營利組織進一步建立（契約）合作關係（例如美國聯邦政府和美國紅十字會，就存在契約關係；但也僅和紅十字會有契約關係）。

對救災或組織研究有興趣的學術研究人員，也可以閱讀本書。因為本書主要的理論主軸是組織，只是比較多篇幅係以災難為例進行分析。也提供其他領域學術人員參考，因為組織運作最細的分工，可以是科技或科學研究；甚至也可以和人文、哲學、歷史作連結。特別若以實際災害例進行研究，諸多領域與理論都有很多論述空間。再者，如果大規模災害來臨，會跟每個單位、每個人都有關係，本書提供的案例分析，剛好可以提供具防救災意識的民眾參考。也因為災害無國界，因此本書也嘗試分析其他國家的災難與防救災案例，並作比較分析；以強化防救災理論與實作的可行性。本書亦嘗試透過比較研究，主要也希望災害防救能有跨國或相互學習的作用。雖然，本書以「救災體系」為名，比較是學術導向，不過書中內容有很多實例介紹，所以也有高度實用性。

本書雖有理論介紹，但仍力求能讓非學術領域的讀者能夠理解。這是作者學術生涯出版的第三本專書，第一本主要針對「警察組織」進行論述與分析；第二本為「組織行為」，係以教科書方式呈現。本書雖以救災體系進行寫作，主要還是期待救災體系能發揮更強或更大的功能。而理論或學術領域主軸與內涵難脫組織（或組織管理）研究；和前面兩本書不同處在於，本書主要偏總體（macro）而非個體（micro）；這難免也是一種偏頗。不過，關於救災人員的價值觀、態度與行為，仍有零星論述；也許未來如果有機緣，可能針對個體的部分，再深入研究。因為每個災民、每個救災人員，都是重要的個體，都有其個別差異的深刻體會與感受（當然也可能存在相同的體驗）。因此，每個災難個案，都提供了深入研究與學習的素材。

作者更同時觀察到，當沒有災難發生時，政治討論通常占據大幅媒體版面；但災難來臨時，災難相關新聞自動擠掉政治新聞；只是，有時災難政治學也經常在救災過程留下重要痕跡。本書的完成，必須感謝科技部、原子能委員會、國家發展委員會、人事行政總處與其他相關政府組織與機關的支持與經費補助，得以對防救災理論與實務有深一層的認識或論述；也因為作者過去針對不同案例研究的累積，得以發展或歸納成災害防救通則，並進一步形成理論。本書內容如同作者對救災體系的分析，認為救災體系有精進空間。當然，本書亦有精進空間，特別對於許多實務運作的批判論述，難免存在主觀或偏頗，但希望透過這些相關論述，對於我國救災體系運作有實質助益。至於本書的完成，除感謝這些機關的經費補助，還要感謝成功大學、社會科學院、政治系同仁，以及研究專員林立琁、五南書局劉靜芬副總編輯與林佳瑩編輯等提供的行政與校對協助。

由於作者亦參與成大跨領域之「防災科學概論」、「公共衛生危機準備與災難應變」兩門課程，也有一些學習。同時感謝所有接受訪問的官員、非營利組織與民眾。沒有他們的支持與協助，本書難以完成。當然，最期待的還是希望本書的完成，讓救災體系運作更為順暢，讓更多人的生命財產獲得保障。基此，作者由衷感謝針對本書內容所提供的任何指正或修正意見。感謝日本京都大學足立幸男教授，以及關西學院大學長峰純一教授，讓我有機會兩度在日本客座，有機會深入了解日本救災體系。因為在日本客座期間，在前述兩位日本教授安排下，分別前往京都總合環境政策研究所（Research Institute of Humanity and Nature）以及關西學院大學災害復興制度研究所，分別進行日本救災體系之研究：以2019年颱風19號為例，以及臺灣重建政策之研究（主要以921大地震與莫拉克災後重建為例）。

因為前述兩場演講，讓我更深入了解臺灣與日本救災體系與重建政策的差異，同時了解到日本社會（社區）保守的防災文化，部分內容亦出現在本書內容中。同時感謝日本關西學院大學政策總合學院，於2019年9月至2020年1月，提供講學研究機會；也因此能有更充分的時間修改審查委員提供的寶貴意見（在圖書館找尋更多相關書籍文獻，查閱所有災難管理相關書籍；逐一翻閱整理後，增加逾50筆近十年之中英文書目）。同時發現兩本值得參考的防救災重要著作，Watanabe (2005) *Lessions from the Great Hanshin Earthquake*（阪神大地震的學習經驗）與Brannigan（2015）*Japan's March 2011 Disaster and Moral Grit*（2011年東日本大地震的道德勇氣）；特別是後者，係該書作者參與「志工」觀察學習的經驗，有很多感人的故事，因此感受到，透過故事的描述，會讓人感動。

作者同時發現，所找到的災難管理專書，多數和「社區」有關，更加深本書第八章救災體系下社區議題的重要性。也因客座期間日本發生19號颱風，得以從日本新聞媒體報導中，獲得日本救災體系運作的情形，並納入本書內容。對於本書的完成，作者一則以喜、一則以憂。喜的是，終於完成救災體系專書的夢想與期待。把過去二十年在防救災議題教學、研究與社會服務的成果，作系統性的整理；對於自己的學術工作有所交代。憂的是，感覺本書仍有很多不足之處，以及很多書本或研究報告，仍需詳細閱讀並作補充。因此，內心覺得應該再繼續閱讀研究與分析，以補強這些不足；惟因為時間壓力，仍不得不劃定界線或範圍。無論如何，還是期待本書的出版，能有拋磚引玉的效果，或能獲學術與實務先進的回饋，作為本書未來精進的元素或元氣。

不過，最重要的目的還是希望能促進救災體系成效的改善或進步。作者同時期待，未來能在救災體系跨國合作盡力，不論在學術或實務上，都值得努力。作者必須由衷感謝科技部人文社會研究中心補助期刊審查的機制，以及負責TSSCI學報審查的東吳政治學報編輯委員會協助。而要特別感謝的是，三位匿名審查委員細心閱讀，並提供寶貴的建議與修正意見，讓本書內容更為完備，或可將錯誤或誤解降到最低。綜言之，作者在撰稿與修正書稿過程花了很多時間，希望力求完美，但仍難免仍有疏漏，尚祈先進不吝指正。撰稿之初預估能寫10萬字就不容易了，但完成初稿時約16萬餘字，覺得已經「江郎才盡」。因此感謝審查意見，因為作者為能確實反映審查意見，修正後的書稿逾18萬字，後來發現還有許多要點可以納入，因此最後以約22萬字定稿。當然，本書若存在任何謬誤，作者仍須負擔完全責任。最後，也要感謝內人岷秀的支持，謹以此書獻給我的家人，包括我岳父母、內人、小孩、兄姐，以及我往生的父母。

楊永年 謹識於國立成功大學

目錄

第一章

緒　論

爲什麼要寫這本書？因爲天然與（或）人爲災害每隔一段時間就會發生，而所謂一段時間，通常不會長於一年；如果加上人爲災害則間隔的時間更短。有些災害可以事前預測（例如颱風與雨量通常可以預測），有些災害則難以預測或預防（例如可預測或測知地震的時間很短）。而通常愈是大規模的災難，愈受到更多的關注或研究；至於是否因爲災害發生的經驗，可導致強化救災體系與功能，值得深入研究。主要因爲政府規模有限（或不可能無限制擴充），對於大型災難的應變能量可能不足；或者，如何針對現有救災資源，作最好的盤點整理或制度建立，以及如何有效連結民間或非營利組織的資源投入救災，都是本書關切的議題。因此值得探索的是，救災體系應如何定位，才足以應付多大規模的災情；或者，由於災害或災難存在不確性或動態性，這代表救災體系也應有動態思維，才能發揮應有的功能，是本書的主軸。

本書的撰寫過程源起於作者兩篇英文論文 (Yang, 2010; 2016)，因此第二章的圖2-3係最原始的研究架構圖。寫作之初係以研究進行定位，匯整作者過去二十年來進行救災體系相關理論與個案研究之內容、針對個案進行評論的報章雜誌短文，以及指導研究生論文撰寫的成果，因此，本書是可以研究專書定位，因爲整本書都是在論述「救災體系」。惟作者於2018年時，在政治經濟研究所開設英文救災體系的碩博士課程，後來也覺得四大柱的中央政府、地方政府、非營利組織與社區，是重要的主題或議題，因此從資訊、動員、組織間合作之原始的組織架構分出來作不同課程主題討論，並發展成圖2-3-1，基此，本書也可以當教科書使用，適合每週選擇一章進行教學討論。也因本書內容提供個案討論的案例，可以說是理論與實務兼備的教材內容，所以除了適合教學外，也適合作實務單位運作的參考。換言之，本書同時兼具研究、教學與實務運作功能。

任何災害或災難發生，通常會面臨三個大問題（議題）：第一，發生的原因是什麼？第二，如何避免類似災難的發生或降低傷害（和防災政策與體系運作有關）？第三，如何重建（和重建政策與體系運作有關）？這三個問題會在各種不同災難中重複出現，而且這三個問題環環相扣，也會在本書進行各種案例的說明與論述；或者，本書採用很多案例進行質化的論述與分析，雖然個案存在差異性，但也存在通則性；而通則性比較是作者關注的內容。例如，Ross (2014: 26-27) 就從地方災難韌性（local disaster resilience）案例研究中（主要是社區韌性研究個案），得出三個重要結論或通則：第一，因爲社區系絡（community context）的差異，導致社區調適方式具獨特性；第二，社區韌性通常是由上而下，以及由下而上的綜合過程；第三，調適過程中會呈現不同程度的即興、整合、社區參與、學習活動。而這三個結論，也顯示出社區因應災難存在動態性與獨特性。

唯有知道災難確定的原因，才能避免災難的發生，或才能建構完整的防災政策。案例研究於是提供研究者了解災難因果關係很好的素材，因爲可以透過理論進行案例分析，也可以不同案例發生進行比較，得到具實作性的因果推論。而有了因果關係，就比較能發展預防的策略。至於重建通常也要融入防災的概念，重建的建築、設施或組織（制度），才能永續。爲了調查大型災難原因，通常需要詳細與專業的調查，才能撰寫好的調查報告；其內涵包括科學技術（鑑識）以及體制（包括組織運作與規範）存在的問題。通常大型災難的發生與預防，會涉及諸多政府機關，是跨層級、跨部會（局處）、跨領域等；如果沒有適當整合，就難以發揮應有功能。而且調查報告應公開讓社會大眾閱覽，因爲這除了具防災教育效果，也有公共監督的功能。

Madu and Kuei (2018: v) 指出國際社會認爲減災與整備政策必須同時在地方政府、州政府、中央（聯邦）政府同時規劃。再者，國際ISO（International Organization for Standardization）公司有鑑於災害管理的重要，因此開發一套適用於任何組織的《安全與韌性—應變管理—事件管理指引》（Security and resilience-Emergency Management-Guidelines for incident management）ISO 22320: 2018（初版爲ISO 22320: 2011），顯見國際社會對減災與整備的重視，而健全救災體系則應該是減災與整備重要的內涵。Mileti (1999: 3) 指出，災害問題的根源有三：第一，是地球物理系統持續改變（包括地球暖化與氣候變遷）；第二，人口分布與密度集中，或都市化（群聚）導致災害風險提升（而風險提升自然帶入保險領域內容，亦值得重視）；第三，公共設施與交通系統愈來愈密集，可能造成龐大的潛在損失。

在這部分Watanabe (2005: 57, 91-93) 提及，阪神大地震造成阪神高速公路崩塌，但相關的工程紀錄卻無法找到，導致證據的消失。神戶市政府在災後兩個月，也提出都市計畫內容，以避免災民各自重建可能造成混亂，但此舉卻造成居民連署反彈，認為影響居民權益。因此救災體系建構除了涵蓋面相當廣，同時也應回應與解決Mileti所提出的三個根源問題，所以救災體系為了因應這些災害動態的影響，必須不斷調整。主要的理由在於，氣候變遷係導致災難發生的重要原因，包括2009年發生於南臺灣的莫拉克風災、2018年8月南臺灣發生的豪大雨、2019年10月的哈吉貝颱風重創東日本等。許多人認為這些災難和地球暖化與氣候變遷有關，加以人口往都市集中，公共設施又必須投資於人口密集處。這些因素，都使得災害對財產生命的危害更為嚴峻。

聯合國環境規劃署（UN Environmental Programme）也提出警示，因為溫室效應與氣候變遷，導致大型災難不斷發生；或因氣候變遷外加其他因素（如經濟開發），讓災難發生的頻率與規模加劇，使得救災體系運作益形重要。例如，2019年10至11月美國加州至少發生13處森林大火，除了導致民宅受損，也造成環境生態的影響[1]；2019年澳洲森林大火，造成多人死亡，以及諸多物種可能瀕臨滅絕，民眾對總理莫理森不重視森林火災頗有怨言，因此總理到災區小鎮訪視，卻遭居民拒絕握手[2]。Madu and Kuei (2017) 在其專書《災難風險減低手冊》（*Handbook of Disaster Risk Reduction & Management*）中明確指出，因為氣候變遷大家見證了溫室氣體（Greenhouse Gases, GHG）累積，導致天然災害的增加；因此提出減災策略，並思考如何強化社區因應災害的韌性（resilience）。[3]

關於韌性的意義，依聯合國災害風險減災組織（United Nations

1 https://edition.cnn.com/2019/10/31/us/california-fires-overview/index.html，瀏覽日期：2019/11/20。

2 https://news.ltn.com.tw/news/world/breakingnews/3028542，瀏覽日期：2020/1/3。

3 https://www.worldscientific.com/worldscibooks/10.1142/10392，瀏覽日期：2019/11/20。

Disaster Risk Reduction, UNDRR）的解釋，主要在透過基本結構或機制建立，讓其發揮保護（保育）與重建功能，讓系統、社區或社會對於災難的抵抗、吸收、調適以及復原力，能夠及時且有效。[4]近三十年來，在聯合國災害風險減災組織支持下，1994年起草《橫濱防災備整與減災安全行動策略宣言》（Yokohama Strategy for a Safer World: Guidelines for Natural Disaster Prevention, Preparedness and Mitigation and its Plan of Action），希望能強化減災政策或策略執行力，並達應有的減災效果。後來「兵庫行動架構方案」（Hyogo Framework for Action, HFA 2005-2015）的提出，也在補強或進一步強化減災行動方案的執行，或許因為1995年阪神大地震，讓日本（兵庫縣）意識到減災的重要。

因此，除了選擇在神戶起草與發表兵庫行動架構方案，同時在聯合國災害風險減災組織支持下，聯合國於2007年在日本神戶設立減災辦公室，成為聯合國協調與整合亞太地區減災的單位，而且行動方案側重方案或策略的執行。[5]乃至於「仙台災害風險減災架構」（Sendai Framework for Disaster Risk Reduction 2015-2030），可能也源自於2011年東日本大地震、海嘯與核電廠事故複合性災難，所以在日本仙台發表「仙台災害風險減災架構」，希望喚起世界各國對災害或減災議題的重視。也可以說，透過前述減災計畫的形成、規劃與執行，都存在聯合國災害風險減災組織的支持或支援的影子。強調減災策略的重要，隱含減災策略也可以是防災的一環，當然也可以降低救災體系的負擔，理由在於，面對大型災害或災難的發生，造成龐大生命財產損失。

如果能做好減災或（與）防災工作，等於讓救災體系能往健全的方向發展，在此策略發展下，因為能增加城市與社區的韌性，因而提升防災能力，並進一步讓生命財產損失下降。地球暖化或氣候變遷，是全球性的議題，如果能夠減緩氣候變遷的速度，等同在進行防災工作，也可以降低救災體系運作的壓力或提升防災的韌性。或許因為日本多地震與風災，讓日

4 https://www.unisdr.org/we/inform/terminology，瀏覽日期：2019/11/20。
5 https://www.unisdr.org/kobe，瀏覽日期：2019/11/20。

本的防災意識更強。而且，從1994年《橫濱宣言》、1997年的《京都議定書》（Kyoto Protoco）、2005年的《兵庫宣言》、2015年的《仙台減災綱領》，乃至於《里山倡議》，都係國際性防災與環境生態重要活動與議題。顯見，在國際防災與環境生態議題上，日本具有國際性的領導地位，部分原因在於日本是世界上擁有最多邦交國的國家，而有國際合作優勢。Hori and Shaw (2014) 認爲，氣候變遷帶來災難，所以不能忽略地方災難風險管理；惟因貧民區、鄉村或偏遠地區，可能因資源匱乏，受災難影響最深。

可能因爲資源缺乏，或不重視防災，導致致災的脆弱性提高；也可能因爲弱勢區缺乏救災資源分配，一旦發生災難，就造成這些弱勢區的災情更爲慘重。作者曾於莫拉克風災後，前往六龜新發里訪談，亦獲知當地遭風災隔離，消防隊也遭淹沒，幾天後才有民間搜救隊進入提供民生物資，前述現象同時隱含救災與防災體系的重要。921大地震位於南投縣中寮鄉、國姓鄉，以及臺中縣東勢鎮，都是資通訊不良的偏遠區，也是震後多日，才知道災情慘重。再者，仙台災害風險減災架構提及行動方案的四個優先（Priorities for action）：第一優先是了解災難風險（Understanding disaster risk）；第二優先是強化災難風險治理與管理（Strengthening disaster risk governance to manage disaster risk）；第三優先是在災難風險減災韌性投資（Investing in disaster risk reduction for resilience）；第四優先是強化整備與有效的回應，最終在提升恢復、修復與重建的能力（Enhancing disaster preparedness for effective response and to “Build Back Better” in recovery, rehabilitation）。[6]

關於第一優先，可以歸納在本書資訊的內容，因爲要能充分了解災難風險的意義、內涵與重要性，才可能認同並進一步採取行動，甚至爲強化對減災資訊內容的認知或了解，也和災難風險教育有關。在這部分，Shaw、Shiwaku and Takeuchi (2011: xv) 就指出，減災教育必須存在眞實性與實作性內涵，但爲強化學習成效，可能也可加入趣味性。至於第二、

6　https://www.unisdr.org/we/inform/publications/43291，瀏覽日期：2019/11/20。

三、四優先，則和本書的動員與組織間合作兩個變項有關。主要因爲減災涉及集體行動，必須要能動員相關資源；至於組織的資源最豐，因此透過組織間合作，比較可能達到第二、三、四優先內涵的目的。對照這四個優先，可以說和本書圖2-3的理論概念完全吻合。換言之，關於前述Mileti所提氣候變遷或地球暖化，雖非本書的主軸，卻與救災體系運作息息相關，面對氣候變遷帶來的災難，救災體系有必要同步強化其能力與能量，才能提升救災成效。

臺灣救災體系的調整，可以從過去臺灣發生的指標性大型災害案例得到印證，這些調整將於後文論述。近二十年來，臺灣的指標性案例，包括1999年921大地震，造成8,722人受傷、39人失蹤、2,318人死亡，另有數萬棟房屋全倒與半倒。[7]再來是2009年的莫拉克風災，截至2010年2月4日止，計死亡677人、大體未確認身分25件、失蹤22人，合計724人（件），另重傷4人。[8]前述災難固然可以歸類爲自然災害，但也存在人爲疏失部分。例如，房屋建築防震係數在921大地震後，得以修法提升，固然增加建築成本，但讓房屋（建築）更爲安全穩固。莫拉克風災中許多災民的原本居住地，就是災害潛勢區；莫拉克風災期間的撤離也存在爭議，而有國賠產生。前述這些人爲疏失，都可以是減災或防災策略的一部分，或可強化救災體系機制運作。

除了2014年高雄氣爆、2015年的八仙塵爆，以及2016年臺南大地震造成重大傷害外，颱風、火山爆發、火災、海嘯、強降雨、風災、水災、寒害、交通事故或其他災害等，都造成不同程度的生命財產損失。國際知名或代表性的案例也不少，2001年美國911恐怖攻擊、2005年美國卡崔娜（Katrina）颶風、2008年中國汶川大地震，以及2017年的哈維颶風等，都是國際關注的大型災難。2018年國內與國外也發生諸多災難，國際部分包括日本關西地區發生豪大雨量造成嚴重災情、燕子颱風襲擊日本造成關西大阪國際機場封閉、北海道大地震，以及泰國青少年受困洞穴。2018年

---

7 http://forums.chinatimes.com/report/921_quake/info_quake10.ht，瀏覽日期：2018/10/26。

8 http://www.taiwan921.lib.ntu.edu.tw/88pdf/A8801M.html，瀏覽日期：2018/10/26。

國內較大的災害包括4月28日在桃園市發生的敬鵬大火、8月13日署立臺北醫院發生大火（造成14人死亡）、8月23日發生南臺灣大淹水，以及10月21日臺鐵普悠瑪號在宜蘭翻車（造成18人死亡），都造成嚴重的生命財產損失。前述大型災難，帶來許多衝擊，卻也是體制（制度）與體系（組織）變革的重要契機。

通常大型災難發生後，媒體會有很多的討論與檢討聲浪，惟政府不一定會針對救災體系運作進行檢討（變革）；或可能有檢討（變革），卻不一定往正面的方面發展，甚至檢討報告不一定會公開。在此情形下，救災體系存在的問題仍可能因爲未獲關注，導致同樣的問題重複發生。再者，一旦災難發生，政府與民間相關組織多會立即展開應變，但可能因爲諸多因素，導致救災體系功能不彰。惟原因是多元的或跨領域的，因此不論是天然或人爲災害（災難），都需要不同領域的專家，進行災難相關的人文、社會、醫療、自然科學研究。過去有很多關於災難的研究，但國內較少以救災體系爲題進行研究；而以救災體系爲書名，和作者長期針對組織進行教學與研究有關。救災體系相關研究書籍包括《災難管理學》（丘昌泰，2000）、《府際關係與震災重建》（江大樹、廖俊松，2001）、《災難治理與地方永續發展》（張中勇、張世杰，2011）、《極端氣候下臺灣災害治理》（張四明，2016）等，但前述只是作者較爲熟悉的公共行政領域。

本書比較獨特的部分是，主要提供個案與個案分析內容爲主軸。因爲每一個個案都提供血淋淋的經驗，且都可以從個案萃取救災的盲點或迷思，而這也是作者撰寫本書重要動力來源。本書所討論的議題和其他學者仍有諸多重複，例如丘昌泰（2000）詳細介紹美國聯邦、州與地方政府緊急災難管理體系，這部分類似本書所進行的救災體系分析，惟本書側重國內救災體系分析。再者，丘昌泰（2000：33-39）引用Comfort (1988: 3-21) 的災難管理系統模式，涵蓋政策目標、災難管理系統與災難環境，其討論議題和本書有雷同之處，惟寫作方式不同（特別是自變項的應用有所不同）。江大樹與廖俊松編著（2001）的《府際關係與震災重建》，主要聚焦在921大地震災後重建的議題進行討論，並分別從體制、法律（社會救助）、生活重建、救災體系、鄉鎮政府體制重建、非營利組織參與重建等進行研究。這和本書以救災體系涵蓋重建的定位不同，但仍有許多相似與相關之議題。

張中勇、張世杰編著（2011）的《災難治理與地方永續發展》，則針對莫拉克風災不同面向進行論述，包括永續發展、國土安全、府際關係、國軍角色等有多篇論文。張四明（2016）主編的《極端氣候下臺灣災害治理》，係從跨領域的角度探討災害應變的議題，其所探討的內容和本書相關，惟和本書以救災體系爲主軸的寫作方式不同。綜言之，國內以救災體系爲主軸作系統性論述的著作仍較少見。本書和Mileti (1999: 30-35) 的著作具相似度，因爲該著作主要從永續的角度針對災難進行評估。因此強調環境品質的維護、維持民眾的生活品質、支持地方韌性與對災害的責任感、永續地方經濟的重要、確認世代間與世代內的正義（避免造成子孫負擔）、共識建議從地方開始等，都可以是本書救災體系成效的內涵，不同之處在於，本書主要從救災體系找尋永續架構與內涵。

從永續的觀點檢視災難，通常會納入環境生態與保育議題，例如，陳儀深（2011：196）的訪談紀錄，就提到莫拉克風災災情的背後，和南橫南北大武山開發有絕對的關係。環境開發與保育部分是另個重要的大議題，雖很重要惟非本書主軸。丘昌泰（2001）針對921災後重建，指出多項缺失或問題，同時提供破解之道。而這些破解之道或政策建議的背後，和廣義的救災體系不健全也有關係；也就是說，在防災與災後重建的政府組織體系存在運作困境，才會存在這些問題。關於救災體系或災難管理除了公共行政領域外，其他如法律（補償金）、經濟（影響）、社會（救助）、心理（諮商）、其他人文領域（含歷史與文學）、理學（如衛星遙測）、工程（水利、土木、建築工程）、資訊（預警系統）、醫學（緊急醫療、老人學）等，也都有許多研究。應該說，921大地震發生後，臺灣開始重視救災體系相關問題。

爲了表達對災害防救工作的重視，催生了「災害防救法」，將臺灣如何面對災害，進行法制化的工作。該法有其貢獻，但也有其侷限性。「災防法」的主要貢獻是，將救災體系作了正式的規範，把各機關的權責與分工，救災模式或作業流程等，都作了明確的規定。不過，法令畢竟是靜態的，如何面對瞬息萬變或動態性強的各種災害，仍可能有其不足之處。換言之，救災體系著眼動態性的內涵，這背後和國家體制與社會制度有關。例如，每隔一段時間（特別是大型災難後），就會進行「災防法」的檢討，針對法令的不足進行修改，以彌補救災體系運作或動員的不足。一部分原因在於救災體系存在的動態性難以正式法令規範；另一部分原因是民眾或民意無法或難以和救災體系接軌。這同時印證了North (1990) 定義制度包括正式與非正式規範的解釋，重要內涵是非正式規範比正式規範重要。

也因此，救災體系應從動態面或管理面進行思考，因其內涵亦反映國家的救災政策或體制；或者說，救災體系其實是在國家防救災政策框架下運作。以美國與日本先進國家救災體系爲例，都有專責單位負責救災體系動員，但臺灣一直到莫拉克風災後，才成立行政院災害防救辦公室，且（人力）編制不大，所能發揮的功能也就有限。不過，災害防救辦公室的成立已經是救災體系的成長或進步，而前述可說是政治體制或政策爲因應災害，所反映在救災體系的改變。至於地方政府（縣市政府）的災害防救辦公室，則係以任務編組而非正式單位方式運作，有些具跨局處功能；有些則仍停留在消防局主導的運作模式。關於作者對於救災體系研究過程，除了科技部支持的專題研究計畫，還有原子能委員會的委託研究、已出版與未出版的期刊論文，以及指導的學生論文等，而且多係個案或質化研究。

作者的相關研究包括921大地震 (Yang, 2010)、核電廠救災體系 (Yang, 2016)、莫拉克風災（楊永年，2009）；還有十餘篇作者指導的碩士論文，涵蓋921大地震、臺南大地震、海地大地震（梁景聰，2001；李家綸，2017；Fiefie, 2016）、風災、土石流（林雨調，2005；林志信、楊永年、林元祥，2002）、山難搜救（余易祐，2005）、水災（胡水旺，2005；蔡孟栩，2005；翁佳詩，2010；Bratsky, 2017）、組合屋與永久屋（吳錦源，2004；林昱汝，2015）、核能安全（何淑萍，2011；蔡詠丞，2011）、緊急醫療救護體系（廖翊詠，2003）、環境污染（游顥，2008；

張玉欣，2009；簡琦哲，2009；高維廷，2010）、乾旱 (Munkhtuya, 2018)，以及在期刊與媒體發表的許多重大災難個案的長短篇文章。

再者，作者於2012年行政院研究考核發展委員會（現已更名並合併，成爲行政院國家發展委員會）的委託研究，分別從環境、公共衛生、社會危害等三層面進行探索，發現諸多問題仍未完全獲得解決。相關議題包括核能安全、核能資訊、氣象預報、災害防救跨域整合、傳染病通報、醫療體系等。具體的共通問題包括跨部會溝通與整合機制欠缺、民眾知識缺乏、媒體教育訓練不足、政府資訊不透明等（楊永年，2012j）。雖然該委託研究關切是政府體系全般的問題，但透過前述共通問題檢視，似乎同樣適用於救災體系。例如前述問題，都出現在作者針對非洲豬瘟緊急應變防疫機制（亦屬救災體系的一環）的議題分析上（楊永年，2018i；2018k；2019；2019a；2019b；2019d）。由於救災體系具多元性與跨領域特性，發展過程受諸多因素影響；至少受政治、經濟與社會制度影響，使得救災體系的調整或變革須有多元考量。

例如，屬救災體系的醫療體系也有其待解的問題存在，這些問題包括工時太長、畸形班表、日夜顛倒、薪資不公、工作量太重等，使得醫護人員被迫走上街頭。這背後凸顯醫護專業不受尊重、基層醫護心聲難以上達、醫護體系過於封閉等。2018年成功大學附屬醫院發生體循師遭霸凌事件，一位男性體循師因長期受霸凌，突然在手術時持刀行凶，雖未造成生命損失，卻也造成醫界震憾，[9]這案例某種程度上也是前述問題的延伸。2019年體循師復職後調成功大學附屬醫院斗六分院服務，處理醫事行政工作。[10]然而，不論是加害者或被害者（至於誰是加害者誰是被害者仍有許多討論空間），內心的創傷可都不是短暫可以恢復，這可能是未來重要的研究課題，包括如何避免或預防霸凌事件發生，以及發生霸凌後的處理，都值得研究。

未來唯有讓醫療體系更開放，讓非醫療專業與多元領域專才參與醫院

9　https://www.setn.com/News.aspx?NewsID=626802，瀏覽日期：2019/11/24。

10　https://udn.com/news/story/7326/4194623，瀏覽日期：2019/12/3。

管理，才能解決或紓緩這些問題帶來的危機（楊永年，20121）。合理的說法是，就像醫療體系存在許多問題，救災體系也有許多問題待解（或者說緊急醫療亦係救災體系的一環）。雖然面對的問題不一樣，但以體系的邏輯思維進行分析，具有很多共同點或可稱爲通則，而這些通則可適用在不同體系運作，當然也適用於緊急醫療體系運作。本書撰寫的目的，除了釐清救災體系的內涵與範疇，也在探討其所發揮的功能或成效（這部分在第二章研究架構會有比較詳細的說明）。主要的研究問題是，救災體系運作過程與成效如何，以通俗的文字說明，是在探索救災體系（含體系中的個人、團體、組織）在做些什麼、怎麼做、做的好不好。做的好不好，固然有主觀層面的分析，作者盡可能以理論或相關證據（如二手資料或實證的訪談內容）印證。其內涵也包括救災體系出現了什麼問題，因爲問題的發生代表救災成效有問題。

本書內容固然回答或探討到某些問題的關鍵點，亦嘗試提供問題的解答。只是，有些分析或回答可能以「規範性」（normative）的方式呈現，或可能需待進一步實務驗證，才會得到成效是否良好的印證。換言之，本書內容呈現的方式，主要在系統化的記錄與整理作者過去二十年來進行救災體系教學、研究、社會服務，以及其他相關文獻、紀錄、報導或資訊的內容。不論是天然或人爲災害，多仰賴高效能的救災體系，而救災體系涵蓋人文社會與科學思維。例如校園建築重建，不只是工程設計，還存在人文社會與藝術層面，以反映災民或學生的需求與社會文化。而這也可以從制度（包括正式或非正式）的途徑進行研究，在正式方法，例如「災防法」的條文內涵有其重要的防救災基礎，同時代表國家形成的災防政策。基此，從政策形成、規劃、執行等不同層面，都是本書討論之處。

本書的目的，是透過對救災體系的研究，強化或發揮救災體系應有的功能；應該說理想與現實面可能存在諸多落差，也更凸顯本書或本議題的重要性。當多數人的目光集中在「救災」成效或成果展現上，就可能忽略防災的重要。應該說，防救災原本是一體兩面，但因爲專業分工的問題，將防災業務分工之後，就導致整合的問題與困境，本書寫作過程也發現防災與救災分工存在的兩難。例如大家都知道防災的重要，但因爲缺乏重視防災政策的誘因、缺乏實際感受，或若有意願參與防救災，但制度或組織未提供機會或誘因。本書寫作方式在透過實際案例，例如921大地震、莫拉克風災、311東日本大地震與卡崔娜風災等。將救災體系的內涵與範疇作進一步釐清。合理的論述是，政府官僚體系或救災體系存在研究發展能量與功能。但因諸多因素，研發功能可能發揮的不完整。那麼，就應從救災或災難個案，研發出防災的關鍵點，以避免重複的問題不斷發生。

當然政府的研發機關，如科技部、國家災害防救科技研究中心、國家發展委員會、內政部消防署等，均發揮部分研發功能（有些機關有自行研發功能，如科技部；有些則以委外方式辦理，如行政院國家發展委員會與內政部消防署）。除了如何系統化整合，以及發揮更大的成效，理論上仍有諸多努力的空間，而這也是撰寫本書救災體系的目的之一。救災體系係由救災與體系兩個名詞所組成（詳細的定義與內涵將於下文說明），救災的廣義定義可以涵蓋防災與救災（例如救災能力強，有時是代表有很好的整備機制，或平時就有很好的應變教育訓練，因此存在防災的概念）。防救災議題和每個人都存在不同程度的關連性，或每個人都應有基本的災害防救知識或常識。問題是，災難（災害）的發生究竟是正常或不正常的現象？[11]

就正常的角度分析，由於災難經常會發生，所以有其常態性。只是，因為災難的發生存在不確定，何時何地會發生什麼樣的災難，不容易事先預知。就好比，我們（氣象局）能預測颱風何時登陸，但會在哪裡造成嚴重災情，通常難以預知。用災難的發展檢視救災體系，可能會發現不正常的現象，或發現組織可能存在諸多問題。比較合理的解釋是，因為災難存

11　災難與災害有時可以交互使用，例如921大地震，有人稱為災難，也有人稱為天然災害。例如，經正式立法程序通過的災害防救法，就以災害稱之。至於災難，通常其意義會和英文的「Disaster」相連（林萬億，1999）就使用災難管理來描述；但該文同樣將「Natural Disaster Hospot」翻譯成天然災害熱點。基此，災難和災害似乎存在共同性或交互使用性。雖然災難和災害的文字不同，但似乎存在相同的意義，本書採相同意義。但英文的災害可能會使用「Hazards」，例如污染屬於災害。例如，Deflem (2012: ix-xi) 在其所編輯的書中，「Disasters」和「Hazards」同時出現，雖然序文中未強調兩個名詞的差異，隱含兩者存在相似性或重複性；或者，也許「Hazards」比較偏向環境污染危害或災害的概念。

在不確定性，使得組織運作存在動態性，也凸顯整備或預防的重要。透過對災害的分類，以及組織分工進行整備，某種程度可以降低不確定因素可能帶來的衝擊，而這部分在「災害防救法」第3條有相關災害種類與主政部會的規定。「災害防救法」第3條規定的內涵或精神，涵蓋天然與人為災害（災難），當然也包括複合型災害在內。

災害雖有天然或人為類別之分，但不論何種類別，救災體系運作的邏輯是相通的。因此本書選取或討論的案例，涵蓋天然、人為與複合型災害在內。不論是任何災害種類來臨時，救災體系都要能發揮或立即扮演自救或救人的角色。而要能扮演好自救與救人角色，當然要有防救災意識或參加教育訓練，以避免因缺乏親身經歷導致對災害無感的情形。例如，2008年5月12日14時28分發生汶川大地震，因值上課時間，很多中小學校建築係「豆腐渣」工程，造成中小學生死傷慘重。基此，日本全面檢查中小學建築的防震工程（但未檢查圍牆）；不意2018年6月18日7時58分發生的大阪地震，有位9歲的小學女生於上學途中遭學校水泥磚圍牆倒塌給壓死，所以日本也全面檢查校園圍牆的安全性，顯見日本對於災後預防工作的重視。[12]

日本阪神大地震所在的兵庫縣，每年都會在神戶舉辦紀念追思會，而且通常都在每年1月17日5時46分開始進行（多由神戶市長主持並致辭）。作者在日本客座期間居住的西宮市（亦屬兵庫縣轄內的市政府），在阪神大地震時也是重災區。他們2019年12月10日發行的市政專刊，亦針對阪神大地震二十五週年的來臨，作大篇幅的回顧與報導。除了刊出大地震時的災情照片，同時提供個人與家庭防災資訊，以及刊載西宮市長與辰馬章夫（白鹿造酒企業）對談西宮防災教育與未來之文稿。這同樣是從大型災難切入防災的重要個案。因此，從救災切入防災，比較能夠聚焦論述，主要理由有三：

一、防災與救災本為一體：災害問題會發生，部分原因是防災不確

12 https://www.thenewslens.com/article/98616，瀏覽日期：2019/12/14。同時也有日本友人告知作者，有關日本地方政府對於大阪地震後，對於防災的重視。

實，而防災不確實的重要原因在於，沒能從過去災害或救災經驗獲得教訓。或者，從救災切入防災，具有邏輯的連續性。

二、防災與救災存在整合問題：防災與救災進行專業分工（分為不同部門）後，兩者的重複性或連結性漸漸消失，也就是出現整合問題。從救災談防災，就存在整合的意義。

三、防災應從救災獲得經驗：透過救災過程，可以知道防災存在的問題。若防災人員沒有參與救災，就可能缺乏敏感度，在此情形下，防災一旦從救災獨立，若不是和現實脫節，就是和救災脫節。

救災體系不能自外於制度（包括正式與非正式規範，含社會、政治、經濟不同層面）因素，有些運作的邏輯如果沒有考慮制度因素，救災體系的變革就不容易成功。作者認為，臺灣救災體系重大變革約有三個時期，包括1990年初期的警察與消防組織分立、1999年921大地震後，以及2009年莫拉克風災後之救災體系變革與調整。前述變革有些是成功，有些則仍待努力；例如警消分立讓警察投入救災的能量減弱，救災成為國軍任務則提升救災能量。依Porras and Robertson (1992) 針對組織發展（或組織變革）的定義，認為是指一套以行為科學的理論為基礎的價值觀、策略及技術，透過計畫性的組織變革以改造工作內容，目的在透過個人及組織的成長以提高組織績效及工作滿意度。依前述定義，檢視救災體系變革過程與結果，應有許多討論空間，包括變革前是否有足夠討論或建立共識，變革流程是否透過，以及是否針對變革後的組織績效進行評估。

應該說，救災體系調整與變革與系統理論或環境變遷有關，相關議題將於救災體系定義與本書各章節中作進一步論述。合理的論述是，救災體系若離開制度或社會系統，其所制定的防救災法規，就不容發揮應有的成效。為釐清救災體系運作，本書會以個案進行分析或論述。例如921大地震、莫拉克風災、臺南大地震，以及國內外許多大大小小的災害，都存在許多問題或盲點。而就亞洲發生的災難，同樣有很多個案值得分析。例如，2004年南亞大海嘯失蹤與死亡近30萬人；2011年日本大海嘯逾1萬8,000人失蹤與死亡（特別是核電廠事故，屬於人為災害）。不過，根據2019年3月11日的日本NHK的報導，「與震災關連」的避難或搬遷等原因死亡的人數高達2萬2,131人，迄今也還有5萬2,000人持續避難中。[13]由於海嘯的發生，多係大地震所導致，因此，海嘯的可預測性（或預警性）應高於地震，只是海嘯來臨的時間距地震後相當短暫。

2018年9月襲擊日本的燕子颱風，除了重創日本關西國際機場，可能因為緊急應變體系運作出問題，加上存在網路假訊息，導致我國駐日外交官自殺身亡。2018年印尼也兩度發生地震與海嘯，有海嘯預警系統失靈問題，以及政府官僚體系失靈問題，造成嚴重傷亡（楊永年，2018f；2018h）。2008年辛樂克颱風，造成南投廬山溫泉重大災情，部分原因也和內政部地質調查研究所與水利署，沒有建立完善的預警（資訊）與溝通系統有關（翁佳詩，2010）。顯然，因為災難導致政府官僚體系運作失靈的問題仍重複發生。人為災害部分，1997年的口蹄疫事件、2003年的SARS（Severe Acute Respiratory Syndrome，重症急性呼吸器症候群）事件、2018年10月發生於宜蘭的臺鐵出軌大車禍，以及2018年在中國爆發的非洲豬瘟事件（甚至進一步可能入侵臺灣，一旦爆發將造成2,000億臺幣的經濟損失），都讓大家驚覺危機或災難可能隨時發生，也讓我們觀察到許多體系運作的盲點。

重要的是，發生前述災難或災害，救災體系下的政府、非營利組織、民眾如何處理，包括預防、預警、因應、善後等，都是重要課題。本書即透過重大個案的分析與討論，檢視救災體系可能存在的問題或盲點。救災體系運作同時和自然科學與社會科學領域有關，自然科學領域部分，和工程（土木、水利、環工、化工、機械、電機、資訊、測量）、化學、物理、地球科學、生物（生命科學）、公共衛生、醫學（緊急醫療）等有關。社會科學領域則和政治、行政、經濟、心理、社會、管理、教育、法律、文化人類學等有關。因為作者於2006年在國立成功大學任教，特別是成功大學以理工學院聞名，接觸諸多領域研究大型災難自然科學領域人才。大地震時通常會伴隨大樓或建築物倒塌，使得建築與土木工程領域變得相當重要；搶救時需要大型機具，又和電機與機械領域有關。臺灣颱風

13 https://www.ettoday.net/news/20190311/1396307.htm，瀏覽日期：2019/12/24。

頻仍，也經常發生水災，凸顯水利工程領域的重要。

再者，環境污染（含空污與生化災害）讓環境工程、化學工程領域變得不可或缺。登革熱（傳染病）則和生物（生命科學）、公共衛生、環境醫學密切相關。大型災難的受災人員搶救，則與醫學或緊急醫療密切相關（成大醫學院與醫院擁有高水準的緊急醫療小組，經常參與國內與國際重大災難的搶救工作）。救災體系運作離不開法律，或者政府必須依法行政，主要的法規是「災害防救法」。依「災害防救法」的規定，我國救災體系分三個層級，即中央政府、縣市政府、鄉鎮市區公所。全國救災體系，最高負責人是行政院長，由於行政院長擔任中央災害防救會報召集人，所以中央災害防救會報也可說是我國救災體系政策最高指導單位。縣市長則爲縣市政府災害防救會報召集人，鄉鎮市區長爲鄉鎮市區公所災害防救會報召集人。

至於「災害防救法」第4條則規定：「本法主管機關：在中央爲內政部；在直轄市爲直轄市政府；在縣（市）爲縣（市）政府。」但並未將鄉鎮市區公所納入「主管機關」的範疇，因此救災體系雖分中央政府、縣市政府、鄉鎮市區公所運作，但依「災防法」的精神，主責在中央政府與地方政府。再者，救災體系若發生爭議，往往必須透過法律解決；只是解決過程經常曠日費時。由於不論自然或人爲災害，都會造成人民生命財產損失，或可能發生緊急避難問題。基於對民眾基本生命財產與安全保障，政府（含中央與地方）如何介入或扮演什麼角色，都有討論的空間。應該說，政府扮演什麼角色，或利害關係人的主張、求償、賠償或相關作爲，都可能涉及憲法（基本人權與政府角色）、刑法（例如地震造成建築倒塌，可能和建築商偷工減料有關）、民法（可能和民事訴訟或賠償有關）、「行政法」、「國家賠償法」、「貪污治罪條例」（公務員貪瀆，亦係包括在廣義的「刑法」內）。

例如警消執行強制撤離政策，或爲維持大型庇護所安全（安寧）與秩序，固然有其合理考量且於法有據，但可能因此伴隨限制人民自由的議題。縱然動機良善，仍可能潛藏執法爭議。但因已成國家政策，爭議可能會下降；或如果能有更多的事前教育或溝通，以及加強撤離執法技巧，爭議或可降到最低，加以過去災害的經驗，也增加災民的配合度。Roberts (2006) 指出，紐奧良（New Orlean）在卡崔娜風災多數死亡災民都屬年老未曾離家者；而且很多是在老人機構中死亡。Settles (2012) 指出撤離是FEMA的任務，然而FEMA以有限的人力，恐怕不易在政策執行中著力；特別是，如果撤離的災民人數達十萬或百萬，強制性撤離恐怕會是很大的挑戰。Kar and Cochran (2019) 從資訊傳播觀點，論述風險溝通的重要。Settles (2012) 同時指出，倫理上強制性撤離似乎有其必要，但前提是必須獲得法律授權。

2019年哈吉貝颱侵襲日本東北，死亡災民中六成以上超過60歲；甚至有日本民眾受訪表示，有災民決定撤離時，因通訊中斷或交通不便，來不及撤離，因此在家中遭洪水溺斃。[14]由於災害發生經常出現資通訊中斷，以及斷水斷電情形。地球科學（衛星遙測）透過衛星可獲得寶貴的災情照片，至於如何整理地震現場完整的立體資訊，測量領域可發揮重要功能（臺南永康維冠金龍大樓倒塌，成大測量系老師在大樓倒塌現場整理出3D立體影片，對搶救工作有實質助益）。日本311核電事故，則凸顯核子工程的重要性。至於如何透過資訊工程與軟體，建構救災網路資通訊平臺，則和電機資訊領域有關。由於救災體系運作或災難處理，很重要的部分也在處理人（災民）的醫療、保險、安置、健康、重建、心理衛生。自然帶入屬社會科學的心理、心理諮商、精神醫學、心理治療、社工、金融保險（含會計）、財政、社會保險、公共政策、行政管理、教育等諸多領域的內涵。

甚至文學藝術（繪圖）也可以提供治療或整理成文學作品，因此也和人文（含歷史、文學、哲學等領域）、音樂、繪畫（藝術）等領域有關。Ermus (2018) 從歷史的觀點進行災難分析，並進一步認為，許多災難的發生，可以從歷史獲得解釋或印證；再如日本311核電事故地點，也有歷史上曾發生過海嘯的紀錄。關於本書的各章安排，第二章針對救災體系進行定義，論述什麼是救災體系。第三章至第五章，分別從救災體系下的資

14 該期間適逢作者在日本關西學院大學講學研究中。

訊、動員、組織間合作進行論述；為讓標題簡潔有力，因此僅冠上救災兩字。第六章至第九章，分別探討救災體系下的中央政府、地方政府、社區與非營利組織。因為從實務面分析，這四個組織是救災體系重要的內涵，都分別扮演不同的角色。中央政府資源豐富，救災角色與責任重大，但往往因為組織過於龐大，而且諸多功能不是扮演第一線救災任務，所以中央政府能發揮的功能有時會存在限制。

救災體系下的地方政府包括縣市與鄉鎮區公所兩層，但因經濟規模與資源掌握程度以縣市政府較強，所以課責性也應該愈高。特別是，臺灣現有六都或六直轄市，資源的豐沛度遠高於非直轄市的縣市；原本規劃直轄市扮演區域領頭羊的角色，但以目前體制所能發揮的功能是有限的，因為沒有區域專屬的行政組織。重點在於，從地方治理的角度分析，地方政府在救災體系的治理與參與也不能忽略（張中勇、張世杰，2010）。社區由於和民眾最接近，大型災害來臨，經常外部救援難以即時抵達，社區防救災於是扮演重要角色。以921大地震為例，當時所有通訊中斷，許多重災區都因資通訊不足，無法窺知災情，無法立即救災。又因為到處有災情，因此很多社區只能自救。例如臺中市東勢區，以及南投縣中寮鄉與國姓鄉災情慘重，因為災情資訊不足，媒體沒有報導，因此雖屬重災區，但因等不到救災隊，所以只能透過社區的力量自救 (Jang and Wang, 2009)。

再如莫拉克風災初期，因為沒有來自災區的災情資訊，所以當時的行政院長與行政院秘書長雙雙未在災害應變中心。311東日本大地震發生兩週後，也有宮城縣的醫生抱怨，雖然看到媒體報導交通便利的沿海地區有充足的糧食，但他的病人每天僅以兩個飯糰果腹 (Starrs, 2014: 17)，這同樣凸顯災區資訊不足的問題。至於非營利組織成員，由於具有高度救災承諾，所以在災害現場或災後重建都扮演重要的角色，包括各種多元的搜救隊，以及在災害現場準備熱食的宗教團體。由於社區與非營利組織在救災體系扮演重要角色，特別因為部分非營利組織經費不受政府補助，所以規範度也就有限。這部分在本書第二、四、七章的第一節均有論述，主要指的是中華搜救總隊與地方政府協調或衝突問題；或因中華搜救總隊預算不來自政府，因此政府難以強制規範。或許前述現象可以圖2-1與圖2-2解釋，因爲兩圖均未納入社區與非營利組織。

由作者建構的圖2-3研究架構，也可以用來分析第六章至第九章的個別議題。主要爲避免個別章節過於龐大，因此第六章至第九章大部分內容沒有納入第三章至第五章進行論述（少部分仍在第三章至第五章論述）。因此，第六章至第九章，分別探討救災體系下的中央政府、地方政府、非營利組織與社區等四個層面，更能凸顯救災體系關鍵政策利害關係人與相關組織，在救災體系所扮演的角色，同時檢視與討論，如何能讓四個層面或角色，發揮更大的功能。至於本書資料來源，除了作者從1999年以來的研究經驗（含訪談經驗）、發表之論文、指導之學位論文，以及二手資料，包括媒體報導，以及網路資訊等之外，本書在匯整與分析作者過去近二十年救災體系之教學、研究與社會服務（含訪談、擔任市政顧問或參與相關會議）所蒐集或獲得之資料。

第二章

救災體系基礎概念

本章分三節論述，第一節在探討救災體系的定義，雖然救災體系應用廣泛，但什麼是救災體系，很少有學術論著進行定義。從定義可以了解救災體系的內涵，以及現行（政府）官網對於救災體系實作與定義可能存在的落差。但定義的同時，也得找尋相關的理論，以強化定義內容的深度與廣度，亦即，救災體系背後有其理論或領域基礎的內涵。因此，第二節即針對救災體系相關理論作介紹與分析，俾利後續之閱讀與研究。至於第三節則針對本書的研究架構進行論述，該節反映出本書的自變項與依變項之邏輯思考與連結。

第一節　救災體系的定義

救災體系的完整名詞是救災組織體系，最簡單清楚的定義是，透過組織集合體的連結，以達災害防救功能或成效提升的效果。因為大型災害救災緊急性與複雜性，經常無法或難以由單一組織（或機關）達到目的。所以要以組織集合體進行實作，也因此要從這個角度進行研究，方得窺全貌。而這個集合體以救災體系一詞涵蓋，包括中央政府、地方政府、非營利組織與社區四大柱，而這也在呼應本章圖2-3-1之內涵。惟四大柱組織間的緊密度可能會遭到質疑，也就是說四大柱間理應緊密合作，實際上卻不盡然，原因會在本書第六章至第九章深入論述。作者早期對於救災體系的定義主要以英文的「Disaster Rescue System」（或可譯為災難搶救系統）為主軸 (Yang, 2010)，進行921大地震體系的研究，這樣的定義會比較聚焦在立即救助或救援的部分。因此，其內涵和消防體系與緊急醫療體系比較接近。

但作者在進行核安體系研究時，救災體系則以英文的「Disaster Management System」為主軸 (Yang, 2016)，其內涵較「Disaster Rescue System」為廣；這樣的轉變也等於將救災的層次拉高，因為這樣的定義自然將非消防與醫療的內涵納入體系的範圍進行討論。主要的原因也在於，這樣的定義比較符合圖2-3的意義或內涵，因為面對大型災難，實際參與或有關的機關或單位相當多，不會僅止於消防或醫療機關。例如，Rivera and Kapucu (2015: vii) 指出美國佛羅里達州擁有最理想的救災體系，因爲州政府鼓勵地方政府透過緊急應變評鑑方案（Emergency Management Accrediation Program，簡稱EMAP），進行機構的建立與檢測，而依EMAP的準則，包括全方向的讓利害關係人參與災難規劃與運作，而最關鍵的因素就是州與地方政府密切的組織間合作。

Rivera and Kapucu (2015: xi-xii) 進一步指出，佛羅里達州的緊急應變系統（disaster management system）或本書所稱的救災體系，係全美最佳。原因可以從脆弱度（vulnerability）與韌度（resilience）衡量，並透過社區找尋證據得到解答。如果佛羅里達眞的是最理想的救災體系，可能除了因爲頻繁的風災，也可能因佛羅里達州政府的重視，帶動整個救災體系的發展。合理的論述是，組織本來就存在鬆散情形（loose coupling），組織體系的鬆散度可能更高 (Weick, 1979)。但因各組織救災的目標一致，只是方法或運作模式不同。等於是爲了相同的救災目標，各組織透過不同的分工方式，達到目的或發揮功能。關於救災體系，很多人會直接聯想到政府組織或圖2-1與圖2-2。而政府組織又可稱官僚體制（bureaucracy），存在一定程度的整合性或可預測性 (Wilson, 1989; Weber, 1947)。只是，當政府切割爲中央政府或地方政府，就同時存在分工與整合的問題。

由於救災體系可從官僚體制度的角度切入，也表示組織的存在具重要性。Wilson (1989: 14-28) 就以軍隊、監獄、學校來說明組織存在的重要性，並據以闡述任務（mission）、職務（tasks）與目標（goals）的關連性。因此也可以據以強化圖2-3-1所謂救災體系四大柱，包括中央政府、地方政府、非營利組織、社區防救災組織等。應該說，圖2-3是本書的理論基礎，但四大柱係救災體系實際運作的機關或組織。因爲這些都具有組織或官僚體系的特性，而從官僚體系角度分析，固然不容易預測災難；透過組織研究，卻可以了解或預測組織（救災體系）的運作模式。例如，作者曾針對法務部矯正司改制爲「矯正署」（獨立機關）進行研究，主要即透過兩大核心任務戒護與教化分析，結果發現，成立矯正署的戒護功能可能更強並同時造成教化功能的弱化（楊永年，2012n）。

這同時隱含，透過不同組織的分析與研究，可以了解所能發揮的功能（或救災成效）。特別是，軍隊強調的是命令與服務，在任務或目標清楚的前提下，軍隊可發揮的效率會相當明顯。莫拉克風災後，馬前總統將救災納入國軍的主要任務，理由也在此。至於救災體系英文與中文可能存在不同的意涵，救災體系的英文翻譯可以是「Disaster Management System」，但再翻為中文，則是災難管理系統（在英文文獻上，使用較多的會是「Disaster Management」，多未與「System」連結），換言之，英文「Disaster Management」少了中文的「救」。不過，災難管理隱含救災與防災的因應，救災與防災本來就難以分割。並且，純熟的救災經常奠基於充足的整備或防災機制；救災的啓動，往往也是重建或復原的開始，甚至救災過程，也應成為防災的素材，避免出現同樣的疏失或災害。

再者，如果採用防救災為標題，研究範圍將過於龐大，必須分別論述防災與救災。Arendt and Laesch (2015) 指出，應從長期社區重建或復原的觀點來思考天然災難問題，點出救災的持續性議題，只是救災的角色從外部救災團體改由社區扮演，而這其實也在呼應本書第八章救災體系下的社區所提木屐寮的成功故事。換言之，救災也有持續性的層面，以救災體系為標題，內容涵蓋防災的一部分（而非防災的全部），但仍以救災為主軸，研究主體較為明確或比較聚焦。只是，這部分業務在實際分工上，若由中央與地方政府的災害防救辦公室、內政部消防署或縣市政府消防局，可能難以承擔。再者，重建工作繁雜，雖不屬救災業務，但涉及災民安置、住居所與基本生活，因此，重建也屬於災難處理（或救災）的延伸。所以921大地震與莫拉克風災，都成立重建委員會的臨時機關，這隱含救災仍透過重建會持續中，因此和救災高度相關。

Brannigan (2015: 164-167) 指出位於福島南相馬市的小高區（Odaka），位處福島核電廠12哩的緊急避難區，由於政府緊急下令居民撤離，所以該區民眾多來不及整理打包，就必須離開家園，同時政府也不准他們再回到家園，所以整個小鎮像「鬼城」（ghost town）般，空蕩蕩無人居住。因此嚴格說來，南相馬市的災害仍在持續進行中。既然災害仍在持續，就應屬救災體系的範疇，但應不屬「緊急應變」的內涵（災害或災難仍持續存在，惟無急迫性），因此實務運作上經常未涵蓋在內；或以額外分工方式進行組織設計，另一種解釋是，小高區已沒有居民，所以也沒有救災的必要。Brannigan (2015: 100-114) 提及東日本大地震的海嘯，摧毀日本宮城縣（Miyagi Prefecture）九成的漁船，也就是1萬3,500條漁船中的1萬2,000條漁船遭到破壞，造成450位漁民死亡，沖垮6,000棟房子與無數的漁場。

而當時的場景是，2011年數位科技已相當成熟發達，智慧型手機、電腦、Skype、iPad、Email對很多居民來說，都已成爲生活習慣。但我們（非災民）可能很難想像，遭遇大地震與海嘯侵襲後，當地沒水、沒電，同時要面對以萬噸計的廢棄物或殘骸。這些居民好像從居住在舒適屋，立即變成像第三世界民眾一樣，連生活起居都有問題。再加上因海嘯沖毀了家庭，讓許多家庭的親人流離失所，因此當時許多災民內心充滿驚恐與艱難。而且，可能的情形是，311東日本大地震海嘯造成的災情太大且太嚴重，加上缺乏災區的完整災情資訊，這似乎也證實作者於2011年閱讀過報章，聽聞有居住在避難所的老人因缺乏糧食，導致活活餓死的案例。而且，就作者的體悟，日本又有保守或不太願意對外求援的社會文化，往往使得災情不易在短時間獲得舒緩。

基此，救災體系所謂「應急」的概念，就可能要擴大定義，日本在內閣府成立的復興廳，也在擴大救災體系的（應急）範疇，但這也是爲期十年的臨時組織，依法2021年必須解散。不過可能因爲颱風19號的影響，日本內閣府於2019年11月宣布，復興廳再延十年，也就是2031年解散。[1]換言之，可能因爲災難規模的不同，導致救災體系運作時間必須拉長至數月甚至數年；因此所謂災後重建委員或日本復興廳，均可視爲救災體系的廣義內涵。也許防災局的成立，可以擔負（或承接重建遺留的事務）這部分的責任（楊永年，2019h），但卻是救災體系應涵蓋的範圍。長期性救災的議題即便列入未來新成立的防災局，同樣是整合性的工作，非防災局單

1 https://www.nikkei.com/article/DGXMZO51887310X01C19A1EAF000/，瀏覽日期：2019/12/24。

獨所能承擔。例如，屏東縣在2009年莫拉克風災後所蓋的永久屋，可能因爲品質良好綜合其他因素，導致部落族人回流，並希望增建。這不一定和防救災有關，但因「重建條例」已中止，也讓我們意識到，必須同時從長期或永續的觀點進行救災體系設計思考。[2] 也因此本書以救災涵蓋部分防災（包括安置與重建，但這也可成爲單獨研究的議題）的概念在內，是合理的解釋，再者，救災體系概念上存在諸多模糊的界線，這和實務分工運作的概念不同。

災難管理固然可以解釋爲係以管理爲主軸的思維，以帶入組織分析的概念，或以這樣的思維切入，救災體系與災難管理的內涵並無二致。但救災和災難（管理），以及體系和系統，仍存在語意的差異。例如救災（和災難一詞相較）存在更動態的意義；體系強調的仍偏組織；系統則偏重環境因素的思維。而管理的核心也在（管理）組織，因此以救災體系帶入組織分析的概念，有利作系統性的研究或論述，同時符合作者的學術專長。救災體系與災難管理的中文名詞雖然不同，但兩中文名詞的英文都可以是「Disaster Management」。至於另一個常用的名詞緊急應變管理（emergency management），或許可涵蓋在救災體系內，因爲其內涵比較屬於應急或緊急應變管理，或重視的是災害或災難的應變。例如緊急醫療（emergency medicine），主要係急診醫學的一環境，扮演大規模災害帶來大量傷亡。不過，救災體系與緊急應變管理亦有重疊之處，因爲災害或災難之來臨具有緊急或急迫性，必須在短時間處理。

再如，Owen (2014) 在緊急應變管理的論述上，比較偏向是災害或災難現場的應變，若然，救災體系的定義就比緊急應變管理要來得廣。Waugh (1994) 認爲郡（counties）應扮演緊急應變管理（emergency）或即時應變更重要的角色，原因在於資源較都會區豐富，而且和州關係密切，但最重要的是最接近底層的地方政府。作者曾透過一般Google與學術Google搜尋引擎查詢，救災體系一詞在中文的使用並不多見，災難管理或災害管理，似乎有比較多筆資訊。有使用防救災體系或防災體系名詞者，

2　https://udn.com/news/story/7327/4186919，瀏覽日期：2019/11/27。

防救災體系一詞出現在土石流防災資訊網（農委會水土保持局），[3]以及國家災害防救科技中心。[4]防災體系一詞出現在中央災害防救會報官網，不過所描繪的架構，均使用防救災體系。[5]但均未針對救災體系、防災體系、防救災體系作清楚定義，所以不容易有清楚的界線或定義。

雖然有以政府相關防救災組織以組織架構方式描述（如中央災害防救會報官網），但以圖示定義仍較侷限，也凸顯救災體系文字定義的不足。通常談救災體系、防災體系或防救災體系，很多人直接聯想到的是政府相關防救災組織。例如Schneider (2011) 主要從政府官僚體系，進行災害應變或政府系統回應（government response system）之分析，同時評估美國政府面對重大災害的表現（performance），存在諸多政府失靈的現象與問題。Schneider同時指出，災難是政策問題，而且政府面對災難，並沒有清楚的指導原則。更麻煩的是，地方或州政府面對災難有時沒有能力或不願處理災難，於是成了聯邦政府的責任 (Schneider, 2011: 5-7)。臺灣面對大型災難也存在類似現象，而這更凸顯救災體系研究的重要。救災體系一詞固然經常和政府官僚系統有所連結，但災害現場進行搶救或災後重建的人員或組織，很多卻不是政府官員或組織，而是非營利組織或民間組織（含社區組織）。

應該說，救災或救難的對象或主體是「人」，因此本書主要以人爲主軸，並以人的集合體（組織或組織體系）作爲研究主體。不過，前述的解釋似乎也有問題，例如非洲豬瘟防疫的對象是「豬」不是人，主要是避免臺灣養豬場感染豬瘟，而且強調的預防（防疫），不是災害發生的搶救。不過，因爲非洲豬瘟一旦爆發，可能造成臺灣（豬）農業鉅額損失。只是以「救災體系」進行非洲豬瘟防疫，比較難以讓人理解，或許以災害應變機制取代救災體系較爲合理。但目前官網僅呈現圖2-1與2-2的災害防救體系架構，而且中央政府進行實際非洲豬瘟防疫，也是透過目前救災體系的

3　https://246.swcb.gov.tw/V2016/Info/Disaster_group，瀏覽日期：2018/6/14。

4　http://140.115.103.89/ta_manage/speechreport/GS3344_505_2_20120112132154.pdf，瀏覽日期：2018/6/14。

5　https://www.cdprc.ey.gov.tw/cp.aspx?n=AB16E464A4CA3650，瀏覽日期：2018/6/13。

機制，啓動跨部會動員或合作機制。所以本書救災體系的概念，其實也涵蓋類似非洲豬瘟或火山防災的實務運作。因此，本書主軸比較合理的解釋，是在避免（與搶救）災難發生，帶來生命或財產的損失，以致於人或人的生活會直接或間接受到嚴重影響。

Jha、Barenstein、Phelps、Pittet and Sena (2010) 甚至提醒政策制定者（policy makers），重建從災難發生那一刻起，就已經開始，亦即，災難發生的同時，就必須考量到重建的問題。再者，依陳儀深（2011）所出版的《八八水災口述史》，重建最大的挑戰是文化重建。因此，基於前述解釋，所謂災害防救的涵蓋面就非常廣，在災害防救議題愈來愈受到重視的情形下，有必要針對這些名詞作清楚定義與論述，同時作進一步的整理與分析。作者選擇「救災體系」爲書名，主觀上即認爲救災體系一詞具有（不同組織的）涵蓋性。廣義而言，救災體系與防災體系或防救災體系，以及重建體系均有重疊或相關之處，例如Jha、Barenstein、Phelps、Pittet and Sena (2010) 認爲重建政策必須考量未來永續環境的變化與衝擊。相關論述亦將於下文說明，其邏輯類似危機處理是危機管理的一環；政策執行，也離不開政策形成與規劃。救災政策本來就包括防災與重建政策，或有時是政策配套的議題。

至於狹義而言，救災體系僅止災害應變直接相關的單位或組織，從專題研究的角度，救災體系以狹義比較能夠聚焦。但本書主要以知識性爲主軸，因此採廣義之解釋。作者並認爲救災體系可說是防救災組織的集合體，這樣的解釋具有兩層意義：第一，可引進組織理論進行分析 (Morgan, 1986)，包括可以從機器（machine）、有機體（organism）、腦（brain）、文化（culture）、政治系統（political system）、心理監獄（psychic prisons）等不同角度分析救災體系；第二，體系的概念亦可帶入系統理論思維 (Katz and Khan, 1966)，或者用前述Morgan所提的有機體概念解釋也是合理。系統理論固然是社會學理域重要的內涵，但依Mileti (1999: 107-133) 對系統的解釋，其內涵包括地球的物理系統（the earth's physical systems，例如大氣層、太空、氣候）、人類系統（human systems）、人造系統（constrctued systems，例如建築物、馬路、橋梁）。這等於把系統作更動態、更複雜的詮釋，因爲系統內有次系統，系統外又有系統。

救災體系下至少有消防體系、緊急醫療體系、教育體系、工程體系、氣象體系等次系統。而救災體系則也可以是，政治體系、社會體系、經濟體系的次系統。這同時把跨領域（自然與人文社會）的氣候變遷、政治、經濟、人口分布、文化、工程科學等概念帶入災難的分析與研究。爲避免論述過於發散，本書主要以人（或人類）系統爲主軸進行討論；當然，人類系統無法脫離既有的物理系統以及人造系統，或不能忽略其互動性。因爲組織無法自立於外在環境（需要外界的養分或投入），或者組織和外在環境不斷在互動中，外在環境提供組織存在或存活的資源。例如，若政府救災組織得不到認同，就可能影響預算的投入。再者，政府運作主要依賴官僚體系，而官僚體系的背後受政治或民主體制（選票）的影響（陳敦源，2002）。在此情形下，很多救災案例難免變成政治（責任）爭議，可能影響政治認同。

不過，所謂政治影響有時也可能存在正面意義，例如2012年珊迪颶風（Hurricane Sandy）襲擊美東，讓僅剩一週的美國總統選情更爲嚴峻。當時歐巴馬總統將全部的心力放在災害防救而非競選活動，也因當時媒體大幅報導歐巴馬對於災害防救的政策與作爲，讓選戰對手羅姆尼苦無曝光機會，這也成爲勝選的重要因素。因歐巴馬時任總統，擁有龐大的行政資源，可充分掌握災情資訊、有效動員所有資源，也有利跨域協調與整合，這些都有助災害防救運作與行銷，歐巴馬總統全力救災，反而成爲最佳的競選活動（楊永年，2012m）。如前述，體系的意義可解釋所有組織存在的現象，組織間的互動與連結，也等同必須帶入組織環境的思維，使得救災體系的涵蓋面更廣（楊永年，2006：493-533），或這又和制度與制度安排有關。依這樣救災體系的解釋，除了政府組織，可以包括非營利組織、國際組織在內，當然也包括變動快速的災害類型與特性，使得救災體系的定位存在動態性或不確定性。

例如，由於921大地震災情慘重，實際參與救災的組織，除了消防人員外，還有警察（負責災害現象交通）、國軍、非營利組織（宗教團體、民間搜救隊）、國際搜救隊等，可以說相當的龐大。因此，以救災體系進行整體成效評估並非不可行（或這背後需有龐大的案例或議題進行累積）。其前提是，先定位救災體系範疇與標的，也等於透過不同的個案或議題進行調查、研究與詮釋。只不過，救災體系在實務運作上，經常呈現Weick (1979) 所提鬆散的現象。例如2016年在臺南發生的0206大地震，就有民間搜救隊（中華搜救總隊）公開退出災害現場的案例，這某種程度上，也凸顯政府與民間接救隊的整合問題。[6]主要的困境在於，民間搜救隊的經費不是來自政府，因此只能仰賴事前溝通、教育訓練，以及搜救倫理的養成，而這背後需要進行個案或質化的深入分析。即便事前有完整的規範或規劃，專案執行過程經常因爲實際狀況或案例的差異存在困境(Pressman and Wildavsky, 1973)。

特別是大規模災難或災害，需要政府跨部門（不同部會、局處、科室）、跨層級（中央政府與地方政府）、跨領域（工程、社會、人文）的結合。而其背後包括政府組織、營利組織（經常透過所屬基金會參與救災）、非營利組織（non-profit organizations）、非政府組織（non-governmental organization）等組織的集合體。例如，救災體系亦可涵蓋消防體系、警察體系、（緊急）醫療體系、水利或水資源體系、建築或土木體系、社政體系。救災體系的存在通常是在回應災害或災難的存在，之所以稱之爲災難，通常指大規模生命財產受到傷害或威脅，如果不是大規模傷害、威脅或損失，救災體系就沒有存在的必要，亦即，救災體系是因應災難創造出來的名詞或概念。但問題又在於，什麼樣的規模是大規模，這就存在認知的差距。

或許從反面思考「大規模」的意涵比較清楚。例如一個人受到傷害，不會被稱之爲災難，或當受傷害的人愈多，被定義或認爲是大規模就比較沒有爭議。或許，也可以說，當有很多人（潛在或明顯）受到影響（或威脅），就可以定義爲災難。Noji (1997) 就指出，日本阪神大地震造成6,308人死亡、35萬人無家可歸、4萬3,177人受傷，以及21萬5,000戶建築

6 https://tw.appledaily.com/new/realtime/20160217/797252/，瀏覽日期：2018/6/13。

受損，這很明顯就是大規模災難。由於，大災難會受眾人關注，所以將其定義或定位爲大規模不會有疑問，也可以說，媒體報導或關注度，也是定義災難規模重要的指標。就因爲有災難，而且災難和人（生命財產安全）有關，才有救災體系存在的重要性與必要性。綜言之，災害或災難也存在跨領域的多元意義，例如Ingham、Hicks、Islam、Manock and Sappey (2012) 就提出災難管理（disaster management）應以跨領域方式進行，因此提出經濟學與社會心理學領域的結合，不過災難（或天然災害）涉及的領域相當廣，不只是前兩個領域。

Guggenheim (2014) 也指出，政治是災難，災難也是政治（disasters as politics, and politics as disasters）。簡言之，因爲有人受災難影響（傷亡），所以會有政治問題，而政府（政治）的存在也在解決災難問題，災難（認知）的規模，往往決定救災體系的規模，反之亦然。因此，災難同時是經濟、社會、文化、法律等社會科學的議題，或會同時存在這些面向的問題。又例如，大地震發生在無人島，且無人傷亡，不能稱爲災難，也就不會有（政治）問題，Comerio (1998: 4) 也有相同的看法，認爲規模8的大地震發生在無人區，不能稱爲災難（當然，其前提也是沒有其他農、漁、牧或私人財產損失）。林志豪（2010）以緊急醫療系統（專書）的角度，探索災難管理。緊急醫療系統和救災體系對比，「體系」與「系統」兩個名詞不同但定義相仿。由於救災的相關機關組織涵蓋層面很廣，因此不容易畫出救災體系整體組織架構或完整解釋個別的內涵，而這也是緊急醫療系統專書可以補充之處，以及和本書內容可以連結之處。如前述，每個救災單位（機關）都有需要的專業或分工部分，但該專業或分工又可自成獨立體系。從政府官僚體系的角度思考，有其權責或業務分工的意義存在，但必須用不同的角度對救災體系中的官僚體系進行分析，才得以窺視救災體系的全貌。

圖2-1描繪出中央至地方災害防救體系整體架構，行政院是災防體系最高的權力與責任機關。但實際上是透過中央災害防救會報、中央災害防救委員會，以及行政院災害防救辦公室進行運作。透過該圖，可以了解目前我國政府救災體系的組織架構與流程圖像。不過，圖2-1僅能顯示目前

靜態的政府救災體系運作架構，不易看出其動態面，包括不同政黨、不同機關首長、不同承辦窗口等，都會有不同的運作模式。因爲領導者不同，會帶入不同的組織文化 (Schein, 1992)，如果再把環境變遷，包括組織環境例如政治、媒體的因素納入，運作模式之呈現則會更爲多樣化。依該圖的邏輯，災害來臨時，可同時透過中央、縣市、鄉鎮市災害應變中心，作爲連絡與指揮之平臺。不過，經常因爲不同的災害、不同的縣市政府，存在不同的運作模式，或出現不同的問題，而這可以從下文案例分析得到印證。同時該圖可以透過前述不同的理論，進行救災體系的分析，最簡單的方式，就是以作者發展出的資訊、動員、組織間合作模式分析，也很合適。

而如果將圖2-1和FEMA（Federal Emergency Management Agency，美國聯邦救災總署）的組織架構圖進行比較，[7] 亦可以發現兩者的異同。合理的論述是，美國FEMA是龐大的組織（下設消防署與8個局處，外加10個地區辦公室），設於國土安全部下，應是獨立機關。這和我國災害防救辦公室的屬性有點類似，只是災害防救辦公室屬幕僚單位，而且災害防救辦公室的規模與負責的任務和美國的FEMA（屬龐大的組織）不能相提並論。臺灣是否要成立災害防救專責組織，可能還要深入研究，但我國目前中央政府已成立行政院災害防救辦公室，地方政府也紛紛成立災害防救辦公室，其趨勢是往專業分工的方向發展。只是未來如何設計與調整，以發揮更完整功能，仍有討論空間。例如，臺灣屬雙首長制，美國屬總統制，政府體制與民情都有差異，這些都是組織設計不能忽略的因素。但從卡崔娜風災，卻也凸顯出雖FEMA組織龐大，仍缺乏救災「執行力」的問題。

可能的解釋是，FEMA屬防救災政策形成與規劃機關，執行必須仰賴州、地方政府、國民兵，以及非營利組織。圖2-2爲中央政府防救體系組織架構圖，顯示各部會專責災害（災難）分工的情形。例如，依「災害防救法」第3條之規定，內政部負責或主政風災、震災、火災、爆炸、火山

7　https://www.fema.gov/media-library-data/1544446165585-f5015866c1dc68a86a043105dbb49346/FEMA.pdf，瀏覽日期：2019/1/27。

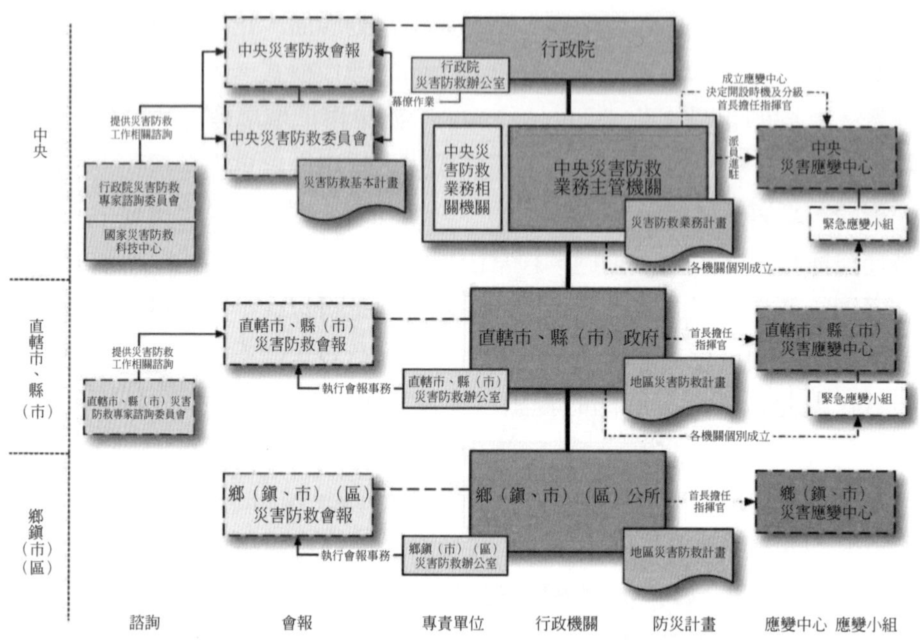

圖2-1　中央至地方災害防救體系架構圖

資料來源：https://www.cdprc.ey.gov.tw/cp.aspx?n=AB16E464A4CA3650&s=B7411BDCD003C9EC，瀏覽日期：2018/6/12。

災害；經濟部則負責水災、旱災、礦災、工業管線災害、公用氣體與油料管線、輸電線路災害；交通部負責空難、海難、陸上交通事故；衛福部負責生物病原災害；農委會負責寒害、土石流災害、森林火災、動植物疫災；環保署負責毒性化學物質災害、懸浮微粒物質災害；原能會負責輻射災害。而前述都是「災害防救法」第3條的規定，不過實際的情形是，大型災害（災難）發生後，即便有主政部會，其他部會亦應全力投入。特別是大型災難所涉及的跨領域與跨部會事務，可能相當複雜。

再者，「災防法」之災害分類方式，可能存在兩個問題：第一，災害種類有時難分，例如複合型災害的發生，可能得透過協商，或由行政院長決策，才能確認主政部會。也可能災害種類不在「災防法」中，例如隕石撞地球曾於2013年發生在俄國，並造成一千多人死亡。但究竟是隕石或恐怖攻擊不一定能立即分辨，或就算立即分辨，不一定能確認由那個部會主政較爲妥適。[8]特別是，該類別災害不容易預測，或通常都已經發生或造成災害才會知道，所以存在應變的困境；第二，中央政府不一定站在災害處理的第一線，所以不一定立即或有效的救災，如果加上地理與人文的差異（例如災區位中南部，而非中央政府所在地的臺北），中央政府在因應策略的形成、規劃與執行就可能失準。

而且如前文所述，從圖2-2的組織架構，亦無法看出組織間非正式關係、無法看到人力資源運用（包括晉用、教育訓練、工作輪調、獎懲、升遷）的情形、無法感受到權力與政策的狀況、無法了解文化表徵（特別是組織成員價值觀）的內涵，甚至連組織環境如何影響結構運作，也無法從圖示獲得理解。但從圖2-2所示，行政院係救災體系的主責機關；中央災害防救會報則扮演「火車頭」或政策形成的單位。至於進一步的政策規劃，則由災害防救委員會負責，再透過災害應變中心，或透過各部會執行救災政策。至於行政院災害防救辦公室，則扮演幕僚的角色。不過，依圖2-2所示，縣市政府並未納入，因此圖2-2應僅涵蓋中央政府救災體系。至於全國的救災體系組織架構與流程，就應參考圖2-1。

只是，依圖2-1所示，可能行政院對地方政府的指揮命令多，但支援少（惟這不包括近年來國軍主動進駐地方政府災害應變中心），相關理由將於下文說明。另外，隸屬科技部的國家災害防救科技中心，擁有包括自然科學與社會科學研究人力（資源）。而依圖2-2所示，國家災害防救科技中心主要在行政院災害防救專家諮詢委員會定位下運作，並以科技部長爲召集人。換言之，由圖2-2之結構設計看來，國家災害防救科技中心和中央政府救災體系的連結，似乎不是非常緊密。因爲，依2000年通過的「災害防救法」，國家災害防救科技中心應設於中央災害防救會報（災害防救專家諮詢委員會）之下；2003年由當時的行政院國家科學委員會籌辦，並改制防災國家型科技計畫辦公室爲國家災害防救科技中心；2013年配合政府組織再造，進一步將國家災害防救科技中心改爲行政法人。[9]行

8　http://www.epochtimes.com/b5/13/2/23/n3807478.htm，瀏覽日期：2019/2/5。

9　https://www.ncdr.nat.gov.tw/Introduction.aspx?WebSiteID=5853983c-7a45-4c1c-9093-f62cb7458282&id=2&subid=33&PageID=1，瀏覽日期：2019/3/27。

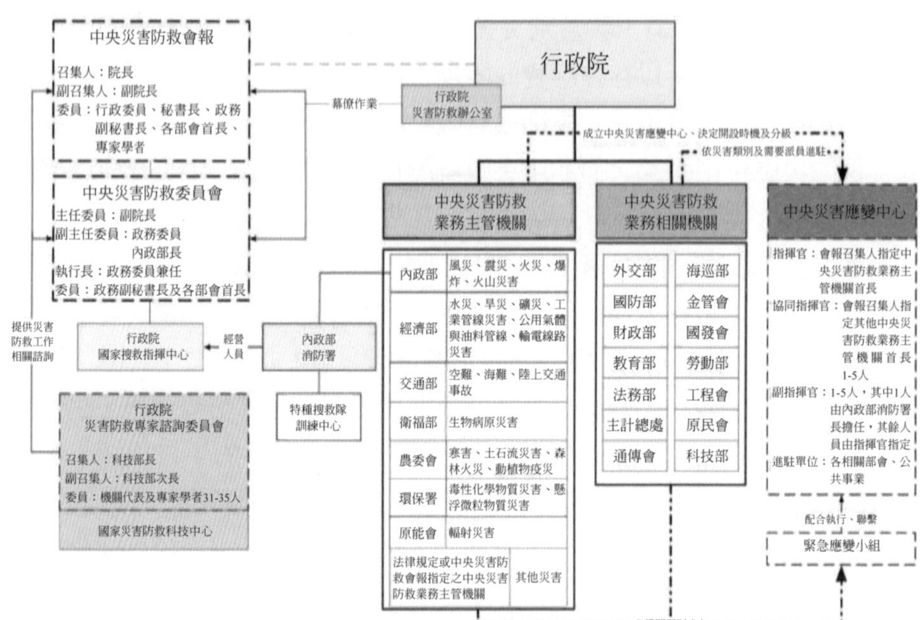

圖2-2　中央政府防救體系組織架構圖

資料來源：同圖2-1。

政法人固然有較高的運作彈性，但是否以及如何和中央政府救災體系有更緊密之連結，可能有討論空間。

Bolman and Deal (1991) 認爲組織結構僅代表組織運作的一小部分（或一個因素而非唯一因素），因此前述組織架構圖示僅展現靜態的結構模式，可協助我們了解中央政府救災體系（應該）有哪些部會參與（但應然面和實然面可能有落差），但無法詳知跨部會的動態互動模式、認同、投入、合作或整合程度。例如，救災體系沒有類似「行政院會議」的機制，在此機制運作下，依慣例直轄市長可列席參加，但非直轄市長無法列席或參加。因此，救災體系運作的中央和地方連結，從圖2-1可以發現似乎沒有那麼緊密。但中央政府可能會回應，目前國軍在災害來臨前或災害救災進行中，多會主動派員前往縣市政府或鄉鎮市公所，並進行必要之支援。不過，這僅是國軍的部分，如果災害規模龐大，或需要跨部會的支援，可能無法或難以在短時間內滿足地方政府的需求。而其他相關救災（體系運作）問題或議題，也許可透過不同個案檢視或透過理論進行分析，可以了解中央政府防救災組織的運作模式。

第二節　相關理論與領域

救災體系運作涉及複雜的互動關係，也和諸多理論領域有關，應該說，每個領域的背後，都有許多相關理論可以進行解釋，或也都可以在救災體系的框架下，進行不同領域或理論的相關論述。因此救災體系和自然科學、社會科學、文學等，都可以有相關性，而這也可以從組織理論的發展獲得印證。理論應用包括從科學管理、人群關係、系統與環境因素、資訊傳遞與設計、組織文化、權力政治等 (Shafritz and Ott, 1992)；而前述理論的根源或（科學）哲學乃根基於領域的差異，或者，可以再從各自的領域找尋相關理論。以科學管理理論爲例，雖然其根源屬於工程領域，但其強調的專業分工、標準作業流程、結構設計等，後來人群關係發展也都和人因（human factors，可涵蓋心理學、生理學、社會心理學）領域有關。或者每個領域都可以持續發展其和組織運作的關連性，而這當然可以和救災體系運作有關。或救災體系主要內涵是組織運作，組織理論當然可以是救災體系的基礎理論。

Shafritz、Ott and Jang (2016) 則將組織理論分成九個階段，包括古典理論（Classical Organization Theory）、新古典（Neoclassical Organization Theory）、人力資源理論或組織行爲取向（Human Resoruce Theory, or the Organizational Behavior Perspective）、「現代」結構組織理論（“Modern” Structural Organization Theory）、組織經濟學理論（Organizational Economic Theory）、權力與政治組織理論（Power and Politics Organization Theory）、組織文化與變革理論（Theories of Organizational Culture and Change）、組織與環境理論（Theories of Organizations and Environments）、組織與社會理論（Theories of Organizations and

Society）。這九個階段也代表組織理論的歷史發展，或可以窺視組織（救災體系）運作不同的面向，而和早期版本不同的是，組織經濟學和組織與社會理論納入該書。

組織經濟學係以交易（transaction）爲研究單位（Barney and Ouchi, 1986），同時帶入代理人理論（Agency Theories）(Sharitz, Ott, and Jang, 2016: 206)，於是有主人（principals）與代理人（agents）與資訊不對稱（information asymmetry）的問題存在。爲了解決水資源（common pool resources）有限的問題，Ostrum (1990) 提出自我組織與自我治理（self-organization and self-governance）的重要，並點出有信用承諾（credible commitments）的議題。這些理論概念，或許用來解釋本書第三章救災資訊，相當合適。由於社會文化多元性的發展，政府、非營利組織與營利組織的界線變得模糊，因此，組織與社會理論則重視社會責任（social responsibility）與社會企業家精神（social entrepreneurship）(Shafritz, Ott, and Jang, 2016: 414) 的概念，而這樣的理論概念貫穿了本書第五章救災組織間合作，以及第六章至第九章救災體系下的政府、非營利組織與社區連結的不同主題。

爲避免相關理論過於龐雜，本書寫作目的主要在救災體系運作之論述，不在組織理論的探索，且比較是在組織相關理論應用著力。本書章節也可以組織理論（包括科學管理、人群關係、系統理論、權力與政治、領導、組織文化等）的方式建構，如同Bolman and Deal (1991) 書中以結構型模（strucutral frame）、人力資源型模（human resource frame）、政治型模（political frame）和表徵型模（symbolic frame）等四個型模（型模也可稱之爲理論）進行組織運作論述。而這四個型模，也可用來作救災體系運作之分析。包括如何進行組織結構設計、如何運用人力資源、如何透過權力與政治、表徵（組織文化）管理，以提升救災成效。前述Bolman and Deal (1991) 的四個型模，當然可以作爲救災體系論述或分析的內容，但作者仍認爲以資訊、動員、組織間合作等三個構面，作爲本書的理論架構，以匯整相關理論，並進行救災體系的分析，比較能凸顯救災體系的動態面。

惟前述四個型模或理論應用，仍散見於本書各章。本節論述的重點在於，釐清救災體系運作的研究方向、問題或盲點。也因此，本節僅作相關理論與領域的概念介紹，其他章節也會有相關論述，而這些理論與領域論述，將會扣緊各章主題。由於作者主要學術背景爲行政組織或組織理論，因此第一節救災體系定義論述主要從組織理論角度切入。不過，由於組織理論內含政治學、社會學、經濟學、文化人類學、心理學等理論應用與分析。因此，救災體系跨領域特性也非常明顯。例如，防救災問題經常和救災資源分配有關，因此涉及權力、政治、社會與經濟分析。而且，政治人物經常會在許多防救災議題有不同的責任歸屬爭議或考量，因此就和權力與政治有關。再如前文所述災難（或防救災）會有政治性、經濟性、文化性，也同時存在認知與解讀的問題。

Starrs (2014: 11) 從文化層面切入與解釋，2011年的311東日本大地震的意義、問題與解答，同時指出，這場災難讓文學家與藝術家重新檢視，面臨重大災難的文學與藝術價值妥適性的議題。Rambelli (2014) 指出，東日本大地震當時的東京都知事石原慎太郎就把東日本大地震，解讀爲上天在懲罰日本，或在對自私的日本人提出警告。Brannigan (2015: 12-14) 則從哲學與倫理（ethics）的角度，詮釋311日本東北大地震後，Brannigan前往災區擔任志工，專書內容除描述其親身經歷，並提供許多道德勇氣的哲學思考問題與觀點。例如，他眼見70萬人擠在狹小的避難所，以及有限的臨時住宅以抽籤方式決定，同時讓原在相同社區的人們分離。所以，救災體系存在跨領域性與多元理論的應用性，例如2014年高雄氣爆，可以從化學（氣體的屬性與化學變化）、化工（氣體在工業的應用）、工業工程（化學物質管理與工程設計）等自然科學相關領域進行研究。

中央政府與高雄市政府出現防救災責任歸屬的（權力與政治）爭執，導致當時的經濟部張家祝部長以及高雄市吳宏謀副市長下臺，這也是值得研究的議題。在過去，類似中央與地方地府面對災難所產生的責任歸屬衝突，經常發生。這和權力與政治的議題有關，重點是中央與地方互相究責的結果，有時反而模糊了救災的目的與重點。這部分固然和政治責任與政治角力（關心政治或政黨利益，忽略公共利益）有關，但也和行政學的課責（accountability）與行政倫理有關。救災是首要，不能因爲政治角力犧牲救災的公共性或公共利益，即公共或公共的操作性定義存在模糊地帶，但仍存在倫理與道德的界線 (Frederickson, 1991)。合理的論述是，很多決策或政治行爲，不一定有法律規定，或法律規定的背後，必須有課責的思維 (Cooper, 1990; 1991)。或者，政治人物的決策行爲，除要對議會負責，也應對廣大的民眾（當然包括災民）負責，而這也是政治道德的展現。當然，從公民社會或公民參與的角度，面對政治人物的決策行爲，也有發聲的責任。

再者，災難可能產生諸多社會（安置）問題，所以需要社會學理論思考，由於組織環境或體系的概念，經常和社會學的系統理論連結（林萬億，2010；Katz and Kahn, 1966; Thompson, 1967），也存在資源依賴的現象 (Pfeffer and Salancik, 1978) ，解決災難問題，不能光從官僚體系內部找答案。災難也有就業與成本（效率）的考量，經濟學理論就不可或缺，績效衡量的概念就必須進來 (Kanter and Brinkerhoff, 1981)。Tierney (2019: 39-64) 在其災難專書也提到相關領域的概念，並進一步指出相關領域包括文化人類學、認知心理、行爲經濟學、經濟學、決策與詮釋、災難的經濟影響、商業影響、地理與空間社會學、政治學與公共行政、心理學與相關領域、都市計畫等。由於Tierney屬社會學背景，和作者同是社會科學領域，因此存在類似領域探索的論述，存在諸多重疊之相關領域內容。但不同之處在於，作者納入應用自然科學領域，以及嘗試與實際案例結合；這部分在Tierney專書比較少相關內容，而這應該是本書的特色。

就實務救災案例分析，雖然救災體系通常由政府主導，但因爲災難發生時，政府救災功能與角色不足，所以有非營利組織與民間團體的投入。然而，救災屬公共事務議題，企業同樣不能置身事外。面對地球資源過度消耗，以及氣候變遷帶來的問題，Wunder (2019) 從永續（sustainability）策略的觀點提醒我們，因爲社會變遷快速，特別是大環境因企業快速成長，造成地球資源大量使用與消耗，以及生活環境遭到嚴重破壞。Wunder (2019a) 進一步認爲，永續的概念雖很早就被提出，但因爲社會環境快速變遷，必須重新定義永續的內涵與策略。因此企業社會責任

（Corporate Social Responsibility, CSR）必須被重視，並應融入企業永續策略規劃的內涵。如同本書第五章所提，台積電（透過基金會）以創新作為投入救災，獲得居民很多好評，這也是企業社會責任體現的實際案例。

文化人類學關注價值與信仰文化，政策利害關係人也都有其心理或認知反應。對救災而言，和救災體系組織文化與災民背後的族群文化有關(Ott, 1989; Schein, 1992)，因此自然將圖騰、語言、風俗、文化、信仰、英雄人物的概念帶入，所以救災英雄的存在，也在肯定救災人員的努力與貢獻。另一方面，Horigan (2018) 透過和經歷卡崔娜颶風的災民進行群組會談，藉以了解這次災難對他們的創傷與意義，這對未來救災體系重建也存在重要意義。不過，救災能否擁有成效，有時需仰賴其他人文領域與自然科學領域，例如資訊管理、資訊傳播、衛星遙測、工程領域等，都是防救災不可或缺的領域。以2009年莫拉克風災為例，當時所有通訊中斷，惟透過衛星遙測科技，可提供災區重要災情訊息。當然，科技的背後也存在人文的意涵，因為科技係為人所用，科技與人文如何交相運用，成為救災領域重要的課題。

2016臺南大地震時，維冠大樓倒塌，對於土木建築知識與資訊的需求就非常強烈，也因此臺南市政府救災運作，就由當時的工務局長主政（後來升任為副市長）。同樣的概念，救災資訊如何獲取、公告、傳播，有賴資訊管理與科技應用，但所展現出來的訊息，則有賴社會大眾的解讀。新聞媒體對於重大災難通常會有大幅報導，可能影響救災體系運作的方向與模式，所以又存在不確定性。例如前述2013年2月15日俄國發生隕石撞地球的災難案例，就讓全世界科學家覺得好奇。但其發生除了天文學的解釋，也有許多不同的說法，包括恐怖攻擊或來自上帝（神學）的懲罰，也都可能有民眾相信。主要的原因是，隕石撞地球的案例極少發生，而且又很少造成龐大災難。特別在錯綜複雜的國際關係情勢下，如果缺乏科學證據證明是隕石撞地球，就會讓更多人產生許多不同的想像。

所以災難可能同時涉及天文學、政治學、社會學、醫學、神學等領域（楊永年，2013d）。Starrs (2014: 3) 指出，對於311東日本大地震，東京都知事石原提出上天懲罰日本的說法，這是從神學的角度詮釋災難。

雖然火山爆發在臺灣致災也很少見，2014年9月日本長野御嶽山火山噴發多人遭活埋，就提醒我們應有火山爆發的因應防災或整備（楊永年，2014b），例如臺北大屯山目前是休火山，會否成爲活火山，也引發關注，因爲有人認爲大屯是休眠的活火山。[10]重點在於，災難發生時，最重要的還是必須先啓動救災體系進行救災，只是，如果爲保存科學證據（作天文學、地球科學或地質學研究），相關科學研究機關或鑑識單位也可能要同時動員，才能避免科學證據的遺失。因此，救災體系分析所橫跨的領域相當廣，可說涵蓋了人文、社會與自然科學。而這可能又涉及科際整合的問題，或如何讓組織分工與領域分工，既能重視專業，又能有所整合，是救災體系必須面對的挑戰。

再以作者研究經驗爲例說明，1999年921大地震，由於作者的故鄉（出生地）在南投，因此覺得應該爲家鄉做些什麼，而投入救災體系研究。這心情或感受和Brannigan (2015) 是類似的，他曾前往日本東北大地震災區擔任志工，並將其經歷出書，源於他母親是日本人，而他也在日本出生，所以對日本有一份特殊的感情。作者2006年轉往成功大學任教，開始有跨領域接觸環境污染議題（和環境災害或災難有關），同時和環境工程、環境醫學、生命科學老師有合作與學習。後來研究生態保育，和生命科學、土木工程、地球科學等老師作跨領域合作。接著跨足核能（核能安全與核能政策）、緊急醫療，深深感受跨領域合作與學習的重要。但如何將前述龐大相關理論作分類，或作系統性整理，以理解或應用在救災體系。因此，第三節研究架構就提供理論整理的重要工具。

第三節　研究架構

作者研究救災體系初期，就深感研究架構的必要性與重要性。最初僅從實務運作邏輯的觀點，找出資訊、動員、組織合作三個重要的核心

10 https://www.ettoday.net/news/20180118/1095391.htm，瀏覽日期：2019/2/28。

自變項，如圖2-3所示。因為救災首先要有災情資訊，有了災情資訊才能動員相關資源救災，而組織間合作是動員資源較佳的方式（下文仍有相關解釋）。隨著論文發表，必須針對這些變項找尋相關理論作更深入的論述，因此自2009年起，就發展出圖2-3之理論型模（楊永年，2009；Yang, 2010; Yang, 2016）。進一步發現自變項的三名詞具有多元的意涵，例如資訊可和資訊管理（和文字、語言與心理有關）與資訊科技連結，自然帶入人文與科學領域內涵。動員的標的在資源活化與運用，動員可以和資源畫上等號，因此人力、非人力（救災物資、器械、避難所、中繼屋、永久屋）、經費都是寶貴資源，也都和人文與科技領域密切相關，最簡單的邏輯是，動員的標的都和人有關。組織間合作，雖和組織管理比較有關，但每個組織的特性也有差異，例如，有些組織科技意味濃厚，但仍離不開人文與科學領域。

由於長期使用圖2-3進行研究，發現該圖具高應用性，可以用來解釋、分析、診斷（diagnosis），以及進行（救災體系）組織變革之應用。例如，各種災害的案例（個案），均可以資訊、動員與組織間合作等三個面項（或自變項），來解釋、分析、診斷，究竟救災體系存在什麼問題，以及為什麼存在這些問題，並進一步提供救災體系變革的內容與方向。過去，作者就經常使用圖2-3的理論模型，進行個案分析，因此經常發現，資訊（系統）、動員模式與組織間合作等，經常就是救災體系問題所在。或者，即便救災體系作了相關變革，但透過這三個變項進行診斷，仍會發現可以有改善空間，或都有再精進的空間，其內涵包括救災體系內部的調整，以及外部（制度）的改變，都不是短時間可以達成。而這也可以和本書第一章所提的組織發展領域進行連結 (Porras and Robertson, 1992)。至於個案相關分析內容，讀者除了可參考本書各章的個案分析內容，亦可檢閱本書的參考書目。

圖2-3描繪出本書的研究與寫作架構，本書第三章至第五章，即針對資訊、動員、組織間合作三個自變項進行論述，而依變項成效或績效則納入與結合自變項進行論述。由於中央政府、地方政府、社區、非營利組織等四個變項（或稱四大柱）扮演實務運作重要角色（如圖2-3-1）。以四

大柱命名，主要在區隔三個自變項，下文所指的自變項，係指資訊、動員與組織間合作，依變項則爲救災成效。再者，四大柱可分別以三個自變項進行分析。再進一步解釋，因爲政府（含中央與地方政府）的主動或積極作爲，可以改變救災成效。包括資訊分享、資源提供，以及更良善的組織間合作，都有機會可以提升救災成效。由於救災是公共議題，政府固然必須扮演關鍵角色，但因爲存在政府失靈 (Weimer and Vining, 1989) 或其他難以抗拒因素（例如政府本身可能也同時受災害侵襲），所以需要非營利組織與社區功能的填補。

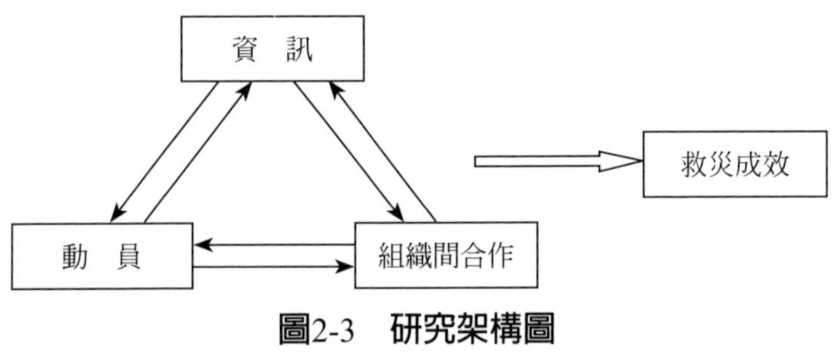

圖2-3 研究架構圖

在有些情境或項目，非營利組織與社區有時扮演比政府更主要或關鍵角色，這些內容都在本書專章中進行論述。當然，四大柱之間也存在關連性或依存性，例如不同國家體制，對於非營利組織或社區防救災，提供不同的管制或政策誘因。甚至因應災害，聯合國也試圖整合非政府組織，投入跨國災害防救工作。作者最早應用圖2-3爲架構，係以三個核心自變項爲主體，發表多篇學術論文。深感該理論型模貼近救災實務，甚至多年來透過實證案例的分析，更可發現其實用性。但本專書不同於期刊論文，或必須有更寬視野，因此嘗試融入四大柱的內涵進行論述，所以有圖2-3-1的產生。或四大柱其實也是救災體系的核心內涵，在防救災過程，都分別扮演著重要的角色。當然，這四大柱如何進行分工與整合，也是重要議題。而且，從地球村的觀點，四大柱也在國際社會的框架下運作，也是本書的重要內容。因此作者所發展出的圖2-3-1，其概念係從圖2-3三個核心自變項開始。

因爲本書寫作與匯整過程發現，四大柱影響救災體系運作至深，而且相互影響，因此才由圖2-3進一步發展成圖2-3-1。或者，這四大柱個別主題，都可以資訊、動員、組織間合作進行分析，主要爲了形成本書整體的概念，因此有圖2-3-1的建構。應該說，圖2-3係原始的組織架構圖，概念或邏輯簡單清楚，讀者僅以圖2-3閱讀與對照本書各章節內容，可更深入了解本書的內容與脈絡。因爲災害首重資訊蒐集與分享，如果沒有災情資訊，或災情資訊錯誤，等於是方向或目標不明的救災，無法發揮救災的功能。而有了明確的災情資訊，才知道要動員什麼樣的救災資源，而最有效的動員方式是透過組織間合作。原因在於組織通常擁有豐富的資源（特別是和個人相較），例如國軍、警察、消防、衛生等，都各自擁有龐大的救災資源或能量。因此得出救災體系研究架構圖，自變項分別是資訊、動員與組織間合作，依變項是救災成效。

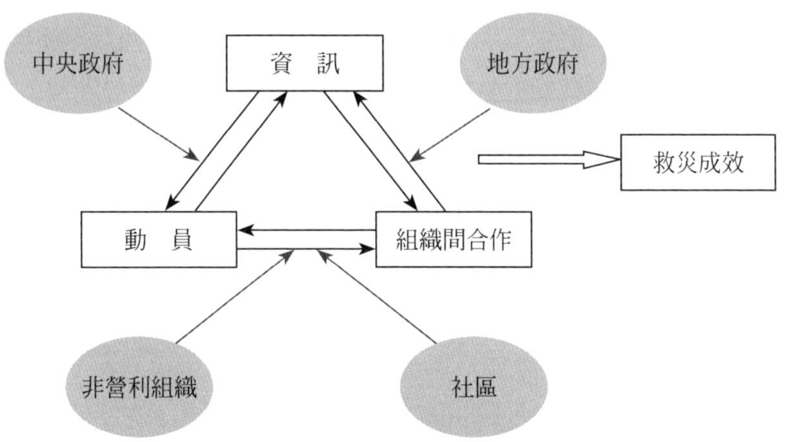

圖2-3-1　救災體系研究架構圖

救災成效內涵主要在了解救災體系功能發揮的情形，其內涵包括效率（是否即時、快速）、效能（方向是否正確合理、是否公平）、滿意度（包括救災人員、災民與一般民眾的滿意度）。而從圖2-3的各變項（含自變項與依變項），均可以持續發展操作化的關鍵指標，對於未來救災體系運作與功能的強化應有幫助。也可以說，資訊、動員、組織間合作三大自變項，可以作爲分析四大柱（中央政府、地方政府、社區、非營利組織）的基礎理論。惟作者在研究與寫作過程發現，這四大柱亦可以個別獨立成爲專章，以三大自變項進行深入論述。因此，在章節安排上，仍優先針對資訊、動員與組織間合作三大變項進行論述。而因本書內容強調理論與實務並重，難免在第三章至第五章的內容，會觸及四大柱的內涵，或與四大柱內容有關。而在考量避免第三章至第五章的內容過於龐雜，因此將四大柱分別於第六章至第九章進行論述。

再者，相同的資訊（文字或語言），可能因爲諸多因素，導致不同職位或角色政策利害關係人的認知落差。也因此，資訊運作過程（information processing），可能影響救災成效。Salancik and Pfeffer (1978) 就指出，（救災）滿意或滿意度是資訊運作過程產生的結果，不是（災民或民眾）自然的需求。這隱含資訊運作過程，對民眾會有激勵或刺激的效果。就經濟學的角度，經常會採用公平與效率兩大指標檢測，而公平與效率的概念與經濟學古典名著《公平與效率的平衡》（*Equality and Efficiency: the Big Tradeoff*）一書所強調的內涵相仿 (Okun, 1975)，其概念是公平與效率經常難以兼得，強調公平就可能失去效率；強調效率就可能失去公平。例如，爲了加快救濟金作業的速度（效率），依門牌地址發放，但可能導致資源錯置，因爲有人在災區有好幾間房子，實際租房子的災民反而領不到救濟金（陳儀深，2011：203）。

因此實務運作上，固然存在Okun所謂的權衡（trade off），也可能因爲資訊不夠公開，或資訊不對稱，導致民眾和官員解讀或滿意度有所不同，甚至出現資源錯置的問題。合理的論述是，愈多的救災成效指標，愈能凸顯救災成效的良莠。這些指標可以包括民眾滿意度、救災人員的投入度與滿意度、救災的即時度等。例如災情傳遞的即時與透明度，是災民與家屬迫切需要的資訊。在地震時，災民與家屬會迫切希望知道受困民眾是否生還，是否能被即時救出，還有家屬是否知道災民受困的相關資訊。因此，救災成效除了可以效率、效能（含公平）、滿意度作分類，也可以再細分。例如，Gopalakrishnan and Okada (2007) 提出知曉／接收性（awareness/access）、自主性（autonomy）、可提供性（affordability）、課責性、調適性（adaptability）、效率性（efficiency）、公平性（equity）、永續發展性等八個項目評估政府防救災的成效。

不過，依作者的看法，這八個衡量項目（指標）可納入圖2-3的三個自變項，資訊、動員與組織間合作進行分類（楊永年，2009）。例如知曉與接收性屬資訊的內涵，效率性、公平性、自主性與可提供性和動員有關。課責、調適與永續發展，則和組織間合作有關。當然，這也只是大致的分類，不論是作者的三大變項，或前述的八大項目，相互間都有緊密的關連性存在。至於Cutt and Murray (2000: 4) 針對非營利組織的課責與績效（effectiveness）進行評估介紹，提出應分別從過程、結果的資訊進行評估，認爲課程評估是共同期待的表達。也就是說，非營利組織在運作過程與結果（成果）提供了什麼樣的資訊。而爲建構課責評估標準，作者提出了九個議（問）題：第一，課責用什麼方式顯現出來；第二，課責在何時是相關的；第三，課責問題的相關性在哪裡，是否侷限在某個部門、某個組織模式，或全都適用。

第四，誰該被課責，課責的對象又是誰；第五，爲何需要這些課責資訊，以及課責的目的爲何；第六，什麼樣的資訊應納入課責資訊；第七，課責資訊如何被產出、溝通與驗證；第八，課責如何被使用，有無實際課責的案例；第九，主要在課責的執行。第一至第八個問題，係課責架構的建立。而如果以前述九個問題，和本書第三章救災資訊的內容作對比，可發現具有高度相關或重疊性。例如，發生災情時，如果中央與地方政府爲不同政黨，就可能出現推卸責任的訊息，這訊息固然很負面；但同時也存在課責的意義，因爲追究責任代表在防救災成效出現問題或瑕疵，首長必須擔負政治或行政責任；而政治責任就有課責的意味。應該說，課責可以是成效的內涵，而這可以透過過程與結果的資訊進行衡量。

依前述思維，自變項與依變項的概念原本就是一體，爲能深入分析，將自變項與依變項作適當區隔，是可以增加篇幅進行深入論述。或者，救災成效良莠或衡量可以是科學證據的過程；但證據過程難免存在主觀、客觀與交互主觀的哲學論辯。Cutt and Murray (2000: 42-47) 以不同類別理論，建立績效評估架構，第一類：輸入（inputs）、過程（processes）、結果（outcomes）；第二類：專案層次（programme level）、組織層次（agency level）、系統層次（system level）；第三類：正式（formal）、非正式（non-formal）等。這些概念可以形成圖2-3依變項重要的理論基礎；或者，本書內容固然可以依變項爲主軸進行論述，但回到過去作者的研究主軸，主要仍從自變項切入依變項進行討論。然而，圖2-3仍在隨時提醒，不能忽略救災成效的檢視，否則只有方法或手段的論述，內容並不完整。

第三章

救災資訊

如本書第二章所述，資訊可以是很大的議題，因爲可從不同領域定義，包括從資訊工程（硬體）、資訊軟體、資訊系統、資訊管理（組織理論）、資訊不對稱（經濟學）、資訊認知（心理學）、資訊傳播（傳播學）、資訊規範（法律）、資訊語言與文化（文學與文化人類學）等進行論述。本書從（災害）資訊管理的角度切入，因此本書定義，資訊係指災害資訊、資訊傳遞管道，以及資訊平臺等。原因在於，災害資訊是緊急應變最關鍵因素，但如何傳播，包括資訊傳遞管道與平臺設計，同樣攸關緊急應變成敗，因此本章依此進行論述。由於資訊的準確性、可靠性與是否值得信任，會涉及資源動員與組織間合作。而如果以第二章組織理論的概念解釋，包括資訊由誰（或哪個組織）提供，如何提供、傳播、分享等，都可能存在主人（principals，或稱委託人）與代理人（agents，或稱被委託人）之間資訊不對稱以及信任的問題。

張四明等（2010）針對防災應變體系中資訊網絡整合機制改善進行研究，特別就2007年建置完成的「中央災害應變中心應變管理資訊系統」（Emergency Management Information System, EMIS）進行研究，並有很深的期待。因爲這是代表國家，或是全國性的災害資訊應變管理系統；不論是對政府組織內部，或是政府對外，都是非常重要的災情資訊來源，包括政府防救災政策的擬訂，以及防救災資源分配，都得仰賴完整的災情資訊。理想上，EMIS要能串起中央、地方、社區整個體系，甚至協助整個救災體系運作。換言之，健全的救災體系應有健全的資訊系統，反之亦然。EMIS係由內政部消防署建置、管理與運用，張四明等（2010）的研究發現：「2009年8月莫拉克颱風重創南臺灣，無論監察院的調查結果或行政院各相關部會的檢討報告，都直指既有防災資訊網絡的運作機制仍有許多待改進的空間，顯示有關EMIS之資訊如何傳遞、是否通暢、資訊流之網絡建立及運作情形、如何精進等問題……中央政府雖能掌握地方政府回報之資訊，但民間之災情資訊受限於以下幾個原因。」該研究同時期待EMIS能發揮國家級災情資訊平臺的功能，以整合中央、地方政府與非營利組織。

楊永年等（2012）也發現，EMIS僅仰賴消防人員透過資訊搜尋與登錄，這些資訊同時提供給內政部消防署或中央災害應變中心，惟並未開放給民眾查閱。比較大的問題是，921大地震與莫拉克風災，都造成電力與通訊中斷的情形，也讓EMIS的功能或成效存在挑戰。因此，作者非常同意張四明等（2010）前述研究的內容、發現與建議，同時認爲如果能以國家級的角度建置EMIS，進行跨部會、跨政府層級、跨非營利組織，甚至思考如何設計和通訊軟體，以及有線與無線電話連結，絕對可以發揮救災體系強大的功能。特別在資訊整合這部分，有很多防救災資訊（平臺）可以連結。然而，內政部消防署屬於行政院的三級機關，所以從組織層級而言，EMIS隸屬內政部，難以進行跨部會整合資訊系統之設計。理由在於，內政部消防署是否存在資訊系統變革的政策誘因，値得檢視；也就是說，資訊系統變革與組織（體制）變革有關，可能比資訊科技更爲複雜。具體而言，除非內政部消防署改隸屬行政院災害防救辦公室，否則問題難解。

但問題又在於，行政院災害防救辦公室屬行政院（長）的幕僚單位，不是獨立機關，而內政部或消防署都是獨立機關。即便行政院災害防救辦公室在業務上是可以督導內政部消防署，但畢竟機關（組織）屬性差異頗大，談合併或整合都可能涉及中央政府組織體制調整，而存在障礙。也許將EMIS移由災害防救辦公室是方法之一，不過，貿然移動，可能造成中央與地方政府執行面（組織間合作）出現問題，例如現行EMIS仰賴地方消防局通報，災害防救辦公室如何和縣市消防局作對口，也可能存在問題。加以目前EMIS系統的問題並未被廣涉討論，難以形成「政策之窗」進行變革討論。或許從下文災防資訊的基本概念思考，可以獲得災情資訊相關問題的啓發。如前述，廣義的救災包括防災在內，而不論救災或防災首先必須擁有災害資訊，其內容應包括，什麼樣的災害（資訊）、造成什麼人、在什麼時間、什麼地點、什麼損害？

以SARS爲例，由於是致命的傳染性疾病（病毒），病毒資訊相當重要且敏感，因爲病毒涉及生命危害，必須立即作隔離處分。因此，病毒（病情）的流通必須非常清楚，而且不能隱瞞；否則爆發群聚感染，可能危及更多民眾的生命與健康。以2003年4月24日臺北市和平醫院封院爲例，當時臺北市長爲了公眾健康，避免因爲病毒感染而失控，固然有下達封院決策的必要。然而，如何作適當的配套，以安撫院內醫護人員與病人的情緒，以及所掌握的病毒資訊（含流通）是否準確，都有許多的討論。也因交通便利，造成人口快速移動，經常有跨區與跨國之行爲，這些都讓傳染病的資訊傳播或分享更爲重要。因此，（傳染）病毒資訊分享，也就成爲國際衛生組織（World Health Organization, WHO）重要的功能之一。

因此，資訊內容固然是重要因素，但依現行體制，災害現場或實務運作上，民眾難以即時透過政府（官網）獲取災情資訊（多透過新聞媒體獲得災情資訊）；而這可以從本章討論的許多災害案例獲得印證。2019年11月22日作者受邀在京都總合環境研究所演講，講題爲「日本救災體系之研究——以颱風19號爲例」。演講結束後，一位在場聆聽的研究氣象專家表示，由於媒體報導多屬負面案例，但以颱風19號爲例，該颱風的強度，三十年前可能造成5,000人死亡，但這次颱風19號的死亡人數僅約100人。這樣的陳述或許是事實，但至少有兩個問題必須釐清。首先，是否有足夠的資訊或研究可以衡量與論述政府的進步，這有討論的空間。第二，若災難事件發生在臺灣，通常多會強調究責，卻不見得會釐清致災原因並作防災整備的強化。這兩個問題均得花時間進行研究，而且這和災情資訊進一步探討、公開（傳遞）與平臺建構有關，所以此議題和本章的內涵也密切相關。

921集集大地震發生時，所有電力與通訊全部中斷，沒有即時資訊，所以很多民眾不知道那裡發生什麼災情。而且在當時，南投縣是重災區，南投縣政府大樓嚴重受創，而南投縣消防局也才剛在921大地震當年4月成立，影響南投縣政府提供立即與準確災情資訊的能力或能量；類似的問題也出現在莫拉克風災的因應（這部分下文將有說明）。因此，我們必須思考與設計，在電力全面中斷時，如何設計或規劃資訊傳播管道也是重要課題。至於如何讓重要資訊傳播得更久、更遠，或讓需要災情資訊者，能立即獲得資訊，就需有資訊平臺的設置。因此，進一步認爲，災害訊息、資訊傳播管道與資訊平臺，是資訊影響救災體系運作成效的三大重要因素（嚴格說來，還有資訊系統，但其偏組織間合作內涵，因此不在本章討論），茲分三節進行論述。

第一節　災害資訊

所謂災害資訊，廣義而言係指和災情相關的所有訊息，其內涵包括災害發生的人、事、時、地、物。文字、語言、（衛星）圖片、影片均包括在內，也包括預防、預警或避災訊息，甚至資源的資訊（救災需要的人力、物力、經費），以及組織間合作的資訊，都和救災密切相關。至於災害資訊的狹義定義，主要指災情而言，例如哪些人（或多少人）在哪裡，受到什麼的災害，造成什麼樣的傷害或損失，以及預警重要災難資訊，包括大雨、淹水、地震、大火等，以避免民眾受到傷害。訊息的傳送除了考量語言的問題，也不能忽略弱勢的民眾（包括聽障與視障對資訊的接受）(Bennett and LaForce, 2019)。因此，掌握災害資訊（或有時也稱災害訊息，本書資訊和訊息同義，並將交互使用）是救災體系運作的首要工作，若沒有掌握精確的災害資訊，防救災資源不容易到位。

貝原俊民（1995：8-9，係東京大學法學部畢業的高材生）指出，阪神大地震發生於1995年1月17日早上5時46分52秒，8時30分啓動五人對策本部會議；隨後縣廳（縣政府）共約40位職員參加緊急應變會議。主要目的在掌握災情資訊，並作立即的政策因應；當然免不了資源動員與分工整合事項，但最重要的還是災情資訊的掌握。作者於2005年2月21日前往兵庫縣防災局訪談，依受訪者表示，兵庫縣約有13位人員受管制（其中5位是防災局人員），規定必須居住在5分鐘路程之內的房子，宿舍由縣廳提供，也就是必須隨時要能回到辦公室。兵庫縣設防災監（危機發生時，他是次於縣長、副縣長兩人下之第三號人物，可以對所有單位發號施令）。顯然，兵庫縣對於防救災人員的管制相當嚴格；重點在於兵庫縣對於關鍵人員在短時間進駐災害應變中心，或可以說這也是災害資訊中心。

然而，不同民眾對於資訊的感知度不同，對於災害的敏感度與產生的行爲就有差異。而爲減少對災情資訊的誤解，透過民眾參與（雙向溝通）以提高韌性，有其必要 (Bennett and LaForce, 2019: 65)。而因社區和民眾關連性高，因此可透過社區提高民眾參與，提升民眾對災情資訊的感知度，而這又和本書第八章救災體系下的社區內容有關。因此，災情資訊爲救災關鍵有其合理性（楊永年，2008），主要理由在於，爲掌握七十二小時黃金的救援時間，若無具體災害資訊，救災人員根本難以使力，或可能造成救災資源的浪費。例如2008年5月2日，緬甸發生熱帶氣旋納吉斯侵襲，死亡人數可能超過10萬人，但緬甸政府除不願公開災情資訊，同時拒絕國際救援，最後在國際壓力下，緬甸政府才勉強接受國際援助。[1] 無獨有偶，2008年5月12日，中國大陸四川省的汶川發生大地震，死亡人數可能逾10萬人，但災情並不透明，例如中國大陸政府中宣部下令，媒體不得前往災區。[2]

前述兩個重大災難案例，死亡人數都在10萬人上下，卻因災情資訊不透明，讓外界難以知道災害傷亡眞相，很可能導致救災延誤與資源的錯置，惟這需要進一步的研究。董柏甫（2019）針對中國福建古雷半島石化廠爆炸案進行研究，結果亦發現，因爲災害相關資訊不透明、監測機制不健全，而且通報系統緩慢，也使得消防人員無法掌握並處理化學爆炸災害危機。對比臺灣921大地震，因爲資訊公開，在短時間就有諸多國際搜救隊參與救災，對於受困民眾的搶救，應有絕對正面的影響。所謂災害資訊即指具體與關鍵的災情內容，也就是可能導致嚴重致命的資訊，或能夠避免重大致命災難的資訊；避災資訊則可與預警機制作連結。邏輯上，如果是已發生災害，我們希望災情資訊能即時、具體與有系統的傳遞。

爲了讓災情能夠即時與準確，有必要針對資訊系統進行檢視，如何讓災害資訊能夠即時、具體與有系統，本節針對災害資訊的內容檢視，下兩節針對資訊傳遞管道與資訊平臺進行論述。不同災害有不同資訊的需求，至於相同的災害資訊，可能導致不同利害關係人有不同的解讀。部分原因是個人背景的差異，也可能是語言使用的問題；部分原因則是制度或文化

1　https://e-info.org.tw/node/39177，瀏覽日期：2018/10/12。

2　https://www.storm.mg/article/435528，瀏覽日期：2018/10/12。

因素所造成。因此，如何運用與使用關鍵資訊描述災情、形成或找到關鍵災害資訊，就非常重要。聯合國 (The United Nations, 2007: 33) 強調蒐集風險資訊，以能獲得早期預警以解救生命。例如，2014年發生的高雄氣爆，依公共電視《我們的島》的報導：「……從當晚八點多異味傳出到連環爆炸，三個多小時，都無法判斷哪裡洩漏，是什麼氣體，消防人員不知道腳下是石化管線。雖然環保署毒物小組晚間10點20分左右到場進行分析，直到11點55分市府才確認禍首是丙烯，但大爆炸已經緊接著發生，根本來不及啓動化學防災機制……。」[3]

依前述文字報導，缺乏關鍵資訊「丙烯」，是發生高雄氣爆的重要原因；丙烯是化學名詞，有其專業性，因此資訊的背後又和（專業）知識有關。換言之，如果氣體洩漏的同時（特別是化學、易燃、易爆的物質），進入災害現場的消防人員能夠立即知道是什麼化學物質，就可以避免因救災人員專業性或資訊不足，導致悲劇的發生。同樣地，如果高雄市政府對於危險化學物質、管道安全，能有嚴格的規範，悲劇就不會發生。或是廠商端在危險（有毒）氣體外洩時，能立即知道或通報，該起爆炸可能不會發生，或可能不會那麼慘重。2015年的八仙塵爆（涉及粉塵在娛樂事業應用之安全），以及2018年在桃園發生的敬鵬大火慘劇，消防局無法完全掌握「化學物質」即爲致災重要因素。[4]問題又在於，工廠危險化學物質的主管機關是環保局不是消防局，因此這又牽涉到跨局處的整合、合作或資訊分享問題，必須敦促縣市政府或行政院進行協調整合。

類似的問題是，法國於當地時間2019年4月15日傍晚，舉世聞名的宗教與歷史文化聖地巴黎聖母院發生大火，許多寶物被消防人員成功搶救。[5]雖然新聞報導並沒有清楚說明，何以法國消防人員能順利搶救這些

3 http://ourisland.pts.org.tw/content/%E7%9F%B3%E5%8C%96%E9%A9%9A%E7%88%86-%E9%AB%98%E9%9B%84%E6%B0%A3%E7%88%86%E7%89%B9%E5%88%A5%E5%A0%B1%E5%B0%8E#sthash.U2xVHNu0.dpbs，瀏覽日期：2018/6/15。

4 http://ourisland.pts.org.tw/content/%E7%83%88%E7%84%B0%E7%9A%84%E6%8C%87%E5%BC%95#sthash.hf9eLXTW.dpbs，瀏覽日期：2018/6/15。

5 https://news.ltn.com.tw/news/world/paper/1282125，瀏覽日期：2019/4/18。

國寶，但可以推論的是，消防人員可能在救災前或救災時，立即擁有文化古蹟建築與內部重要資訊，包括建築材料、特性、寶物（重要性與地點）。換言之，如果消防人員在展開行動前或行動中，擁有充足的火場資訊，知道文化古蹟建物特點，以及寶物陳設方式與地點，那麼就可以在古蹟建築之消防救災與文化保存作適當抉擇，同時也能提升寶物搶救的成功率。如果我們的文化古蹟建築或內部的寶物，在平時就有清楚的資訊，應可以提升救災成效。有了這些資訊，除了可以提高消防人員進入文化古蹟火災現場的安全性，還可有效搶救寶物與避免古蹟建築遭破壞，可以說一舉數得。

最理想的做法應該是，救災（消防）人員在出勤救災前，就有災害現場充足的資訊，包括照片或影片，讓消防人員在短時間內可以清楚知道這些相關資訊。因爲以目前科技，要創造文化古蹟（或博物館）的虛擬實境，並非難事。這部分或許可以運用智慧或資訊科技進行系統的連結與改善。當然也要主管機關願意配合，而這又回到跨機關（組織）整合或合作的議題。例如，平常應就有化學災害相關資訊有效的管理與相關資訊掌握（包括化學或易燃物品存在地點資訊），並提供給消防救災單位。或這些重要資訊，應主動並隨時提供消防救災人員，以免因資訊不足，錯用救災方式（例如以水滅化學物質），反而造成爆炸或反效果的發生。因此，消防員進入火場前，就有充足的資訊，知道廠房是否存有危險化學物質（或寶物）。甚至也應提供消防員清楚的火場空間資訊，以降低消防員救火的風險。換言之，除了擁有、搜尋或獲取關鍵資訊固然重要，如何傳遞這些關鍵資訊，以及建立資訊平臺，都可能影響消防人員的生命。

消防人員因爲災情資訊不足，貿然前往救災以致犧牲性命的案例，敬鵬大火不是第一件，2014年高雄氣爆，以及2015年發生於中國大陸天津港的化學物大爆炸，[6]同樣都是缺乏化學物質準確資訊，導致消防（救災）人員嚴重傷亡的案例。類似預警資訊的問題，由於2011年以前，日本已經很久沒有發生重大海嘯，也許是這個原因，民眾對於2011年3月11日

6　https://global.udn.com/global_vision/story/8662/1398232，瀏覽日期：2018/6/16。

的日本大海嘯失去警覺，因而造成嚴重傷亡。雖日本氣象廳在大地震後預警沿海民眾注意大海嘯，卻有民眾往沿海移動，也有民眾因爲大塞車無法即時撤離，許多民眾因此逃避不及遭海嘯吞噬。如果日本擁有完善的預警機制，能快速與全面通知居住海岸的民眾，應可大幅降低因海嘯死傷的民眾。可能也因爲如此，日本政府積極投入開發與改善預警機制，希望爭取地震與大海嘯間隔的時間，提供準備的預警資訊，讓民眾能順利撤離或逃生。[7]

2018年9月發生的印尼海嘯，同樣存在類似預警與撤離問題，惟比較値得重視的是，印尼氣象機關發布解除海嘯警報，不意仍發生海嘯侵襲，導致諸多民眾因逃生不及而喪生。[8]但由於資訊有限，難以理解爲何印尼氣象機關會發布解除海嘯警報。有關2011年日本福島核電廠事故，由於媒體大幅報導，造成國人對核電廠的疑慮（感覺核安問題隨時可能發生），包括對核電廠運作存在許多誤解，對高階與低階核廢料認識不足，對於核能安全也存在很多疑慮（甚至有人將核電廠與核子彈視爲同義詞），導致當時一位原能會副主任委員去職。這也讓台電公司與原能會深感核能（安全）的公共溝通不足，因而希望有更多的公共溝通，讓正確的核能或核安資訊傳遞出去（楊永年，2014）。因爲不論核電廠鄰近社區居民，以及社會大眾對核電廠的（安全）認知，都存在負面印象或錯誤的認知。

雖然後來日本重啓多座核電廠，但仍導致臺灣核四廠甫完工就封存的政策。換言之，因爲日本核電事故媒體報導的大量負面「資訊」，使得核能、核安、核廢等相關名詞，都變得相當敏感。作者於2019年12月10日拜訪日本大阪大學防救災專家渥美公秀，亦指出2011年日本的核電廠輻射事故，資訊相關混亂，存在諸多眞假難辨的災害資訊。這問題其實不只存在於日本，就連美國對日本福島核電廠事故的訊息，也相當混亂。直接或間接影響美國核安政策決策混亂，作者於2013年前往美國柏克萊大學時也發現類似現象，與該大學核工系訪談與研究，並和核工專家對談，獲得許多

7　https://www.storm.mg/lifestyle/85435，瀏覽日期：2018/6/16。

8　http://news.ltn.com.tw/news/world/breakingnews/2567142，瀏覽日期：2018/10/12。

重要訊息。由於從媒體得不到重要的核能訊息，因此只能向學術單位求證（助）。

由於美國掌握日本福島核子電廠安全資訊不完整，因此當時國務院下達「撤僑」的命令（主要撤離的對象是美國駐日外交官暨眷屬）；[9]有些國家看美國撤僑外交人員，於是也跟著撤僑。惟事後證實，撤僑決策並無必要性，主要因爲缺乏日本核能安全訊息的準確性，造成決策失準的情形。2008年1月中國大陸發生大規模雪災，災情持續約一個月，災情嚴重且擴及多個省市，但雪災一開始也沒有引起中國大陸政府的關注，一直等到雪災影響大到某種程度，位於北京的中央政府才開始積極介入。而這同樣是預警資訊（或預警機制）存在的問題，針對這起雪災，楊永年（2008b）指出，該次雪災會這麼嚴重是出乎預料（這狀況亦有如第六章所提的823南臺灣水災類似，當然也可能因爲缺乏經驗，導致應變工作的耽誤），因此初期災情（預警資訊）未獲重視，影響到後續救災體系運作，使得資源動員與投入災區變得緩慢。

2018年10月9日下午6時服務於美國紐約市皇后區建管局副局長何兆祥先生蒞臨成功大學建築系演講，提到發生於2001年美國紐約的911恐怖攻擊事件。當時雙子星大樓遭飛機撞擊，其中一棟在撞擊後56分鐘倒塌；另一棟大樓遭撞擊後102分鐘倒塌。等於說，大樓遭受攻擊到倒塌之間，在大樓民眾仍有充足時間可以逃生。因此，許多受困雙子星大樓民眾經過預警與疏散，得以成功撤離或逃生。顯然，如果透過精確的預警資訊並即時通告災害潛勢區民眾，可以讓災民有充足時間撤離，應可減少不必要的傷亡。再如針對日本311福島核電事故，谷川醫師（爲日本福島縣立醫院輻傷醫療專業醫師）在成大演講時指出，雖然該事故並未因爲核輻射造成人員立即死亡，卻因撤離過程不當（包括撤離路線與方向不明，以及撤離重症病患交通工具的不足），導致百餘位重症病患立即死亡 (Tanigawa, 2012)。

甚至有日本友人告訴作者，311東日本大地震的複合型災害，因撤離

9 https://news.ltn.com.tw/news/focus/paper/477215，瀏覽日期：2019/12/11。

不當（或缺乏適當規劃）的死亡人數其實是逾千人。由於2009年高雄莫拉克風災也有撤離不及導致傷亡的案例，因此設計出「預防性撤離」的政策；也就是說，針對災害潛勢區民眾（特別是老人或行動不便者），為避免不必要的傷亡，因此目前採行預防性或強制撤離的政策（本書視預防性與強制性撤離為同義詞）。基此，如何讓預警資訊發揮應有的成效，是救災體系重要的課題，其前提包括預警機制與撤離機制是否建立，以及能否落實撤離政策的執行，當然相對應的人力與交通配套亦不能忽略。預警機制方面，包括預警之前，民眾是否有相關知識、經驗或教育訓練，否則對於預警資訊的內容會有誤解、扭曲或不完整的問題產生，都是直接影響撤離成效的重要因素。

因此，關於撤離機制的設計思維是，有了預警資訊之後，政府或（與）民眾如何規劃逃生（撤離）路線，包括平常有無相關防災或撤離宣導，以及有否舉辦相關演練，都可能影響撤離成效。因此，如何持續或精進政府目前執行的「強制」撤離政策規劃與作為，是我國救災體系能否發揮功能的重要挑戰。例如，莫拉克風災造成小林村滅村，最高法院判決國賠成立；因為在土石流發生前，雖然村長已接獲土石流紅色警戒，必須撤離的訊息，但最後村長決定不撤離。然而，高雄市政府（當時是高雄縣政府）發現區公所沒有作為，小林村村長也不服從撤離命令，導致悲劇發生。法官因此認為政府（公務員）沒有進行強制性撤離，國賠應予成立。[10] 前述判決對政府防救災具有警醒作為，隱含公務員面對災害防救，必須採取積極主動的作為；但所謂公務員，不應只包括負責撤離的公務員，還包括掌握與公告關鍵（預警）資訊的公務員或相關科研人員。

換言之，政府不只應公告資訊，還應主動警示，讓預警資訊可以形成動員效果，所以預警資訊應具體且淺顯易懂，才能發揮預警效果。基此，所謂預警機制，應包括預警資訊、平臺、傳播管道；而且不只通知公務員（含村里長），還得通知所有災民與社會大眾（含非營利組織）（楊永年，2019e）。針對小林村的國賠判決，高雄市市長韓國瑜隨後宣布不上

10 https://tw.appledaily.com/headline/daily/20190328/38293259/，瀏覽日期：2019/3/28。

訴，背後的意義固然在撫慰災民與災民家屬，更重要的是，這代表韓市長同意法官認爲政府官員，從預防、預警到救災，都應扮演主動積極的角色或責任，以確保民眾生命的安全。除了應該進行災害潛勢區的全面檢視、強化預防作爲（包括平時的教育訓練或演習），還必須強化預警機制，特別是預警資訊必須能讓潛勢區民眾能夠深刻了解（例如所謂土石流紅色警戒，所代表的災害意義或嚴重程度，必須讓民眾在平常就能有清楚的認知）；同時必須排除公務員積極作爲可能招致民怨的困境或問題（楊永年，2019f）。

當然，撤離政策的最終目的，還是在發揮救災體系最大的功能。至於實作面，災害（土石流）潛勢區可以參考或學習本書第八章救災體系下的社區，所論述的木屐寮社區自主防救災團隊的案例，進行社區災害防救組（培）訓。再如，日本311地震和海嘯有間隔時間，同樣地，2018年印尼大地震與海嘯間亦存在間隔，若能善用預警資訊，應可降低傷亡（楊永年，2018f）。綜言之，從前述案例可以推論，關鍵的預警資訊非常重要，至於如何讓預警資訊連結撤離行動，爭取災害侵襲前能夠逃生的時間，仍有努力空間。例如，如何結合目前資訊科技，以發揮更廣泛的預警與撤離工作，就是近年來中央與地方政府重要工作項目。2018年10月21日發生的臺鐵普悠瑪翻車事件，造成18人死亡與200人受傷，而在事故發生前，不乏預警資訊，卻因持續遭到忽略，以致釀成出軌翻車的悲劇。因爲根據司機員與調度員的通聯紀錄，雙方通話43分鐘，司機員一直在反映問題與求救，然問題得不到解決，事故於是發生。[11]

換言之，即便有預警資訊，卻得不到重視，或該預警資訊遭到忽略。從這案例顯示，預警機制可能有問題，背後的問題可能和司機員與調度員基礎的工作項目、內容、責任未精確定義有關。也許兩人都不清楚事情的嚴重性，或缺乏對預警資訊的敏感度。就這部分分析，臺鐵可能沒有針對各個職位作嚴謹的工作分析（包括標準工作程流、監督與通報對象），沒有合理的輪替（代班）規則與相關的教育訓練。在此缺乏人力資源機制配

11 https://www.chinatimes.com/realtimenews/20181025000984-260405，瀏覽日期：2018/10/25。

套下（屬人力資源管理領域），就算再好的機械設備，也難以發揮行車安全功能，就可能出現差錯 (Dessler, 2005)。災害初期缺乏災情資訊是一個問題，災情資訊通報或傳遞延遲則是另個問題。余易祐（2005）研究山難搜救發現，從受困者向花蓮消防局報案到臺中縣（當時臺中縣市尚未合併）消防局接到訊息，已延遲三個半小時。一個可能的因素是跨轄區的問題，受困者可能離花蓮較近，但受困地點卻屬臺中縣轄區。類似這樣的問題不只發生在這個山難個案，其他縣市交接地區，亦容易發生類似的問題，導致通報甚至搜救時間的延遲。

再如楊永年（2001a）針對汐止東方科學園區大火指出，汐止距離臺北市近，向臺北市消防局求援或支援較為容易，卻因縣市首長政黨不同，因而導致救災申請支援的猶豫。或者，類似莫拉克風災前的案例，政府以道德勸說方式要求民眾撤離，民眾比較接收不到災情預警資訊的嚴重性，或成效較差。莫拉克風災後，政府採取強制式撤離，也許是相對較佳的做法。如第一章所述，921大地震是另種類型的災情訊息問題，由於當時所有通訊中斷，導致諸多災情慘重的災區，無法發送災害資訊，以致救災的延遲。例如，媒體最先報導災情慘重的是埔里，後來才知道，國姓、中寮、東勢（臺中市）的災情，都相當嚴重，甚至比埔里更嚴重。2009年的莫拉克風災，造成小林村滅村，初期同樣缺乏資訊，包括強降雨與災情。所以才有行政院長前往理髮、行政院秘書長參加家族晚餐，並未前往災害應變中心坐鎮，因此遭媒體批評（後來也因為災情過於龐大，而下臺負責）。

合理的說法是，因為沒有災情資訊，所以沒有積極作為。這情節其實也類似日本首長安倍晉三，面對關西暴雨洪災，因沒有災情資訊，導致其所發布與議員把酒言歡的照片，遭媒體大作文章；但後來安倍積極前往災區訪視，平息民怨，所以並沒有下臺。對照這結果，似乎和臺灣有所不同，也許這是日本和臺灣媒體與制度差異存在的問題。[12] 而這也凸顯災情資訊的意義與解讀的問題，換言之，有沒有災情資訊是一回事，即便有了

---

12 http://www.chinatimes.com/realtimenews/20180711002809-260408，瀏覽日期：2018/8/5。

災情資訊，如何解釋以及誰來解釋（讀），都可能存在差異或不同的問題，甚至如前述臺灣行政院長與日本首相的案例，可能演變成政治議題，進一步影響防救災政策的形成、規劃與執行。或者，好壞對錯是一回事，資訊不對稱以及民主政治下主人與代理人間的議題，則是另外一回事，卻也是不能忽略的議題。

關於強降雨部分，依氣象局的定義，大雨二十四小時累積雨量達80毫米以上，或時雨量達40毫米以上之降雨現象。豪雨二十四小時累積雨量達200毫米以上，或三小時累積雨量達100毫米以上之降雨現象。大豪雨二十四小時累積雨量達350毫米以上，或三小時累積雨量達200毫米以上之降雨現象。超大豪雨二十四小時累積雨量達500毫米以上之降雨現象。[13] 2010年的凡那比颱風，二十四小時累計雨量525毫米，造成高雄嚴重淹水。[14] 面對強降雨的發生，有人認爲這是氣候變遷的結果，也有人認爲氣象局預報技術或科技失準，無法準確預判降雨量。不過，依周嘉盈（2011）的研究發現，大部分高雄居民認爲水災對他們侵害性不高，使得民眾比較不願意採取水災整備行爲，這同樣也是災情資訊解讀產生行爲落差的重要原因。依此推論，若能喚起民眾對於災害的危機意識，以及強化民眾與社區對災情解釋的能力，比較能形成或強化防災機制。因此，2018年8月發生的高雄大水災，或許有助高雄市民水災的風險意識。

無論如何，強降雨策略治理機制必須建立，也才比較是永續防救災應發展的方向（楊永年，2016）。因爲從莫拉克風災案例以及後續幾個強降雨案例造成的災情顯示（例如南臺灣在2018年8月23日發生的豪大雨或強降雨），目前氣象科技仍存在限制，難以對特定區域的雨量有精準預測，災情更是難以掌握（畢竟氣象局只負責氣象不負責災情）。更令人擔憂的是強降雨伴隨土石流發生，而這並不是臺灣特有的現象，例如2018年日本關西超大豪雨，雨量超越歷史紀錄，有四個縣的七十二小時累計雨量破

---

13 https://www.cwb.gov.tw/Data/prevent/taiwan_prevent.pdf，瀏覽日期：2020/3/19。
14 https://news.tvbs.com.tw/local/106710，瀏覽日期：2018/7/9。

1,000毫米，造成逾百人死亡，近百人失蹤的慘劇。[15] 再如2014年8月19日在日本廣島因強降雨發生嚴重土石流，造成18人死亡，13人失蹤的結果，所以強降雨造成重大災害，不是臺灣特有的現象。[16] 因此，即便氣象局能精準預測可能會發生豪大雨勢，卻仍不易預測會造成什麼的災情（楊永年，2018b）。

或者，氣象局也不容易事前偵測到某地會有多少雨量。臺灣類似的情形是，莫拉克風災在阿里山測得的累計雨量爲2,884毫米，創歷史新高，[17] 卻無法預測小林村土石流淹沒整個村落。合理的論述是，部分災情可以預測，例如易淹水區、低窪區、偏遠山區、邊坡、水土保持不佳區、曾發生土石流區、過度開發區等，可說是致災高風險區。透過預警資訊的提供，是可以在強降雨來臨前作較周延的防災準備，惟有些災情的發生仍難預測。林雨調（2005）針對2004年發生的敏督利風災造成的土石流災害，同樣指出水土保持局對於南投仁愛鄉災區發生嚴重災情，因爲斷電斷訊，所以無法立即掌握相關資訊。再如，1997年溫妮颱風侵臺，造成汐止林肯大郡（大樓）倒塌，釀44人死亡的案例，亦非事先可以預測或預知。[18]

再如2018年7月泰國北部約13名足球隊師生，進入睡美人洞，不意大雨水位急漲，使得13名人員受困洞穴。經泰國政府評估，選擇最危險的潛水方式，並派遣90名潛水專家進行營救。[19] 不意救難過程造成一名退伍搜救人員死亡；一年後另有一名軍官因救災過程遭病毒感染死亡。[20] 準確來說，海（水）難救援和其他災害救援不同，如果涉及潛水，除了應有潛水證照問題外，爲求快速運送與救災，有時又必須連結水上與空中救援。例如第四章第一節所提的八掌溪事件，同樣需要跨領域的結合。但楊永年

15 https://global.udn.com/global_vision/story/8662/3242270，瀏覽日期：2018/7/9。
16 https://www.thenewslens.com/article/6575，瀏覽日期：2018/11/12。
17 http://www.taiwan921.lib.ntu.edu.tw/88pdf/a8801rain.html，瀏覽日期：2018/7/9。
18 https://tw.news.appledaily.com/life/realtime/20180708/1387358/，瀏覽日期：2018/7/10。
19 https://udn.com/news/story/12324/3241866?from=udn-relatednews_ch2，瀏覽日期：2018/7/10。
20 https://news.ltn.com.tw/news/world/breakingnews/3022799，瀏覽日期：2019/12/30。

（2008c）針對有8名潛水遊客在墾丁失蹤，雖然資訊傳遞與資源動員都沒有問題，卻存在跨機關資源整合的海上救難機制問題。針對這個議題，目前臺灣成立國家搜救指揮中心，主任由中央災害防救委員會主任委員兼任。而國搜中心成立的緣由，主要因八掌溪事件的當時，呈現救災資源整合的亂象。而2004年決議通過成立空勤總隊，[21] 以及2009年莫拉克風災後，行政院通過災害防救辦公室的成立，這些都對跨政府層級與機關整合有幫助。

儘早獲知災情資訊，並精準動員救災，是影響救災體系運作能否發揮成效的關鍵因素。關於災情資訊，根據一位曾處理莫拉克風災的高雄縣消防局官員（當時高雄縣市尚未合併），他在非正式的訪談時說明，其實小林滅村不久後消防局曾接到村民報案，但該報案村民的說詞是「小林村發生重大土石流，我們村子30至40人逃出來」，說完後通訊隨即中斷。由於報案者沒有詳細說明災情資訊，讓接收訊息的官員以為村民順利逃生，因此沒有意識到災情問題的嚴重（當然土石流的發生係在一瞬間，即便知道滅村，能否立即搶救，也有討論空間）。因此，如何訓練報案民眾能在短時間將災情清楚陳述，或接受報案者（接聽或接收災情訊息的值勤人員）如何能從報案民眾的簡短訊息判斷災情，都是未來可以努力的方向。

因此，在921大地震與莫拉克風災通訊中斷時，要能獲得災區的資訊，通常得依賴「資訊科技」。而資訊科技的內涵很廣，包括空拍機、衛星照片、手機拍照、空氣品質監測網、[22] 氣象資訊（含天氣預報與衛星雲圖、氣溫、地震、火山等即時資訊）、[23] 土石流警戒資訊、[24] 雨量監視系統（目前雨量監視系統可透過網站作縣市及鄉鎮市區查詢累計雨量），[25] 以及任何科技應用在救災均屬之。而透過前述科技產生的資訊，可以掌握、監測與預測災情。例如2009年的莫拉克風災，當時透過福衛二號衛

21 https://www.nasc.gov.tw/About/，瀏覽日期：2018/7/10。

22 https://taqm.epa.gov.tw/taqm/tw/default.aspx，瀏覽日期：2018/6/18。

23 https://www.cwb.gov.tw/V7/index.htm，瀏覽日期：2018/6/18。

24 https://246.swcb.gov.tw/debrisInfo/DebrisRelease.aspx，瀏覽日期：2018/6/18。

25 https://www.cwb.gov.tw/V7/observe/rainfall/Rain_Hr/13.htm，瀏覽日期：2018/6/18。

星空拍小林村照片，可以獲得清楚的災區影像。依成功大學地球科學系劉正千老師的說法，衛星空拍照片可以達2公尺的解析度；不過，如果雲層過厚，空拍照片的品質會受影響，可能就得借助雷達衛星，因其不受雲層影響，仍能拍到影像，惟成本昂貴，一張照片要價臺幣30萬（劉正千，2010）。

資訊的另一層意義是災害的檢討報告，因爲從檢討報告中，可以了解救災體系的問題與盲點。例如發生於2005年8月的美國卡崔娜風災，造成路易斯安納州、密西西比州與阿拉巴馬州嚴重災情；造成1,330人死亡，9,600億美元災損，以及30萬家庭的破壞 (The White House, 2006)。[26]不論是國會、白宮或聯邦政府，都有不同版本的檢討報告，目的在避免類似的問題不再發生。這部分臺灣也在進步中，例如中央災害應變中心災害情報站，就有許多重大個案資訊的匯整。[27]不過，我國政府官網提供的檢討報告，距離理想（以美國或日本爲例）似乎還有很大的距離。理想上，所謂檢討報告應針對特定災害防救個案進行檢討，是否防救災體系存在問題或盲點；或者，避免類似的問題重複發生。可惜這部分的「檢討報告」，不論中央或地方政府，都找不到類似（理想）的檢討報告。應該說，這個檢討報告並非研究報告，目的也不在追究責任，而在避免類似問題重複發生（楊永年，2018）。

2017年8月發生的哈維颶風（Hurricane Harvey），造成美國德州休斯頓市重創（美國第四大城），至少造成1,250億美元損失，甚至有30萬戶房屋遭浸泡在水中；當時美國德州州長Greg Abbott，在災後一週時，就公開表示，災區將面臨多年期的重建，無法在短時間內復原。也有人認爲，這是美國有史以來最嚴重的災情。[28]而如果德州要能從災難中再站起來，必須投入多年期的重建計畫或花很長的一段時間。[29]甚至一年後，仍有許

26 https://www.history.com/topics/hurricane-katrina，瀏覽日期：2018/6/19。

27 http://www.emic.gov.tw/12/index.php?code=list&ids=543，瀏覽日期：2018/6/19。

28 https://arstechnica.com/science/2018/08/this-is-probably-the-worst-us-flood-storm-ever-and-ill-never-be-the-same/，瀏覽日期：2019/4/5。

29 https://www.worldvision.org/disaster-relief-news-stories/hurricane-harvey-facts，瀏覽日期：2019/4/5。

多災民爲家園重建在掙扎中；並進一步認爲，災區很需要高水準的媒體前來關心。[30] 關於休斯頓市受哈維颶風重創，休斯頓紀事報對於哈維颶風始末，有著多元議題分類與相當完整資訊內容整理。除了慈善救災問題、水庫水壩與堤岸問題、水災保險、政府回應、房屋受損相關問題、學校、能源問題與煉油廠發生漏油事件、廢棄物處理、環境衝擊與影響、戴奧辛污染、海洋污染與復育等，以及許多石化工廠受創的案例，都有相關的報導。甚至網頁內容對於Arkema化工廠爆炸，有詳細的歷史報導內容；同時討論該爆炸所造成當地居民健康危害與長期影響。[31]

因此，對Arkema化工廠鄰近的居民而言，這可說是「複合型災難」；有如日本311複合型災難造成的衝擊。應該說，休斯頓市受哈維颶風侵襲，發生百年來最嚴重的水災（因短時間的強降雨，導致大量雨水無法宣洩）。由於休斯頓市受哈維颶風嚴重侵襲，屬大規模災難，雖然傷亡人數較卡崔娜風災爲小，但嚴重度似乎有過之而無不及，且因重建仍在進行，因此目前休斯頓市網頁，仍有哈維颶風相關資訊；該網頁所提供的重要或關鍵內容簡單扼要，包括市長在2017年9月1日向FEMA發出的求救公開信，希望聯邦政府協助災民免稅，以及協助其他重要資訊與重建計畫事項；同時提供重要檔案資料，包括指派前殼牌石油公司總裁Odum擔任重建計畫執行長，讓災民了解重建計畫的流程，以及相關經費的來源與使用；還有詳細的調查報告，包括受損情形、未來因應措施，以及災民需求等，都提供相關檔案資料，公開讓民眾下載或閱覽。[32]

前述人事任命可以看出休斯頓市長用人的彈性，試圖讓這位前石油公司總裁，跳脫官僚體系擔負起協調整合的責任。顯然，重建的工作重擔，整個是落在市長（或市政府）身上；不在聯邦，也不在州政府。由於地方政府和民眾（災民）最爲接近，因此由地方政府（休斯頓市）擔負重建責任，相當合理。雖目前作者不知休斯頓整體重建政策成效良莠，但就其網

30 https://www.texastribune.org/2018/08/30/federal-response-harvey-event-1534776044/，瀏覽日期：2019/4/5。

31 https://www.houstonchronicle.com/local/hc-investigations/harvey/，瀏覽日期：2019/4/5。

32 https://www.houstontx.gov/postharvey/，瀏覽日期：2019/4/5。

頁提供的資訊，值得讓臺灣地方政府學習。因為市政府很簡要地說明了過去與未來、市政府對於重建的作為或政策。至於美國知名的世界展望會官網，對於哈維颶風造成的災害，也有許多簡單介紹；該網頁不只介紹概況，針對社會大眾可以做什麼（含捐款），也做了許多說明，甚至還提供超連結作更深入之說明。倒是災難後龐大的清理與廢棄物處理，是非常重要的議題。

Watanabe (2005: 64-67) 就指出，阪神大地震後，出現大量家庭與事業廢棄物，不論是焚燒（造成戴奧辛）或掩埋，都造成環境與健康重大的負擔；2019年襲擊日本的颱風19號，日本東北災區同樣出現清理、清運與處理的訊息與問題。從資訊角度分析臺灣中央與地方政府救災體系，資訊公開透明還有努力空間。可能的原因有二：第一，也許國內尚無系統或完整的「防災意識」，或官僚體系不願公開資訊、不願面對眞相，或不願面被監督，以致救災體系類似的錯誤重複發生；第二，相關資訊有其專業性，承辦或專業人員缺乏資訊公開的誘因，或因資訊內容過於專業，不易為民眾所了解。例如，一般民眾對於土木工程（含道路、橋梁、水利，甚至建築工程）領域了解有限，所能理解或獲取的資訊有限。包括鄰近有無重要道路、橋梁、交通、水利與建築設施（工程），以及這些工程，是否具有防災功能（理論上應有防災功能）？都應該是可以公開的資訊內容。

再如，道路與橋梁鋪設，通常以經濟（農產運銷）或便利考量為主，防災（或是否重複發生災害）通常不會列為考量重點。以致於許多山區危險路段重複建造又重複斷，但卻無相關公開資訊。甚至，道路與橋梁工程有時成為政治利益（含選票）的交換工具，或包括地方政府長期存在的「議員配合款」，因此存在許多弊案；比較嚴重的是因為資訊不對稱或資訊不公開導致工程品質低落，也讓人懷疑可能和廉政問題有關（楊永年，2018e）。[33] 而這可以透過廉政細工專案，以個案討論方式，進行防貪策略擬訂；廉政細工於2016年在臺南市政府執行，由於成效良好，後來經中

33 http://news.ltn.com.tw/news/focus/paper/529468, 2014/8/30，瀏覽日期：2018/11/14。

央廉政會報討論通過，成爲全國防貪重要政策。[34]事實上，道路與橋梁固然有交通便利或運輸的效果，但卻可能造成生態的破壞。應該說，只要有工程建設，就可能造成生態的破壞或影響。

例如作者在2009年針對國內第一條生態高速公路（國道6號），就具體指出「生態高速公路」的興建與完成，都造成生態某種程度的破壞或挑戰（楊永年，2009c）。不過，民眾通常多缺乏這些關鍵資訊。例如澳大利亞生態學家William F. Laurance認爲，馬路是生態最大的殺手；也就是說，有道路建設就會造成生態的影響。[35]但另一方面，由於臺灣高鐵已成臺灣西部重要交通幹線，如果出現安全問題，除立即影響約千位旅客生命安全，對於西部交通運輸的影響也非常大。因此高鐵防震與地層下陷問題必須重視。再如，政府投入龐大經費在南臺灣治水爲例，民眾其實應該要有足夠的資訊，了解治水工程的意義在哪裡？以及這工程會不會帶來生態的破壞。理想上，以上有關公共利益的公共土木工程，應有公開透明資訊，讓關心的民眾可以立即獲得相關資訊。

甚至，政府災害應變中心，也都應該有這些相關資訊，可以立即查詢或因應各種災害對民眾帶來的生命財產威脅。災情資訊的語言訊息概念是，如何讓災情訊息能有多種語言文字表達，會比較周延；主要也在讓不懂中文的外國人意識與認知到災害的來臨與情境。例如，臺灣有許多外籍勞工，以及外籍觀光客，或有些臺灣在地年長者可能不識字、眼盲、耳聾，如何讓這些不同類別的居民，都能有充分訊息（必要時可能還要輔以解說），是相當重要的課題。以中國大陸於2018年爆發嚴重的非洲豬瘟爲例，因爲非洲豬瘟具國際性與兩岸性，國人可能因爲不愼將疫區的豬肉帶進臺灣，導致臺灣出現疫情。因此，非洲豬瘟防疫資訊應具國際性，作者因此建議「國際化」防疫資訊。最簡單的操作性定義是，將非洲豬瘟網頁

---

34 https://web.tainan.gov.tw/ethics/News_Content.aspx?n=180&s=598160，瀏覽日期：2019/5/24。

35 係作者於2014/4/24在ESPM（Environmental Science, Policy, and Management），UC Berkeley聆聽的演講內容。A Global Strategy for road building, William F. Laurance, Center for Tropical Environmental and Sustainability Science (TESS) & School of Marine and Tropical Biology, James Cook University, Cairns, Australia.

國際化，將國內與國際豬瘟防疫資訊，在網頁專區同時以中文和英文呈現（楊永年，2019）。

再以臺北車站為例，由於臺北車站四鐵共構（臺鐵、高鐵、北捷、機捷），出入人員相當多元。若發生火災必須緊急逃生，如何能有多國語言的（逃生）告示（包括下文建構的資訊平臺是否提供多種語言文字，以紐約市政府網頁為例，就提供多國文字，除韓文、日文、西班牙文，中文又分繁體與簡體字；東京市的網頁，除了日文，還有英文、中文與韓文），也是能否順利逃生或撤離的重要因素。關於多國語言提供，或許可以運用語言翻譯機，或鼓勵民眾使用網際網路（含APP），當然前提是政府網頁應有多國語言的救災資訊設計。不過，災情訊息雖有其重要性，但有時也存在敏感性，甚至可能造成二度傷害。例如Brannigan (2015: 156-158) 就指出，東日本大地震的第四災（前三災是大地震、海嘯與輻射）是災區遭污名化（stigmatization）或歧視。例如從福島來的農產品，就可能被質疑有「輻射污染」，雖然有科學檢驗證據顯示食品的安全性，但仍可能遭消費者抗拒，這可能也是臺灣無法通過「輻射食品」進口的問題或盲點。

污染化的起源來自被爆者（HIbakusha），是指長崎與廣島受原子彈攻擊的兩個城市的居民，長期遭日本國內民眾懷疑，來自這兩區的居民可能帶有輻射。作者亦終於了解，十多年前執行中石化安順廠污染案研究，也發現受害社區存在污名化現象 (Yang, 2012)。在污染社區訊息公開時，就有許多適婚男女在地人，因遭戴奧辛污染質疑，而取消婚約。作者原本也希望在中石化社區推動去污名化（de-stigmatization）政策，但因社區居民擔心進一步遭污名化而作罷（簡琦哲，2009）。換言之，訊息原本應是中性或不具價值判斷的內涵，但一經傳播或公開，不能忽略所存在的負面意義，這或許也是政策形成應有的配套措施。

第二節　資訊傳播管道

所謂資訊傳播管道亦有多層面意義，包括媒體（含電子媒體、平面媒體）、網際網路（含社群媒體）、有線電話、無線電（含香腸族）、衛星電話、手機（含簡訊）、通訊軟體（如LINE、Twitter、Facebook、Instagram、Skype與Wechat）等。或有些以社群媒體（social media）稱之，也由於社群媒體使用者眾，而且傳播功能強大，因此透過社群媒體進行災情資訊傳遞，可以有減災與提升韌性的功能。因爲社群媒體可以進一步組織不同社群或建構虛擬團隊（virtual teams），以及舉辦活動或設計策略，並提供即時訊息 (Frew, 2019)。至於不同的資訊傳播管道，所能發揮的功能不同（有不同的使用族群），不同的資訊傳播管道各有其優劣勢，例如Instagram就以圖片取勝。合理的論述是，資訊傳播管道愈多元，愈能發揮傳播或資源動員的效果。除了不同的民眾（族群）有不同的資訊接收方式（管道），也在預防或避免部分民眾或接收訊息者，出現不同的解讀。

理想上，資訊傳播管道愈多元，愈能避免災情資訊無法傳播的情形，或者也可以有多重災情確認的效果。以921大地震爲例，由於發生時，全臺灣電力中斷，災區的基地臺也全部倒塌。導致不論有線電話、無線電、無線電話（當時手機功能亦不如現在的智慧手機），均無法派上用場。因此，當時中央政府雖成立災害應變中心，卻無相關資訊，所以只有成立之名，而無運作之實。[36]當時資訊可以傳播的管道只剩收音機與香腸族的無線電通訊，惟擁有香腸族無線通訊設備的民眾不多，所以比較有效的通訊只剩收音機「單向」傳遞訊息。921大地震發生時的南投縣長彭百顯，透過收音機向全臺灣進行廣播，並以簡單的訊息「災區需要飲水、泡麵與帳篷」。原本這項需求規劃七天才能募集到充足救災物資，未料三天時間救災物資就放滿體育館，於是彭前縣長再上收音機說明，救災物資已足，請改捐善款，同樣地也在短時間募集到大筆救災資金。

雖然收音機是非常傳統的通訊工具，但在新興傳播工具因斷電或基地臺倒塌導致通訊失靈，仍發揮關鍵的救災功能。有鑑於災區可能發生全面停電的問題，因此921大地震後，政府特別購買衛星電話，提供災害敏

36 因作者友人在921大地震發生時曾身處災害應變中心，而有第一手之觀察。

感區里長，以備不時之需。惟因衛星電話機組與通話費都相當昂貴，以致於2009年發生莫拉克風災時，持有衛星電話的里長仍不敢貿然使用衛星電話求救。或者，雖然衛星電話在部分災害敏感區之配置已逾十年，但發揮緊急通訊功能並不常見。2015年8月烏來受蘇迪勒颱風襲擊，導致巨大災害，所有通訊中斷，所幸派駐烏來區公所的災防連絡軍官，打出第一通衛星電話求援（留下8個災害點後通訊立即中斷），方能啓動政府救災資源。[37] 這則新聞具有兩層意義：第一，由於國軍在資通訊的訓練較一般民眾或行政官員完整，因此比較懂得善用資訊工具聯繫；第二，也許國軍比較知道如何透過簡短資訊進行求援，這牽涉資訊「通報」的能力，也就是如何在最短時間，利用最精簡的文字語言通報或報案，這似乎也是一般民眾或行政官員所欠缺的能力。

因此，對於持有衛星電話進行災情通報者，必須擁有應用與資訊通報的能力，必要時應進行相關的教育訓練。Rubin (1987) 針對美國三哩島與俄羅斯車諾比核電事故報導進行比較，指出官方提供的資訊過於樂觀，而且缺乏具體的事實內容，導致媒體與社會大眾的信任度低。Rubin同時發現，雖然政府（含核電廠）針對三哩島核電事故所提供訊息或新聞的質、量、即時性與開放性，遠大於車諾比核電事故。但兩起事件都存在的問題是，記者或媒體僅能從二手資訊進行解讀或報導，記者們無法完全理解或了解核電事故，究竟會造成什麼問題。因爲不了解，產生了許多負面的報導或解讀。這同樣印證Yang (2016) 針對核安體系研究的發現，民眾或媒體，難以獲取核電廠運作的一手資料；除了因爲核安資訊敏感，也容易造成誤解。也因此，在某些記者眼中，核電事故的嚴重性，遠大於地震或洪水帶來的災害或傷害。依Rubin的推論，美國與俄羅斯政府官方都過於樂觀，或相信核電廠不可能發生嚴重問題，而且官員並不樂於和媒體與社會大眾溝通。

前述現象或問題，似乎也存在於日本311的海嘯與核電事故中。如本章第一節所述，雖然海嘯造成的傷亡人數，遠遠高於核電事故，甚至依

37 http://www.chinatimes.com/realtimenews/20150816002892-260407，瀏覽日期：2018/6/20。

Tanigawa (2012) 的說明，在福島核電廠事故發生一年內，並無人因爲核輻射造成死亡的案例。但日本媒體與民眾，對於核電廠安全的懷疑與憂慮，似乎遠高於海嘯。而這也難怪，作者曾於2013年訪問UC Berkeley的核電專家，並進一步認爲，許多針對日本311核電事故的媒體報導資訊並不正確，甚至美國國務院當時作的撤僑決定，事後證明也沒必要。這似乎隱含日本311核電事故的情形是，日本官員公開許多資訊給媒體，但民眾卻不信任。而這除了印證前述Rubin (1987) 的說法，同樣可以從日本福島核電事故的媒體報導發現類似狀況，包括核電事故比海嘯報導的新聞議題要來得多，報導核電事故持續的時間也比較久。

楊錦清（2010）的研究發現，警察組織體系從警政署、警察局、警察分局、（分駐）派出所等，原設有獨立的警報系統（主要供民防動員使用），理應可以用於救災，但因設備未持續更新以及缺乏演練，所以無法發揮應有的災害通報或傳遞功能，但作者認爲這也和警消分立政策有關。而面對災情資訊不足，政府在資訊科技也有一些努力，例如，透過災防告警細胞廣播訊息系統的開發，目前已開始應用大量手機預警簡訊發送的方式，提醒民眾提高警覺。災防告警細胞廣播訊息系統應從英文「Cell Broadcast Warning」翻譯而來，因此可稱爲手機簡訊廣播系統，主要的意思在透過手機簡訊的方式，通知與提醒民眾災害防救的訊息。該項功能的好處是，能在短時間（約1至2分鐘內）讓特定區域的民眾，即便可能有百萬人，都能在短時間接到重要或緊急訊息，以便作緊急應變（包括預防、疏散或掩蔽），同時彌補電視、收音機與警報系統的通訊不足。[38] 其應用層面可以相當的廣，兼具防災與救災的功能，而且很多公共安全議題都可以應用。

除了地震、水災、土石流、犯罪、爆炸、恐怖攻擊，還有大海嘯，都可以派上用場，如果2011年日本大海嘯時就有這項手機警訊服務，應可大幅減少傷亡。手機簡訊通告（或簡稱災防告）是資訊技科防救災通訊的

38 http://www.one2many.eu/assets/files/23_whitepaper-cell-broadcast-emergency-alerts-worldwide-english.pdf，瀏覽日期：2018/6/20。

進步與突破，但因為該科技才剛開始萌芽，還可以有很多精進的空間。包括未來如何提供更多元的服務、直接提供防救災網站與連結，以及進一步建立資訊平臺的可行性，都還可以有努力的空間（楊永年，2017）。或許這背後除了技術因素，可能和跨機關整合或責任歸屬有關。例如，作者首次接到的地震簡訊，發出訊息署名的單位是「氣象局」；如果要進一步發展成為資訊（整合）平臺，以發揮更強大的資訊提供與整合功能，可能還有努力空間。隨著手機簡訊廣播系統的即時性與便利性，固然具有警示作用，但若使用不當，也可能造成恐慌。

例如2018年1月美國夏威夷，因操作失誤，發出洲際飛彈攻擊並請就地掩蔽的災防告手機簡訊，造成居民無謂的恐慌，成為全球重要新聞。[39]缺乏災情資訊固然是要解決的問題，但錯誤資訊，或充斥不正確（謠言）資訊同樣是必須正視的問題。「假訊息」可能造成政府運作出現盲點，例如2009年莫拉克風災期間，屏東霧台杜神父透過網路對外求援，雖然隔天已獲救，但求救訊息仍持續在網路流傳。[40]顯然，網路充斥過多（未求證）資訊，也是我們必須面對的問題。特別是，目前可以使用的資訊平臺多元且豐富，可以使用的資訊平臺可以很多樣，但也因為如此，又出現資訊整合的問題與困境，而這也凸顯政府官網資訊的重要性與必要性。由於這和下節資訊平臺概念有關，將於下節論述。

第三節　資訊平臺

所謂資訊平臺所指的是，可供資訊交流、瀏覽、閱讀的媒介。廣義而言，每個人、手機、電腦、群組、網頁、政府災害應變中心，以及資訊傳播管道（含媒體）等，都可以是資訊平臺。根據翁佳詩（2010）針對2008

[39] https://www.nytimes.com/2018/01/13/us/hawaii-missile.html，瀏覽日期：2018/6/20。

[40] https://timshyu.wordpress.com/2012/03/17/%E4%B8%8D%E5%AD%98%E5%9C%A8%E7%9A%84%E7%B6%B2%E8%B7%AF%E9%98%B2%E7%81%BD%E9%AB%94%E7%B3%BB/，瀏覽日期：2018/6/20。

年辛樂克颱風造成廬山溫泉區重大災害的研究發現，三級災害應變中心的訊息流通似乎不是很順暢。中央災害應變中心於災害發生當天，才針對溫泉區發布警戒。而水保局土石流災害應變中心，則於災害發生前兩天就已向中央、南投縣政府、仁愛鄉公所災害應變中心傳送黃色警戒；災害前一天則發布紅色警戒；南投縣政府災害應變中心在前一天，就已發布紅色警戒。但可能因爲平時缺乏演練與溝通，所以釀成嚴重災害。而從前述個案研究發現顯示，中央、縣市、鄉鎮市區公所三級災害應變中心，對於土石流災害預警資訊的傳遞、解讀與形成行動方案，似乎存在（資訊）的落差。針對辛樂克颱風的研究發現，似乎也顯示中央災害應變中心的反應較爲遲鈍。

通常隨著災難規模擴大，資訊平臺的重要性因此提高，資訊平臺必須有快速蒐集資訊與傳遞資訊的能力；同時必須能在短時間形成（搶救或撤離的）行動方案。再以非洲豬瘟防疫爲例，農委會（動物植物防疫檢驗局）在啓動非洲豬瘟防疫機制過程中，同步設計非洲豬瘟防疫網頁專區。這個網頁專區即屬於重要的資訊平臺，可以提供其他政府部門與民眾非洲豬瘟防疫資訊，並作爲指導防疫行動的準則。因此，作者進一步指出應以非洲豬瘟網頁專區作爲資訊平臺，以啓動防疫作戰；並進一步建議網頁資訊豐富化（友善親民化）、強化宣導資訊（動員非農委會機關），以及設計專案執行架構（楊永年，2018i），該網頁專區也在短時間內大幅改善。這等於在讓非洲豬瘟防疫資訊專區（平臺）更具動態性，或讓防疫資訊有更高的接收或接受性。

換言之，（功能）好的資訊平臺，不只提供防疫（基本）訊息，還可以發揮動員與組織間合作的效果。主要的原因在於，各組織（部會、局處、科室）具本位性，若能有基本的防疫資訊，而且透過易讀、易懂的防疫資訊，可以發揮動員與整合跨部門的效果。當然，非防疫人員都存在閱讀或理解的誘因，也是重要前提。至於災害應變中心也很適合作爲實體的資訊（整合）平臺，目前中央、縣市、鄉鎮市區公所三級的災害應變中心，除了中央（行政院災害防救辦公室）設有專屬網頁（站），其他層級政府災害應變中心並無專屬網頁。雖然災害應變應該要能集體動員，但實體的災害應變中心，可能存在權力與政治的問題 (Pfeffer, 1992)，包括分工與整合方式，以及責任釐清，都可能存在潛在衝突。因此，首長或首長的幕僚，在協調整合上就扮演非常重要的角色。

由於不同的層級（機關或組織）會有不同的資訊平臺，例如有中央政府、縣市政府、鄉鎮市區公所，以及不同部會（如水利署與水保局，在災害來臨時，也多會開設應變中心），可以發揮不同的防救災功能。因此，資訊平臺可以有創新作爲，例如，以透過資訊升級的概念，讓救災體系發揮更強功能，因爲資訊網絡的功能或連結的速度，有時比人際網絡的穿透力更強，所以資訊升級可以屬於防救災升級。因此，針對非洲豬瘟，作者提出資訊內容、資訊系統、資訊平臺升級多元的思維（楊永年，2019d）。也就是透過資訊深化，同時讓資訊作動態與系統連結，以及資訊平臺進行廣泛連結等，都可以讓資訊（平臺）發揮更強大的動員與組織間合作功能。換言之，當非洲豬瘟防疫工作愈是危急，實體防疫工作固然要升級，相關防疫資訊（平臺）也應該升級，這對實際的防疫工作或防疫體系功能，絕對有加乘的效果。

或可以說，所有組織的官網，都可以自成資訊平臺，直接提供或轉介重要防災資訊。例如，水利處是縣市政府因應「強降雨」的重要機關，因此，水利處（局）應提供強降雨預警資訊，或應連結強降雨重要資訊。但作者於2019年5月24日參加某市府舉辦的防災諮詢會議，提出前述問題時，該處代表的回應是，市府已有整合水情APP。言下之意是，相關強降雨資訊和該機關無關。這其實凸顯，許多防救災項目在官僚體系運作的結果，變成業務而非任務，當然也就影響防救災功能的發揮。再者，縣市政府除了災害應變中心，通常（至少）還有四個資訊（通訊）平臺，這四個平臺包括消防、警察、衛生、民政等。這四個平臺通常有垂直的連絡系統或功能（含中央、縣市政府與鄉鎮市區公所），警察從警政署、警察局、警察分局以及派出所；消防則從消防署、消防局、消防大隊、分隊、小隊等；衛生則從衛福部、衛生局、衛生所；民政則爲內政部（民政司）、民政局、鄉鎮市區公所。

各自獨立的通訊平臺有其好處，可以存在多元管道，提供多元訊息，但缺點在於各自獨立，就存在整合的問題或困境。災害應變中心成立的目的，其實就在整合不同的資訊系統（或平臺），避免資訊傳遞與分享的落差。理想的情形是，地方政府資訊整合平臺應設於縣市政府（災害應變中心），以避免不同通訊系統存在資訊落差。傳統上，資訊平臺主要仰賴官方提供的資訊平臺，進行資訊匯整與分流。例如災害應變中心與（或）救災救護指揮中心，在災害來臨時，或民眾需要求助（報案）時，所有（災情）訊息都會傳送到該「中心」，再由該中心做適當的處置。而所謂適當的處置，有許多討論的空間，例如當重大災害來臨造成大規模災情時，以中心有限的電話與人力，突然間要處理龐大的訊息與個案，就可能出現問題，包括電話瞬間爆量，有些報案民眾無法撥電話進入。救災個案爆增，救災人力無法或難以短時間到位，可能必須請中央政府或其他縣市政府支援。關於電話爆量，或許可以增加電話門號，或透過新興網路、臉書、LINE或其他社群媒體，讓民眾報案，但比較難解決的還是人力不足的問題。

但人力問題也並非無解，以目前資通訊的發達，如果某縣市指揮中心災情資訊瞬間爆量，是可以連線請鄰近縣市指揮中心協助。換言之，如果將問題凸顯出來，讓大家清楚防救災的人力困境。基此，可以針對自願或有興趣救災的員警加以防救災訓練（楊永年，2012h），也可以鼓舞有經驗、有能力或退休警消自願加入。因此，這背後又涉及資訊公開的問題，雖然報案或災情存在個資問題，不過卻也是防救災重要資訊。因此，理論上這些災情資訊愈公開，對於防救災資源的動員愈有幫助。當然，也可能因為資訊公開，影響個人權益。例如，多年前曾傳聞，土石流高風險潛勢區資訊不公開的原因，是在地民眾擔心影響土地價格，因此透過立委施壓。但隨著災情愈來愈嚴峻，例如2009年莫拉克風災帶來的豪大雨量，造成南部縣市龐大土石流災情，也迫使農委會水土保持局不得不積極公開資訊，而且也和強制性撤離政策連結，降低民眾生命財產的風險。

合理的說法是，政府在資訊平臺建置上，已有很多努力，不論中央或地方政府，都有災害應變中心資訊整合平臺，提供豐富資訊。而且各個機關都提供不同的防災資訊，包括氣象局的氣象資訊、雨量監測資訊、水情資訊、土石流資訊、空氣品質監測資訊等。雖然有了統計資料（資訊），但這些資訊的（質化）意義爲何，比較缺乏詳細的說明。再者，政府官網距離理想的資訊匯整與公開，還有一段距離，包括資訊公開度與友善度都有努力空間。首先，關於資訊公開度的議題，除了缺乏第一節所提出之「檢討報告」外，目前災害防救高風險項目、地區、時間等，多缺乏相關資訊，因此可以推論防災功能就比較弱。其次，關於資訊友善度的問題，這是指政府對於民眾災情資訊的需求，是否提供淺顯易懂的相關資訊。

例如水利署所提供的臺灣水庫即時水情，讓民眾可以在短時間了解水庫蓄水量的資訊。[41] 作者亦曾經指出，應想辦法讓每個人都能讀懂氣象資訊，目的在讓每個人都知道氣象資訊的意義，並能針對氣象資訊或可能帶來的氣象風險，作最萬全的防災整備（楊永年，2019g）。Vanderford、Nastoff、Telfer and Bonzo (2007) 針對美國疾管署在卡崔娜風災發生前、救災與重建（復原）等不同階段，進行緊急醫療資訊控制與預防的傳播與溝通的研究，同時提出三點研究困境的發現：第一，醫療資訊如何快速傳播；第二，醫療資訊如何調適，讓不同族群、地點與環境的人，都能順利接收；第三，緊急回應過程中如何將醫療風險資訊階段化。該論文也提供包括快速化、多元化（多管道）、地方化、簡易化，以及建立夥伴合作關係等策略思維，以強化緊急醫療的傳播與溝通。

而透過群眾外包的網頁和中央災害應變中心或縣市防災應變中心網頁比較，可以清楚發現，民間團體（crowdsourcing，或稱群眾外包，主要是透過群眾集結的方式，達到共同的目標）[42] 主動製作的「花蓮大地震災情整合平臺」，[43] 所提供的資訊就非常系統與友善。例如，從其首頁資訊，整理政府與民間所有資訊，對於災民可以利用的社會資源訊息（例如安置處所的明確資訊），也有清楚顯示。反觀縣政府製作的「花蓮縣政府0206震災專區」，資訊提供也相當豐富，但似乎就比較沒那麼友善。[44] 例如，

41 https://water.taiwanstat.com/，瀏覽日期：2019/5/24。

42 https://crowdsourcingweek.com/what-is-crowdsourcing/，瀏覽日期：2018/6/21。

43 https://g0v.hackpad.tw/2018.02.06--66azynjwLqG，瀏覽日期：2018/6/21。

44 http://0206.hl.gov.tw/bin/home.php，瀏覽日期：2018/6/21。

其首頁主要的訊息在澄清、說明、宣導花蓮縣政府做了什麼。民間版的災情網頁，比較從災民或一般民眾的角度出發；花蓮縣政府的網頁則比較從政府傳統角度，提供相關訊息。或許如同徐挺耀（2011）所說的：「我們沒有一個跟網路對接的體系來處理網路訊息。所有訊息體系都是要透過119的電話網路和傳統媒體。」

也就是說，針對大型災難，我們需要一個即時的網頁或資訊平臺，如楊永年（2018a）所倡議，花蓮大地震應有官網提供即時、正確與系統的災情資訊，後來花蓮縣政府也設了官網（如前述）。這其實也在呼應徐挺耀的資訊體系概念，由於徐挺耀曾帶領一群志工在2009年莫拉克風災時協助當時的臺南縣政府進駐災害應變中心，最重要的是建立資訊平臺，讓災害相關資訊能順利流通，發揮救災體系的功能。而前述資訊平臺以即時與系統的方式彌補資訊傳遞的缺口，同時獲得臺南縣政府的肯定，當時的臺南縣長並曾轉介該平臺給其他縣市政府。可惜從近年幾場大型災難，類似的資訊平臺似乎沒有持續存在。而從前文論述，類似資訊平臺要能發揮功能，或若希望災情資訊能夠友善，也許由民間主導，而由政府協助的方式，較能呈現友善的官網或資訊平臺。

不過，有時可能不是政府沒有能力，而是沒有意願公開相關資訊，再以前述2018年臺鐵出軌事故爲例，同樣出現資訊混亂的情形。雖然新聞媒體對於事故發生過程與內容，有諸多報導，但因新聞講求即時性，難免使災情資訊傳遞存在盲點，或系統不夠完整。因此，臺鐵官網應有資訊平臺，提供正確與系統的訊息，以便相關機關或團體、民眾（含家屬）或相關當事人，能查閱正確訊息，甚至可進一步發揮救災、諮商、社會輔導、安定人心、避免謠言、穩定混亂等功能（楊永年，2018g）。例如，因爲臺鐵系統全國連線，在宜蘭發生出軌，可能導致全臺火車調度或系統出現問題，甚至擴及其他高鐵或公路運輸，導致龐大旅客內心焦躁。而臺鐵提供資訊平臺或網頁專區並非難事，只是資訊公開的概念在政府部門似乎仍未形成共識。而爲了讓關心災情的社會大眾，可以有即時性、正確性、統合性與系統性的資訊，緊急災難資訊平臺或專屬網頁，就可因應這樣的需求。

綜言之，災害資訊係救災體系運作的首要因素，包括預防、整備、救災、回復等不同階段，都有資訊的需求。爲避免災害發生，預警（預防）資訊的提供，應投注資源。災害資訊看似簡單但其實存在複雜的概念，包括資訊傳遞的方式、管道，以及是否存在平臺，都會影響資訊的接收。也因爲救災具有動員性，如何讓資訊呈現動態效果，也是未來可以努力或研究的方向。而且不只應有災區或災害現場明確的訊息，也要讓救災人員擁有充足訊息，以避免救災延遲，或救災人員因資訊不明而陷入危險。甚至如何以系統方式設計整體資訊，也可能影響救災成效。而爲避免資訊傳遞者與接收者存在落差，有必要進一步思考與設計多元管道，以及相關平臺，以降低資訊不對稱或落差，避免影響救災成效。換言之，資訊的明確性、多元性、友善性，都是救災體系不可或缺的要素。

第四章

救災動員

動員（mobilization）一詞不論中文或英文，其內涵或原始意義都和軍事有關。本書動員的意義，主要指救災相關資源如何立即與有效投入，發揮應有的防救災功能。例如「mobilization」英文定義，在集結或統合現有軍力、軍備與後備資源。[1]至於動員中文意義，和國防部「全民防衛動員（準備法）」、緊急命令、緊急動員等名詞有關。[2]合理的推論是，不論是中文或英文，動員的概念是由上而下的資源啓用，但仍應有由下而上的認同，比較容易動員龐大資源。廣義而言，動員應包括人力、非人力（含物質與器械）與經費資源之利用。McCarthy and Zald (1977) 就把社會動員（social mobilization）和社會運動（social movement）視爲同義詞。因此，動員涵蓋集體行動與變革 (Deutsch, 1961: 493)，至於（防）救災動員是否有效，應包括政府、民間團體與非營利組織在內。

值得一提的是，Atsumi and Goltz (2014) 指出，1995年阪神大地震後，鑑於志工團體有其重要性，因此以學術單位的角度，投入並成立屬非營利組織的志工團體NVNAD（Nippon Volunteer Network Active in Disaster）。目前NVNAD仍積極運作中，理事長渥美公秀爲大阪大學教授。NVNAD除參與協助臺灣921大地震社區重建，也積極參與2011年東日本大地震重建，以及2019年颱風19號，都有老師與學生參與志工力量投入災區重建的蹤跡。[3]重點在於，NVNAD組織人力雖不多，但能夠動員的力量不可輕忽。本章分別從人力、非人力，與經費三節進行論述，因爲這三項是災害防救最重要的資源。而本章三節也相互關連，以第二節討論到的組合屋爲例，雖然在過去大型災難中，臺灣與日本興建的組合屋，都存在許多類似問題。然而，日本研發的保麗龍組合屋，看來很有創意也可以改善前述部分問題，值得參考。[4]

重點在於，科技（材料或材質）的精進與研發，也是促進救災體系

---

1 http://www.dictionary.com/browse/mobilization，瀏覽日期：2018/6/22。

2 http://aodm.mnd.gov.tw/front/front.aspx?menu=6a60580380a&mCate=6a60580380a，瀏覽日期：2019/12/7。

3 http://www.nvnad.or.jp/，瀏覽日期：2019/12/7。

4 https://www.youtube.com/watch?v=0a5kHAoO3Yw&app=desktop，瀏覽日期：2019/11/30。

進步成長的重要資源，而這需要投注科研、管理與行銷相關人力經費或相關資源。當然，透過企業研發的投入，由於存在經濟（或商業誘因），絕對有發展的空間。再以農業重建爲例，也是浩大而不能忽略的工程，因爲遭大型災害催毀或破壞的農業（土地），有些是農民的生命或一輩子的心血。因此，東京農業大學爲展現大學的社會責任，針對2011年發生的東日本大地震，因海嘯與輻射造成農業（土地）傷害的回復，進行相關研究與實作 (Monma, Goto, Hayashi, Tachiya, and Ohsawa, 2015: vi-vii)。而該實作研究，主要也在當地社區與地方政府協助下進行，該專書即詳細記載重建與復育的過程，値得參考，但同樣的是，也和以下三節密切相關。

第一節　人力

救災人力是否充足，攸關救災成效，特別是效率（即時性）與生命財產的挽救，都和救災人力（含專業性）有關。而臺灣的救災人力歷經多次的變革，每次變革的背後，都有其優缺點存在。就作者觀察近代的消防人力變革，可分從警消分立（消防組織從警察組織中獨立出來）、921大地震、莫拉克風災等階段進行論述。首先，1990年代（民國80年）起陸續進行的警消分立，包括內政部消防署由警察署消防組獨立出來，以及各縣市警察隊消防隊，亦從警察局獨立成爲消防局。消防組織成爲獨立機關，以強化其專業性有其必要，因爲有些縣市警察局會視消防單位爲「冷衙門」，或有時會將犯錯的員警調往消防單位。但因爲警消分立過程，未有周延的配合或考量，讓原本屬「生命共同體」的警察與消防組織，必須作清楚的分工或切割。

分工（分立）過程難免出現合作的問題或盲點，警消分立前警察人力約有8萬人（當然實際從事消防工作的人員，原本僅爲1萬人），救災現場多爲警察首長指揮（警消分立前，中大型的災害通常會由警察分局長或局長指揮），警察與消防合作無間是可預期的，理由在於消防救災係警察的重要任務。警消分立後的消防人力約剩1萬人，雖然警消分立前後的直接消防救災人力變化不大，但因組織位階提升，必須增加許多幕僚或行政人力。最重要的是，警察與消防組織合作的介面消失，以及消防組織獨立之初缺乏行政領導與運作經驗、縣市消防局人事由縣市政府主導（無警察人事或組織的一條鞭系統，同時造成消防人事升遷的影響），加上消防外圍的消防志工、鳳凰志工與其他非營利組織間的合作關係必須重新建構，這些難免都會影響救災成效（楊永年，2009a）。

以1999年9月21日發生的921集集大地震爲例，南投是重災區，而南投縣警察局與消防局分立的時間大約是1999年4月。梁景聰（2001）指出，當時消防人員的編制是420人，但實際員額是170人，缺額爲250人。再詳細論述，當時國姓鄉有594棟房屋全倒、827棟房屋半倒、86人死亡、197人受傷，然消防分隊僅配置3位消防人員，實在難以擔負大地震救災重責，只能仰賴民力或外部救援人力。再者，921大地震後第六天，作者巧遇南投縣警察局某警官說道：「消防局好過分，在分立過程中，什麼都要，好啊，現在災害發生了，卻沒有能力救災。」從這說詞至少隱含三層意義：第一，警察局已意識到消防救災工作已從警察局正式移出，影響警察投入救災的工作承諾（當然警察協辦業務過多可能是另個因素）；第二，警察組織盡可能不去碰觸救災工作（當然，攸關民眾生命的緊急事故，從爲民服務的立場，警察仍會協助）；第三，新成立的消防局，因缺乏大規模救災經驗，領導或動員能力可能不足。

若依Cumming and Worley (2001: 1-2) 的解釋，組織變革必須重視計畫性的發展、改革、策略的強化、結構與過程。但這樣的思維似乎未出現在警消分立組織變革上，包括消防體系沒意識到，消防人事權在警消分立過程完全地方化，導致地方政治力介入。再者，French and Bell (1999: 1-2) 重視組織長期性、計畫性與持續性的能量，這部分似乎也未見警消分立過程有相關公開之計畫書。合理的推論是，警消分立固然有其專業性考量，但可以推論警消分立過程可能有許多不愉快的經驗，導致警察與消防組織合作意願低落，當然也可能擴及第一線警察與消防人員之合作。臺灣警察與消防體制，部分承襲日治時代的做法，不過日本在二次大戰後，警察與消防就已分立，也許日本的經驗可以提供我國警察與消防關係或角色定位的參考。

例如，2005年作者曾前往日本進行救災體系研究，發現日本警察與消防固然分工，但有些救災的部分呈現「競爭」的現象。一位研究日本救災管理的日本學者永田尚三告訴作者，因爲日本民眾期待警察亦能發揮部分救災角色，因此警察組織也成立（緊急）救災工作隊。特別在一次日本JR（日本高鐵）出軌的車禍中，日本警察救護隊扮演即時有效的救護角色，獲得民眾高度肯定。具體的案例是，JR羽越線脫軌事故發生後，警察立即投入救災（投入救災的大部分是廣域緊急援助隊成員）並主導整個救災事宜。但當地轄區的消防組合卻遲遲沒有出面救災[5]，引起來自民眾、警察、政府等對消防本部的不滿、批評與爭執。警察人員特別是山形縣警察也以這事件的處理獲得好評引以爲榮，而這現象剛好和新潟縣大地震救災情形相反，消防人員跑第一去救災，警察卻不是很有效率，使得警察認爲這是他們的恥辱。

關於JR羽越線脫軌事故，消防人員對於警察在救援的過程中，並未將所有資訊告訴消防人員，導致有些救援未能及時，例如有失蹤人口未能找到，消防人員認爲他們背了黑鍋，特別是酒田地區消防組合之消防人員，對於警察未即時傳送相關災害訊息，讓民眾認爲他們沒有盡到消防救災的責任，對此酒田消防人員頗有怨言。再如2016年4月14日發生的熊本大地震，熊本縣警察局亦發揮諸多救災功能，其包括適應部隊與一般部隊。適應部隊包括有廣域緊急援助隊、廣域警察航空隊、機動警察通信隊、緊急災害警衛隊；一般部隊則包括特別戒備部隊、特別生活安全部隊、特別汽車巡邏部隊、特別機動搜查部隊、身分證明支援部隊、特別交通部隊、情報通信支援部隊、支援對策部隊。[6]

根據前述資訊，日本警察在緊急災難發生時，仍扮演重要角色，特

5 消防組合係「廣域消防」的概念，兩、三個市町村共有一個消防組合，首長由最大市長指定，全日本約有2,000個市町村，但僅有900個市町村消防本部，約450個是獨立市的，450個是廣域消防局，即消防組合，這資訊亦係日本學者永田尚三於2006年共同前往訪談，所獲得的訊息。

6 http://www.pref.kumamoto.jp.t.qp.hp.transer.com/police/page300.html，瀏覽日期：2019/2/22。

別是前述適應部隊之內涵，也等於是實際進行救援或救災的工作團隊；至於一般部隊，主要扮演的角色似乎在災後安置或安全維護的部分。此外，2018年7月西日本發生強降雨和水災，也有警視廳派遣廣域緊急救援隊的訊息。[7]在這部分林淑馨（2016）也有論述，其內容主要針對2011年的東日本大地震，日本中央政府（內閣府）組成的專家團隊投入救災，包括防衛省（自衛隊）、厚生勞動省（災害醫療支援隊）、國土交通省（緊急災害對策派遣隊、海上保安廳）、總務省消防廳、都道府縣消防（緊急消防援助隊）、警察廳、都道府縣警察（廣域緊急援助隊）等多個省廳（即我國的部會層級）。根據日本警察與消防發展的經驗，提供我國未來警察救災角色定位很好的參考。

不過，作者分別於2005年1月6日訪問新潟縣防災局，針對2004年10月23日的新潟大地震，以及2005年2月12日訪問兵庫縣防災局，針對1995年的阪神大地震，同樣獲得警察與消防並未充分合作的訊息。例如，2004年的新潟地震，警察局出勤救災的人次遠多於消防局，但救災的成效（係指搶救的災民人數），卻是消防局較多。再者，也有消防局救災人員抱怨，警察人員從事救災，卻未分享相關資訊，因此讓消防人員遭民眾抱怨。兵庫縣防災局進一步指出，警察、消防、自衛隊因爲系統不同，所以基本上難以或無法合作。因此在阪神大地震救災過程中，日本政府就讓不同單位負責不同的救災區域，避免合作機制不足導致影響救災的困境（楊永年，2006a）。但從日本救災經驗，日本警察參與救災的機制，似乎明顯優於臺灣。

因爲日本不論是中央或地方警察，都扮演積極的角色。而日本警察投入救災，或在救災體系扮演的角色，可供參考之處主要有兩點：第一，警察與消防組織間，如何重新建立合作關係；第二，警察在救災工作如何重新定位。這兩個議題都是我們救災體系非常重要的議題，作者認爲值得進一步研究。不過以政府組織功能設定的角度，類似組織間競爭或合作的案例，或針對分工重疊的議題進行再分工，都有跡可尋。例如毒品防制，經

7　https://www.nippon.com/hk/behind/p00292/，瀏覽日期：2019/2/22。

常也是多個組織（警察、調查局、海巡等）分別偵辦，因此相互間存在競爭與合作關係。也因此，如果未來我國警察組織規劃發揮部分救災功能，並非不可行。921大地震時，由於國內欠缺特種搜救隊，因此當時仰賴國際或各國特搜隊進行救災。有鑑於此，921大地震後，除積極擬訂並通過「災害防救法」外；另一項重要工作是，從中央（內政部消防署）至地方（消防局）多紛紛成立具專業性的特種搜救隊。

前述特搜隊，除投入國內緊急救災外，亦擔負緊急國際救援任務，以彌補災難來臨時緊急救災專業人力（需要特別培訓）不足的問題。除了政府所屬的特種搜救隊，還有屬於民間團體的特種搜救隊，在1990年代也紛紛成立，例如紅十字會與中華搜救總隊，目前在國內或國際均扮演重要救災角色；而紅十字會成立特搜隊初期，曾委請臺北市消防局代爲訓練。[8]再依921大地震的經驗，國外特搜隊固然解決當時國內緊急救災人力與專業不足的問題，但臺灣對於災情評估，以及如何運用這些國際緊急搜救人力，在缺乏完整資訊、評估與規劃的情形下，導致救災現場出現許多狀況。例如，921大地震後約六天左右，南投名間上毅大樓倒塌，聽聞這項訊息，諸多國際救搜隊緊急趕往現場，但由於災害現場缺乏協調聯繫整合人員，造成救災之混亂，使得來自英國、西班牙、土耳其之救援隊批評，從沒有看過這麼亂的指揮系統。[9]

災害現場呈現混亂景象並非只在921大地震時出現，0206臺南大地震亦出現類似的問題。由於救災現場除政府（消防局）搜救隊外，還有諸多民間搜救團體，以及與救災直接或間接相關的工程、醫療、後勤（飲食）人員等。特別是民間團體，因爲沒有隸屬關係，經費來源亦非來自政府，在協調整合上就不容易。因此，0206大地震救災時，中華搜救總隊公開撤出救災，引發與臺南市政府互動的爭議；而有一種說法是，相對於921大地震，0206臺南大地震僅侷限維冠大樓，所以救災人力就不需要很

8　http://www.redcross.org.tw/home.jsp?pageno=201206080003，瀏覽日期：2019/2/22。

9　詳見中國時報1999年9月27日第六版。

多，甚至有官員表示「天佑臺南」，不像921大地震到處是災情。[10]合理的論述是，災害現場需要協調與整合，而當災害現場出現眾多救災團隊，如何有秩序的救災，的確需要有一些機制的設計，或許這也是未來救災體系重要的研究課題。特別是，目前我國政府救災團體已有ICS（Incident Command System，譯爲事故現場指揮體系，或也譯爲前進指揮所）之機制，惟如何發揮更大的功能，仍待後續研究。

再者，由於大規模災害需要龐大人力支援，以應付各種不同的災情。日本在1995年阪神大地震前，自衛隊也多不主動救災，但1995年後自衛隊就積極很多，甚至會主動介入。[11]臺灣於2009年莫拉克風災之後，深感即時救災之人力不足的問題，也體認到國軍可以在救災扮演重要角色。當時馬英九總統就頒布行政命令，將救災納入並成爲國軍的重要任務。因此國軍在救災任務上，就展現諸多積極的行動，經常在災害預警階段，國軍就積極進駐縣市與鄉鎮市區公所應變中心，隨時提供必要的協助。國軍參與救災，固然補足了緊急災害應變人力不足的問題，的確也發揮了救災功能，例如前述烏來的案例，就是國軍參與救災發揮正面功能的典型案例。不過，國軍的核心任務是作戰不是救災，因此在防救災的教育訓練上難免不足，再者，國軍擁有龐大的人力資源，如何作適當的運用也是重要議題。因爲國軍救災偶爾會傳出，國軍人力遭地方政府不當運用的報導，也有義務役士兵因基礎訓練不足即投入救災，卻發生意外傷亡事件。

基此，羅德民（2012）建議國軍應建立災害防救專責單位，負責國軍防救災工作的規劃與執行，以及執行防救災教育訓練，以避免國軍官兵因防救災專業知識不足，導致憾事的發生。這樣的建立有其合理性，特別是救災若列國軍的核心任務，就應該讓國軍擁有一定的教育訓練背景。換言之，從人力的角度思考救災，除了員額是否充足外，是否擁有專業能力也很重要。以2000年7月發生的八掌溪事件爲例，在電視攝影機眾目睽睽

10 https://www.ettoday.net/news/20160212/646615.htm，瀏覽日期：2018/6/24。

11 作者於2005年2月21日訪問兵庫縣防災局獲得的資訊。

下，4位工人被洪水沖走，但政府束手無策。[12] 導致這起悲劇發生的原因可能很多，其中有兩個原因亦値得思考：第一是精省的後遺症；第二是前述警消分立的問題。有關精省議題，由於政治考量多於行政效能考量，使得臺灣省政府原有的區域整合功能消失（臺灣省政府原設有消防處，精省後和消防署合併）。後來雖設有行政院中部辦公室、南部辦公室、雲嘉南辦公室與東部辦公室，但均難以取代之前省府的協調整合功能（楊永年，2013；2017a）。關於警消分立過程，消防人力（員額）需作正式移撥，有些原擔任警職的人力移撥消防，卻因爲基礎訓練不足，加以工作承諾與認同的問題，以致八掌溪事件轄區消防人員，無法即時發揮應有功能。

合理的論述是，面對愈來愈多元的災害，除了天然災害外，還有人爲災害，都在挑戰救災人員的專業能力，除了傳統火災外，還有工程、土木、醫療、衛生、社工、化學（毒氣）災害、核災等專業都有需要。以1990年發生的日月潭船難事件，造成57人死亡悲劇，亦凸顯水下救災專業技術的重要。而八掌溪事件同樣涉及水上與水下救生，因此楊永年與潘秀明（2000）針對八掌溪事件，就指出救難技術有待全面提升，包括橡皮艇操作、防寒衣的穿著，以及如何結合空中、水上、水下三度空間的救災技術，都是影響救災成效的重要因素。至於潛水海難，固然和救災人員有無相關潛水技術有關，但同時和政府管制政策密切相關。例如，針對2001年綠島發生4位潛水客海難問題，楊永年（2001）亦指出政府管理機制的問題，包括（潛水教練）證照管理、協會或商家潛水安全管制，都有檢討與改善的空間。

重點在於，救災背後除了救災人員的專業能力，同時涉及跨領域、跨部會、跨局處、跨層級，以及政策執行的議題，必須全面思考與改善，這些議題亦將於下文組織間合作再作論述。除了政府救災人力，民力也是不可忽視的力量。民力雖然不一定能夠提升專業化的救災協助，卻可提供即時與必要的救災協助。民力的部分又可分爲非營利組織、社區組織與一般

---

12 http://office.fhjh.tn.edu.tw/teach/society/civic/sophia/civichtm/%E5%85%AB%E6%8E%8C%E6%BA%AA.htm，瀏覽日期：2018/6/25。

民眾，關於非營利組織與社區組織將於下文專章論述。1976年7月27日發生的唐山大地震，逾20萬人死亡，Col (2007) 指出，唐山市青龍縣不只官員被迅速動員，民眾也在官員動員下，高度參與災害防救工作，使得大地震對青龍縣的傷害降到最低。固然青龍縣能在短時間動員龐大的官員與民力，值得肯定，但民力平時基本救災能力的訓練亦不可或缺。

例如作者於2014年參加舊金山市消防局舉辦的年度睦鄰救援隊（Neighborhood Emergency Response Team, NERT）整套教育訓練課程（他們歡迎所有舊金山與非舊金山市民參加），並獲志工證。至於舊金山睦鄰救援隊志工的緣起，即在1989年舊金山大地震後，許多民眾意識到災防工作的重要，因此主動要求舊金山市政府提供防救災教育訓練。國內也有如防救災深耕教育或自主防災教育，但若能提供更廣泛的民眾參與管道，對於自主防災或彌補救災體系不足部分，有其助益。另一方面，在實務運作上，緊急命令的發布也是有效動員的重要因素，例如921大地震後，當時的李總統於9月25日公布緊急命令，同時針對人力、資源、預算（經費）作彈性規範，主要目的希望在短時間內能有效動員相關資源，投入救災重建工作。[13]

應該說，921大地震災情規模過於龐大，如果沒有彈性的資源運用機制，難以發揮應有的成效。有鑑於921大地震的經驗，莫拉克風災也造成龐大災情，所以有人提議總統應該模仿921大地震，也應立即發布緊急命令，以有效動員相關資源救災。但有人認爲921大地震後頒訂的「災害防救法」已經涵蓋緊急命令的內容，例如「災害防救法」第34條就規定：「……發生重大災害時，國軍部隊應主動協助災害防救。」惟部分人士認爲，緊急命令的感受性較爲明確，以致仍期待或仰賴發布緊急命令，才感覺可有效動員。這樣的說法有其道理，不過亦可透過不同災害類別救災人力需求設計，例如善用能有效進行救災溝通（或動員）的人才，降低對緊

13 http://www.6law.idv.tw/6law/law/%E6%B0%91%E5%9C%8B%E5%85%AB%E5%8D%81%E5%85%AB%E5%B9%B4%E4%B9%9D%E6%9C%88%E4%BA%8C%E5%8D%81%E4%BA%94%E6%97%A5%E7%B8%BD%E7%B5%B1%E7%B7%8A%E6%80-%A5%E5%91%BD%E4%BB%A4.htm，瀏覽日期：2018/6/26。

急命令的依賴。綜言之，面對各種不同災害，我們需要不同的救災專業人才，除了各部會、各局處的救災專業人力，在預算許可的範圍，也可以規劃特種救災人員，例如化學災害小組或語言小組，都可以在災害來臨時，發揮救災功能。

不過，如果從Hayes (2014) 的觀點分析，緊急救難或救災存在工作團隊與互動的問題。依此分析敬鵬大火造成6名消防員在火災現場殉職的案例，除了資訊流通（含通訊設備）的問題，還可能存在團隊溝通、協調、領導與信任的問題。[14]而這問題的背後，除了組織因素外，可能也和個人特質、個人技巧與教育訓練有關。組織因素則又和組織文化（價值系統）與組織結構（分工方式）有關；在個人特質方面包括知識、態度、誘因與個性；個人技巧的部分，則和技術、非技術、工作管理、團隊管理、決策管理、情境感知、壓力管理等因素有關；至於教育訓練，應予檢視的是，是否包括足夠的專業技術、人因部分團隊成員合作互動之課程，以及課程內容是否有效等。而這其實也是緊急應變廣義的人因（human factors）挑戰議題，原因在於緊急救難過程中「人」是主軸，而人包括救難人員（消防員）與被救者（災民）在內。

第二節　非人力

本節所謂非人力，係指物質或非金錢的資源。作者進一步認爲可包括三大類：第一，日常生活所需的民生物資（物品）；第二，救災器械或相關工具；第三，住居所、庇護所、組合屋、中繼屋、永久屋。茲分述如下：

14 https://udn.com/news/story/7320/3781358，瀏覽日期：2019/12/1。

一、民生物資

從921大地震與莫拉克風災的經驗，災民爲因應災害所需求的民生物資，至少包括飲水、飲食、帳篷、泡麵、衣物、毛毯、奶粉、醫療用品等。當然也可能因災害的不同，以及災民需求不同而有差異。至於誰來提供？如何提供？通常是兩個重要的問題。由於天然災害來臨有時不容易預期，因此有救災團體鼓勵準備逃生包或逃生箱，[15]將重要證件與維生物品預作準備，以備不時之需。不過，國人準備逃生包的習慣並不普遍，特別是大型災害並不常來，所以容易被民眾忽略。另種方式是由政府募集與提供，如前述921大地震時，南投縣長就透過收音機，在短時間募集到充斥整個體育場的民生物資，但因爲災區過於龐大分散，政府也缺乏「物流管理」的專業知識，以致民生物資無法做最有效運用。再者，921大地震前臺灣不常發生大型災害，以致政府缺乏民生物資發放機制或經驗。

例如，作者在921大地震期間走訪災區，就有災民表達救災物資發放的問題，有需要民生物資的不見得拿得到；拿到民生物資的，卻不一定是最需要的。而這其實和物流領域有關，也就是如何將災害需求的資源，作最立即有效的發放。甚至後續賑災期間，竟發生南投中寮鄉長，將賑災物資囤積於私人倉庫，後遭法院判重刑的案例。[16]因此，若從921大地震的經驗，由政府提供賑災物資，可能不是最好的方式。也許由非營利組織扮演賑災物資發放，問題可能較小（但也得避免重複發放），甚至有非營利組織會在災害現場提供「熱食」，以及可緊急使用的現金。不過，近年來也有新的民生物資提供管道，也就是縣市政府與便利商店簽訂開口契約。以便在災害來臨時，可免費提供災民生活必需品，再由政府以相關經費（預備金）支付。

另外，921大地震因爲災民傷亡慘重，時值初秋天氣悶熱，屍體或屍塊必須儘速處理，否則可能很快腐爛，因此需要大量屍袋。而這又同時衍

15 http://hottopic.chinatimes.com/20160206001150-260803，瀏覽日期：2018/6/26。

16 http://forums.chinatimes.com/special/black/89p82301.htm，瀏覽日期：2018/6/26。

生相驗（檢察官與法醫）、鑑識（鑑定屍塊的DNA），這部分涉及組織間合作，將於下文敘明。當很多人擔心，滿布的屍體（或屍塊）若不立即處理，可能導致傳染病的發生。因此衛生醫療用品與屍袋也應視爲民生需求物資，但這些需求，仍需作成進一步的災情資訊，比較能滿足災害現場或災民的需求。而這又和前述資訊流通有關，有些災區居民比較知道如何表達、比較有管道表達，或者因爲媒體的青睞與報導，自然就會有比較充裕的救災物資湧入。相對而言，也有災情慘重的災區民眾，期待或要求媒體前往報導，才能獲得比較多的物資協助。

依黃俊能等（2012）針對緊急災難物力動員的研究發現，法規、體系、物力資源資訊、物資流通程序等，均有改善空間。同時具體指出，中央部會組織間缺乏聯繫，導致各部會資源因聯繫不佳而無法有效傳遞滿足所需。問題又在於，各部會、單位雖擁有各自獨立之資訊平臺，卻無統一彙整各方資訊之溝通平臺，因此當災害來臨時，中央無法完全掌握各部會所擁有之資源總數，可能造成物資調度上之困難。這項研究呼應本書第三章救災資訊系統或資訊平臺設計有關，同時也是資訊共享機制不足的問題。因此該研究亦進一步建議跨部會物資之資源資訊應有整合，同時應建立區域物資發放中心。至於物資發放，許多地方政府與便利商店簽訂開口契約，或可解決物資發放問題。當然，這樣的機制運作在災難來臨時，是否能夠順暢，仍待進一步研究。倒是跨部會或跨局處有關物資資訊整合部分，不論中央或地方政府，似乎仍有精進之處。

二、救災器械

由於災害或災情不同，所需要的器械工具可能不同。依梁景聰（2001）的研究發現，921大地震南投縣消防人員所使用的器械包括手電筒、鋁窗鋸、繩索、車上照明、雙節梯、切割器、電鋸、破壞剪、電動鑽、發電機、橇棒、油壓破壞剪，以及跟民間借用器材如挖土機、堆高機、吊車、千斤頂等器材。至於非消防人員使用的器械，包括強力照明設備、大鎚、打洞機、吊車油壓剪、洗孔機、破碎機、鐵鎚、雙節梯、撐開器、繩車、鋤頭、枕木、手電筒、氣動電鋸、發電機、切斷器、鋸子、千斤頂、生命探測器、照明燈、鏈鋸、鏟土機、十字鎬、鏟子、推土機、徒手、鐵棒、圓鍬、電鑽、挖土機等。針對921大地震，南投縣非消防人員使用的器械種類比消防員高出一倍，甚至更爲多元。

主要的原因包括921大地震的災情太大了，消防人員人力有限，且消防局才剛從警察局獨立不久，其專業性與資源投入不足（主要以火災搶救爲主）；相對而言，民間資源較豐富，故民間參與救災比消防人員更多元。例如梁景聰（2001）進一步指出，當時有消防人員不清楚「生命探測器」爲何物，凸顯地震救災專業的不足。而如果因爲經費或使用頻率問題，消防機關無法備有所有救災器械，或許可以思考的是，消防局平時就應整理出基本器械資料，以及持有人的連絡方式，以備災難發生時，可以立即連絡或徵調這些救災器械投入救災。災害現場除了器械工具的需求，還有交通工具的需求，例如救護車與直升機，主要在載運傷病患、撤離、疏散，以及輸運救災相關物資。以八仙塵爆爲例，瞬間爆炸造成大量傷病患，亟需足夠的救護車載運，而以當時現場混亂與道路狹小的條件，再加上檢傷分類不易落實，都是現場救災的重要挑戰（楊永年，2015）。

直升機是救災重要的交通運輸工具，惟因天候、超載、老舊或保養等諸多因素，導致墜機的案例層出不窮。例如莫拉克風災救災過程，有直升機因天氣因素墜機，導致3名在機上的救災英雄罹難。[17] 2003年3月阿里山森林小火車交通事故，造成17死逾170人受傷的慘劇，[18] 前往救災的直升機同樣因超載墜機，可能的原因在於未落實檢傷分類，讓重症需立即就醫的災民先行搭機。[19] 直升機、救護車、救生艇等，都是重要的救災（救難）工具，如何善用並避免發生問題，同樣會是未來防救災研究與教育訓練的重要議題。然而，即便有了直升機，也不代表就沒有問題，例如林志豪（2010：30-32）就具體指出：「早期經驗使得醫療人員認清，直升機

17 https://tw.appledaily.com/sports/daily/20090812/31855558，瀏覽日期：2018/6/27。

18 http://www.epochtimes.com/b5/3/3/2/n281472.htm，瀏覽日期：2018/6/27。

19 https://www.keepon.com.tw/thread-e17bc019-0ed8-e411-93ec-000e04b74954.html?AspxAutoDetectCookieSupport=1，瀏覽日期：2018/6/27。

轉運所面臨的最大挑戰，是如何整合一組醫療團隊……。」

再者，直升機跨國支援救災，也可能存在政治敏感性，例如莫拉克風災時，中國大陸向當時的馬政府表示，願意支援直升機至災區救災，惟因兩岸政治敏感問題，直升機可能會跨越海峽中線，所以沒能促成這項合作。[20]由於莫拉克風災還是需要國外支援直升機救災，因此最後由美國支援我國直升機，並前往災區救災。合理的論述是，直升機跨國支援，是莫拉克風災出現的議題，也許未來仍需有相關支援規劃或簽訂跨國協議，以備不時之需。只是，跨國支援直升機，可能涉及敏感的國際與兩岸政治問題，仍得審慎爲之。另一個具體案例是，前消防署署長因採購重要消防器材過程收受賄款（導致消防器材無法或難以發揮救災功能），遭起訴並判重刑。[21]

前述個案雖然屬於廉政體系的問題，卻深深影響救災體系運作，特別是讓救災資源（消防科技與器材）使用功能受限，或提高防救災風險。因此，同時成爲救災體系與廉政體系應深入研究的重大個案。要能有效解決前消防署署長貪瀆的個案，必須同時啓動廉政體系與救災體系之分工與整合（或參考本書第五章救災組織間合作的內涵，建立兩者之合作關係），並進一步建立防貪或行政透明功能。具體而言，可以透過行政院災害防救會報，或中央廉政委員會，進行相關議題之討論。或者，也可以透過消防署政風室作爲廉政平臺，應有助救災體系行政透明與防救災功能之提升。而這亦可透過廉政署長與消防署長進行跨部會進行組織間合作。

三、中繼屋與永久屋

對災民而言，最期待的是有安身立命的處所可以居住。因此，特別是大型災害來臨，政府多會想辦法提供緊急的避難所、收容所或庇護所（通常爲兩週左右的短期安置，地點或方式多以學校禮堂、體育館或教室爲

20 https://www.nownews.com/news/20090815/886297，瀏覽日期：2018/6/27。

21 https://news.ltn.com.tw/news/focus/paper/1115901，瀏覽日期：2020/1/14。

主），關於避難所的問題在本書第七章第一節亦有相關論述。如果超過一個月或更久（等待永久屋）的方案，主要則以中繼屋稱之。但有時因爲諸多因素，造成災民在臨時的「避難所」一住就是幾個月，嚴重影響災民的生活品質，這問題也出現在日本2019年10月的19號颱風。可能因爲地方政府搭建中繼屋有難處，有些災民只能長時間住在學校的「體育館」。而如果大型災難無法避免或變成常態，如何提供居民生活起居方便的避難所就很重要，而這也許可以和學校、軍營、民宿、旅館合作，以降低災民生活的不便與焦慮。

例如2016年2月6日臺南大地震，就有災民被安置在旅館與民宿。再以921大地震爲例，因爲諸多房屋被震倒塌，所以必須要有臨時住居所，如何安置因大地震無家可歸的大量災民，成爲當時政府非常重要的課題。吳錦源（2004）即整理指出，爲解決921大地震災民災後一年居住問題（因房屋全倒、半倒嚴重），當時內政部採行三項措施：第一爲租金發放，房屋所有權人戶內實際居住人口每人每月3,000元，一次發給一年。由於此項政策簡單，而且執行容易，災民又有許多自主使用現金（租金）的空間，所以相當受災民歡迎；第二爲提供臨時屋，即提供組合屋、貨櫃屋、鐵皮屋等供災民居住；第三爲辦理國宅優惠申購。陳鈺欣與黃肇新（2012）針對莫拉克風災中繼屋研究指出，政府介入、民間團體參與、管理委員會是影響政策成效的三大關鍵因素。

吳錦源（2004）指出，大愛一村組合屋在1999年11月完工（921大地震發生於同年9月），因爲登記者眾，所以透過抽籤方式分配居住地點，過程順利平和。鄭榮光（1999）指出，日本政府爲了安頓1995年阪神大地震災民，在住宅及社區政策方面，於七個月內廣建4萬8,000戶之組合屋供災民居住，這對日本政府是創舉。柯恒昌（2002）針對災民對組合屋的滿意度進行分析，結果發現不滿意度高於滿意度。主要不滿意的問題包括土地使用、環境衛生、酷熱氣候、道路交通、隱私、噪音、排水、治安等因素，且在興建、管理、運作等過程均欠缺經驗。高橋和雄、中村百合、清水幸德（1998）針對日本阪神大地震提供的臨時住宅，也指出許多問題，包括交通不便（臨時屋住宅多設在郊區）、沒有隱私（浴室、廁所在同一個地方）、居住環境機能不佳（沒有商店）、隔音不佳、對颱風和火災的擔憂。

顯然臺灣與日本臨時住宅存在類似問題，不過不論是組合屋或臨時住宅，都只是爲災民提供的居住場所，其條件或品質當然難以和永久屋相比。作者於2019年11月28日，受邀在關西學院大學災害復興制度研究所，進行921大地震與莫拉克風災重建政策專題演講。演講內容提到臺灣災民對組合屋居住滿意度低，可能的原因在於興建組合屋強調效率，以致沒有注意到公共設施衛生或排水問題；日本則花了七個月興建組合屋，品質自然較高。但一位聽講的日本學者卻不以爲然地說，這證明日本興建組合屋的官員和臺灣相比，似乎較爲懶惰。因此，臺日兩國國情或體制不同，而且臺灣組合屋多由民間或非營利組織興建，日本則多由地方政府興建，所以很難相提並論。倒是臺灣非營利組織較日本活躍或積極主動，這可能是事實，這部分可參考本書第九章內容。

根據吳錦源（2004）與陳鈺欣、黃肇新（2012）的研究可以發現，中繼屋不論在921大地震或莫拉克風災，都存在許多問題，而這背後都和政策配套完整與否密切相關。依921大地震的經驗，組合屋或中繼屋的提供，並非完全由政府主導，有些組合屋係由民間團體（含非營利組織）主導，所以也存在不同的成效。從民主政治體制思考，多元化的組合屋或中繼屋政策，應可以滿足災民不同的需求。但如何讓組合屋政策成效更佳，或更能滿足災民需要，需有更多政策執行配套思考，例如房屋半倒或全倒的判定（涉及有否資格申請組合屋或其他補助）、補助項目的可行性（需求是否足夠）、組合屋的品質（含隔音與設備）、補助款的請領標準與判定、組合屋居住期限等。以921大地震組合屋興建爲例，從組合屋政策形成、規劃、執行都有討論的空間，或許更廣泛的災民或民間參與，可以發揮的成效更佳。

如前文論述，雖然921大地震後之組合屋（或稱中繼屋）興建存在許多困境或問題，甚至組合屋居住期限原訂三年後延爲四年，產生許多爭議或問題。可能因爲這樣的經驗，導致2009年莫拉克風災後，爲快速安置災民，或爲讓災民能在短時間就能擁有永久住居所，所以作成永久屋興建的決策。林昱汝（2015）針對慈濟基金會為安置莫拉克風災災民，投入龐大善款興建的杉林大愛園區永久屋政策進行研究。結果發現，雖然慈濟是佛教為基礎的宗教慈善機構，在災難援助方面，以超越宗教、種族等人本或人道援助精神為原則，但在興建杉林大愛園區的過程中，仍需面對災民搬離山區的意見整合、宗教信仰與文化差異、生活習慣、未來工作生計（在原居住的山林可栽種蔬果，在平地則需另覓工作）等複雜因素與爭議。

再加上風災後之災民情緒、社會穩定、災區復原等其他因素，造成溝通時間非常急迫，導致災民入住時，產生意見不一的情況。或者說，這是公共議題，非營利組織某種程度也在（配合）執行政府政策，若能有政府或其他非營利組織出現協調，或可降低爭議的衝擊。例如，興建永久屋固然是政府、非營利組織與災民共同的願望或目標，中繼屋（含組合屋）亦可作為混合過渡或政策設計的配套或內涵，因此，從杉林大愛屋的決策過程中，我們可觀察到多元思維的存在，以及非營利組織執行永久屋存在的困境，需有政府之協助。因為，所蓋好之永久屋係善款所興建，不完全屬於「私人財產」，所以政府有責任（因為有公權力）進行規範，避免永久屋被以「私人財產」遭不當買賣，造成社會公平的問題。

另一方面，陳儀深（2011：87-99）所作的深度訪談，有受訪者認為慈濟永久屋政策沒有問題。因為慈濟在考量興建永久屋的過程，針對過去興建組合屋的問題有過檢討與思考（其實也是配合政府儘快提供災民居住空間的政策）。而且慈濟蓋永久屋的效率相當高，在很短時間就蓋好永久屋。應該說，慈濟以其豐富的救災經驗，主動到第一線協助災民重建家園，相當難能可貴。無論災後重建的溝通時間或長或短，以臺灣多元意見的社會生態而言，均仍可能出現各種難以掌握的變數。不過，從學術的角度，這仍是很好的研究議題。也就是針對永久屋議題進行深入救災（永久屋興建模式）研究，探討永久屋興建政策或策略是否存在什麼問題，以及如何可以精進永久屋興建政策或策略作為（研究結果也可能發現沒有大問題），以提高救災成效。

例如，依慈濟基金會的說法，主要係證嚴法師為苦民所苦，也為讓大地能夠休養（避免災民再回到山上開發），所以慈濟基金會（佛教）以超高效率，動員龐大的志工與資金，在災後八十八天，完成逾千戶的永久屋，每戶永久屋內還贈送88項好禮（包括廚具與其他相關居家用品），並完成曾是災民信仰中心的兩間教堂（因災民多信奉基督教）。[22] 這樣超高效率，非政府能力所及（例如開標程序就曠日廢時），也很少非營利組織能在這麼短時間，動用這麼龐大的資源，完成這麼龐大的建築工程。因此，也有另種說法是，非營利組織能在短時間提供災民品質不錯的永久屋，應該心存感恩，不宜過度批評永久屋存在的問題。[23] 倒是屏東永久屋興建可能成效頗佳，包括長治百合、禮納里、吾拉魯滋、新來義等處的永久屋，目前族人紛紛回到永久屋居住，並已呈現永久屋需要增建的現象，惟依現行法規可能存在難處。[24]

關於災民回流可能的原因在於，除了永久屋品質不錯之外，各社區發展出生態旅遊或農產品特色，創造許多工作機會有關。簡言之，因爲社區有了經濟發展後需要人力，或回流的原住民能在家鄉找到工作，自然願意返鄉居住。換言之，這涉及重建背後存在許多理念的問題，這部分Watanabe (2005) 和Arendt and Laesch (2015) 有許多論述。其內容主要在思考，究竟重建的意義是什麼？是建築物或家園重建？建築物重建當然比家園重建容易得多，因此永久屋重建，不能單從建築的角度思考，得同時考量文化重建、生活重建、社區重建、生態重建、環境重建、基礎設施重建、農業重建、財政重建等議題，也必須考量是否會發生二次災難的問題。作者於2019年9月20日，在關西學院大學長峰純一教授帶領下，前往日本神戶長田區參訪。

長田在阪神大地震時也屬重災區，大地震後蓋了新的JR車站、新商業大樓、新住宅大樓。長田區公所原本委託私人公司重建並負責招商，後來該公司倒閉（破產），區公所接手後遷至商業大樓辦公，但招商成效似乎還是不彰。長田原本有許多韓國人與巴西人聚居，但原本房屋改建成大

22 作者於2019年2月9日參加非營利組織分享會所得資訊。

23 https://www.newsmarket.com.tw/blog/83697/，瀏覽日期：2019/11/28。

24 https://udn.com/news/story/7327/4186919，瀏覽日期：2019/11/28。

樓後，聚居的現象就不明顯（可能有些居民已搬離長田區）。但原本平房住宅改建成公寓大樓，難免造成原本社區的解體，社區要再重建，可能並不容易，因爲這直接或間接導致社區居民互助文化的改變，導致下文老人孤獨死亡案例的發生。至於921大地震後，重災區的鄉鎮初期曾有災民自殺潮發生，後經心理諮商介入得以在短期平復。倒是在日本神戶長田區附近的商店街，由於係災民自主性改造，呈現生氣盎然的不同樣貌，受訪的商店負責人積極申請政府補助，和位於宮城縣氣仙沼市的商店進行連結與合作。

Brannigan (2015: 26) 指出，由於核電事故輻射外洩問題，內閣府下令禁止位於災區農產品輸出，使得好幾位以種菜與畜牧維生的農夫，因爲對於未來（可能無法再從事農作）感到無望，所以上吊自殺。因此本書第五章第二節所提東京農業大學和相馬市的農業復興（重建）合作計畫，就值得參考。至於日本阪神大地震後出現孤獨死亡的案例 (Watanabe, 2005: 29)，由於少子化加上老年化，會有逾三成超過65歲的老年人獨居在政府重建的房屋，可能增加孤獨死亡的個案 (Otani, 2010: 103-105)。Otani並提及，有受訪老人表示，他們搬入重建後的新居，發現沒辦法交到朋友，生活感到焦慮，沒機會和人說話，每天只能看電視和睡覺。這雖是日本的問題，但臺灣同樣存在少子化與老年化的問題，因此未來也可能發生在臺灣。

不過，也可能因爲諸多因素（包括政府經費因素），日本政府興建的永久屋，主要還是以安置或建築爲主，並沒有特別考量社區形成或重建的因素。但這問題也並非無解，例如，Otani (2010: 106-118) 就舉實例說明，可以透過房間安排與設施調整，以及一些活動設計，包括午餐活動、茶敘、家訪、戶外活動等，想辦法促進社區互助或關懷的形成，都可能調適或減少老人孤獨死亡的案例。並且，這又和本書第八章救災體系下社區重建的議題有關，建築重建應與社區重建、生活重建、文化重建等議題相連結。

第三節　經費

面對大型災難，不論救災或重建，都需要在短時間內籌措龐大經費，以因應災難處理不同的需求。蔡政憲等（2012）針對天然災害管理進行研究，發現中央層級仍缺乏大型災害整合風險管理整合機制、政府鼓勵風險管理卻未有效管理政府所屬財產與責任風險、應成立天然災害保險基金、應加強地方政府與民眾自我風險管理誘因、設立國家風險管理執行機構。前述研究之發現，可以預防或減輕臺灣未來面臨大型災難的財務衝擊，因此很有參考價值。惟不清楚目前執行情形如何，但可持續精進或推動的概念是，災害代表風險的存在，透過聯合保險機制的訂定，可將災害帶來的財政風險降低。但這樣的思維需要時間，因此不能忽略傳統或現象面的問題研究與處理。Mileti (1999: 166-173) 也指出災害（災難）保險的重要性，因爲災害造成的損失，不完全是政府該擔負的責任，他同時指出，保險規範（政策）或配套政策不可或缺。

臺灣從921大地震、莫拉克風災、2011年日本海嘯（臺灣非營利組織接受之捐款使用與流向）、高雄氣爆、八仙塵爆、臺南大地震、花蓮大地震等，都存在經費使用（特別是災害救助）的問題。經費不足可能導致救災能量不足或無法滿足災民需求；經費過多，也可能存在問題（分配不公平）。不論政府或非營利組織，都必須面對如何公平與有效的運用經費，而當政策利害關係人的立場不同，就可能存在解讀、解釋、認知的落差。再者，不同災難、不同政府首長、不同非營利組織，都可能影響籌款或募款的能力。本節主要聚焦在經費的兩個主要來源：第一是政府經費；第二是民間捐款，以下即針對這兩大部分進行論述。

一、政府經費

政府所編列之預算須經法定程序，通過議會審議，但這並不表示政府經費運用沒有彈性。例如對於地方政府而言，不同的首長、不同的災害、不同政治氣候與體制，可以跟中央政府爭取經費的順暢度與額度會有不同。只是，所有政府收支，仍有一定的標準作業流程。但Kusumasari、Alam and Siddiqui (2010) 亦指出，政府預算通常會有排擠，可能因爲政治與權力的競爭或競合，導致防救災相關預算流失或不易爭取。另一方面，短時間核銷或發放大筆救助金，對於（地方）政府承辦人員或主計人員，都是重大的挑戰。因爲工作量大增，卻不一定能有彈性掌握核銷或解決人力需求不足的問題。以臺南大地震爲例，當時雖爲國民黨執政，但總統大選出爐由民進黨勝出。當時的閣揆被視爲是「看守型」的角色，對於中央政府如何支援臺南市救災與重建，似乎就有較大的彈性，或至少當時中央與地方政府對於救災議題，其互動關係是平和的。

「預算法」第22條就有第一、第二預備金編列之規定，預備金雖不一定會用在緊急災難時，但緊急災難時的確可以使用預備金。例如「預算法」第22條第4款規定：「各機關動支預備金，其每筆數額超過五千萬元者，應先送立法院備查。但因緊急災害動支者，不在此限。」意思是說，如果爲緊急災難，可不先送立法院備查。特別是「災防法」第43條與第44條，對於政府預算彈性運用在緊急災難時，亦排除「預算法」第62條與第63條之適用，也就是說，政府在緊急災難時，可以有更多預算支應彈性。雖然如此，政府預算支出或使用，仍必須遵守相關規定。至於公共捐款（或募款），雖比政府預算更有彈性，但亦不能忽略社會或民眾的觀感，這部分將於下文說明。

「災防法」第48條規定：「災害救助種類及標準，由各中央災害防救業務主管機關會商直轄市、縣（市）政府統一訂定之。」但許多規定（例如社會救助法規）仍存在問題，例如，黃啓楨、李文朗（2000）與李家綸（2017）均僅從社會救助進行研究，但已發現法令與現實狀況存在諸多問題，兩篇論文相隔十七年，卻發現類似的問題仍然存在。依現行政府（含中央與地方）的做法，死亡慰問金爲100萬，但若加上善款（民間捐款），其金額就有許多差異。例如李家綸（2017）就指出，八仙塵爆死亡慰問金100萬、臺南大地震慰問金爲500萬（原規劃300萬）、高雄氣爆慰問金爲800萬。雖然法定政府支出的部分均爲100萬，通常是中央政府與地方政府各20萬，外加由政府捐助的賑災基金會提供60萬（原則上依該基金會核給要點爲40萬，惟遇重大災害可成立專案賑助提高救助金額），但加上善款之後，就有許多的差異。甚至救助金或慰問金總和的差異，可能成爲災民內心難以釋懷的公平性爭議。

應該說，如何訂定中央與地方統一法規（或標準）有其難度，除了每個災難背景不同，所能籌到的善款或補助金額亦不同。例如對比高雄氣爆的李長榮化工廠，和八仙塵爆的玩色創意國際有限公司（活動主辦單位）與八仙樂園，背後的財力與願意支付的補償金額不同，可能影響勸募善款與運用的彈性。如果標準或法規未定（或即便定了），災難救助金（或慰問金）的補助項目與額度，仍將是重要的對照或比較基礎。因爲就North (1990) 的觀點，法令或稱正式規範，只是制度的一部分，非正式規範（包括政治社會文化認知與媒體報導）的影響更深。合理的論述是，不論中央或地方是否訂定救災救助的統一法規或標準，面對不同的災難個案，仍可能存在適用的爭議。當然，透過不同個案研究，探討可能存在的問題（爭議），或可避免問題重複發生。

Watanabe (2005: 122-136) 指出，阪神大地震造成地方政府龐大的負擔與支出，因爲實際的災損金額比公布的要高出很多，例如建築物的災損就超過14兆日圓。理想上對災民個人的補償，應優先投入和災民生活重建相關的項目，而不是所有項目都應由政府補助。但從作者的陳述中，可能因爲災害規模實在太大，或可能因日本政府負擔或補償的項目過多，導致經費支出的「失控」。從Watanabe對政府角色的分析，公共或政府支出，不宜涉及個人財產的形成，這樣的說法固然有理，但在實際運用上可能存在模糊地帶或盲點。究竟應給現金或代金，以及補助的限度到底是多少，這些都是日本政府相當困擾的問題。而爲應付大地震災損補償的鉅額支出，於是形成政府沉重的債務負擔，甚至進一步影響日本國際債務的信用。也許這也和日本社會非營利組織不夠活絡，無法分擔大型災難龐大的政府支出有關。

如果921大地震與莫拉克風災後，災區必須重建的校園與家園等龐大的建築與重建經費全部都由政府負擔，可能造成許多難解的問題：第一，政府預算將變得相當龐大，監督或課責都可能成爲大問題；第二，從政策規劃、招標、決標、驗標等，任何程序都可能出現（貪瀆）問題；第三，如何處理災民滿意度的問題也可能相當棘手。再依Watanabe (2005: 133-136) 的說法，雖然大地震後，在幾個月內就募集到1,800億日圓捐款，卻花了兩年時間才發放給災民。日本紅十字會在1996年10月15日匯整的報告，主要解釋捐款發放標準認定存在許多不同意見，導致發放的延遲。這固然顯示日本紅十字會的嚴謹，但也可能代表日本紅十字會，在經費使用的自主性或彈性上和政府部門類似。

二、民間捐款

大型災難發生，民間多會發起捐款，以協助災民度過難關。捐款分兩大部分，包括民間（或民眾）對政府的捐款，以及民眾對非營利組織的捐款。關於民眾對政府捐款部分，如前述921大地震時的南投縣彭百顯縣長，透過收音機向國人募款，但後來善款運用卻遭質疑，纏訟十多年後獲判無罪，卻已付出龐大代價。至於臺南大地震比較特殊，當時的臺南市賴清德市長為能順利進行重建，亦展開對外界的募款。短時間內即獲得35億善款，認為經費已達重建需求，就立即喊停，請民眾不要再捐款。[25]由於政府代表公權力之執行，因此即便善款來自民間，不必完全受政府預算與支出相關法令規範。但以民主政治的角度，政府使用善款仍應受公共監督，而從過去災難的經驗，政府使用善款，至少受到議會或公共監督。例如臺南大地震善款，部分經費花在校舍重建，但仍有許多公共討論。[26]

2018年發生的花蓮大地震，其善款項目支出亦有許多討論，相關議題包括是否包含支出產業補助以及感恩餐會補助，甚至引發網紅館長公開抗議。[27]為了思考或管理鉅額善款及其使用方式，臺南與花蓮大地震都成立委員會進行審議。所有善款使用項目，以及審查委員，都在縣市政府官

25 http://www.cna.com.tw/news/firstnews/201602225014-1.aspx，瀏覽日期：2018/7/2。

26 http://news.ltn.com.tw/news/politics/breakingnews/1800107，瀏覽日期：2018/7/2。

27 https://www.ettoday.net/news/20180317/1132168.htm，瀏覽日期：2018/7/2。

網公開與公告。理論上，民眾捐助救災的善款應比政府編列的預算，在使用上較有彈性，但仍受公共監督與輿論影響，因此在使用上仍須謹慎。爲避免善款使用項目的爭議，也許將善款可支出的項目法制化或標準化。不過，如前文有關死亡慰問金發放議題所作之論述，由於和政治與社會制度有關，因此，法制化或可解決公平性問題，但可能造成彈性不足，或造成非正式規範的改變，亦需審愼因應。

善款的使用與監督，不只在政府部門有問題，非營利組織也有其問題或困境，包括是否妥善使用捐款、是否公開善款使用項目、善款可否支援非營利組織的行政經費，以及總會與分會之間的關係，都曾發生過爭議。例如日本311海嘯災難，臺灣紅十字會獲捐款109億日圓，[28]有民眾質疑捐給非營利組織的善款，未立即捐給日本災區。依作者與非營利組織代表非正式互動獲知的說法是，因爲當時仍在等待具體的重建計畫，以避免善款未被妥善運用。當時民眾不只對紅十字會產生質疑，其他長期投入救災的非營性組織也遭波及。從前述案例顯示，似乎善款愈多，愈可能受到社會放大關注。也有另種說法是，臺灣的善款經常集中於某幾個非營利組織，造成知名度較小的非營利組織難以生存。這或許是事實，不過這涉及民眾對非營利組織的喜好與信任，也不容易作整體規範。

合理的論述是，依前文內容分析，資源應分別存在於政府、非營利組織、民間（組織）等。固然有時資源不足，例如921大地震當時，我國消防機關與民間並未成立特搜隊或搜救隊，但因諸多國家當時已設有搜救隊，所以有國際搜救隊的投入，解決資源不足的問題；有時資源是充足或豐富的，但因爲欠缺相關資源的資訊整合平臺，導致資源無法有效整合或運用，這也是問題所在。綜言之，要能有效動員提高救災成效，或要有效整合與管理，還是必須回到本書第二章圖2-3的研究架構進行思考，除了要有完整資訊的提供機制，還得要建立組織間合作機制。而這分別在本書第三章與第五章論述。如果以救災經費（捐款）爲例，政府固然有緊急預備金的預算可以支付，惟若災害規模過大，就必須仰賴非營性組織（包括

28 https://www.nownews.com/news/20110415/537290，瀏覽日期：2018/7/10。

基金會）、民間組織與個人（捐款）的協助。

經費（捐款）固然是救災過程不可或缺的要素，但不論救災款項是政府預算或民間捐款，都具有公共性，都需要建立相關監督與（或）課責機制，否則可能出現挪用、貪瀆或其他不當使用的情形，這些議題或問題也已在本章有相關說明。因此，這些經費從籌措、使用到監督，都需要充足的資訊，以及透過組織間合作，比較能有效的運用。問題也在於，有權或掌握資訊者，是否願意提供或公開相關資訊，以及資訊解釋或解讀是否可能出現盲點或不同之處，除了資訊內容的問題，也涉及互信以及體制（或制度）的問題。而這固然和組織間合作有關，但制度的問題或思維位階，可能高於組織間合作。而這除了和治理網絡的概念相通 (Koliba, Mills, and Zia, 2011)，也和社會長期以來形成的正式和非正式規範有關 (North, 1990)，這部分本書內容會觸及，但比較會從組織間合作的觀點切入論述。

第五章

救災組織間合作

通常組織間合作機制的啓動，比較能有效動員資源，因爲組織資源充足，通常會有較高的救災效能或成效。而且不同組織擁有的資源、能力、專長不同，經常能發揮互補的作用。例如Kapucu、Augustin and Garayev (2009) 發現，州際間應急協助協定（inter-state emergency assistance compact）的確發揮有效資源動員的效果。甚至根據他們的研究發現，雖然社會大眾對卡崔娜颶風當時的救災體系或組織間合作存在負面印象。但原有州際間應急協助協定，確實發揮資源有效動員的效果。不過如果災害規模過大，可能導致鄰近州難以啓動組織間合作的協定。類似的情形是，臺灣921大地震對中部地區（臺中、彰化、南投）衝擊很深，所以中部縣市相互支援救災就可能受影響，這必須仰賴較遠或沒有災害的縣市提供災區協助。

另外，美國的國民兵、日本自衛隊，以及臺灣的國軍，在災害來臨時多會協助救災。但也可能因爲資訊不明，或縣市首長未能提出協助需求，導致救災的延遲。例如，一位日本學者就指出，2019年10月發生的颱風19號（或稱哈吉貝，Hargibis），某市長未即時透過縣長向自衛隊提出救災動員撤離申請，導致動員延遲。[1] 而就組織間合作或合作治理的角度分析，促進組織合作的因素很多 (Robertson, 1996; Ansell and Gash, 2007)，包括誘因、意願、能力、管道，以及建立信任關係、提高工作承諾等。也因此，關於如何建構組織間合作模式就很重要。馮燕、黃瓊億（2010）長期促進並推動「全國民間災後捐款監督及服務協調聯盟」，積極投入重大災變後的救援與重建工作。他們並提出建立常態性的民間備災救災聯盟體系之主張，主要目的在整合或有效運用非營利組織資源。

前文都是組織間合作的重要內涵，組織間合作之內涵包括政府間（或稱府際關係，含地方政府間，以及中央與地方政府間）、政府與民間組織間（非營利組織或非政府組織）、民間組織間等均屬之。根據作者在警察組織剖析所述，所謂組織是指兩個人以上，有正式且完整之分工，爲達共同目標，透過正式與非正式交流活動所結合而成的社會實體（楊永年，

1　係作者於2019年10月24日，於日本兵庫縣西宮市和日本學者進行非正式討論的資訊。

1999：7-9）。根據這樣的定義，中央政府、地方政府、非營利組織，都可以是組織。而且，中央政府固然是一個龐大的組織，但這龐大組織下仍有眾多組織（例如獨立機關均可視為組織）。例如各部會都是獨立機關，甚至警政署也是龐大的組織。因此中央政府各組織間，或中央政府與地方政府組織間，都可能存在合作的盲點。中央與地方政府若有黨派差異，就可能存在組織間合作的問題。在組織結構設計上，各組織雖有其特定之分工，但有時存在模糊地帶，必須透過協調，或有時必須共同合作。

例如，警察組織與消防組織間的合作，可以是警政署與消防署之間的合作，也可以是消防局與警察局之間的合作，因此依前文論述，組織間合作的定義，似可涵蓋政府間的合作。所謂民間組織，廣義而言可以包括非營利組織（特別是非政府機關）、非政府組織、營利組織（公司、營利事業體或社會企業），以及社區發展協會（或相關組織）等。就實務運作而言，前述民間組織在過去救災行動或活動中，都有不同深度的參與，實際運作包括捐款或直接提供相關救災項目服務等。關於非營利組織參與救災部分，將於本書第九章論述；社區部分於第八章論述。營利組織除直接捐款外，通常透過基金會（非營利組織）參與救災（如台積電參與高雄氣爆救災服務），至於社會企業參與救災部分比較少見。由於臺灣非屬政府機關的非營利組織參與救災行動相當常見，但因為這些非營利組織的經費，多來自民間或民眾捐款，所以協調整合需要花一些功夫。

非營利組織之間的合作，避免資源重複與浪費，也是重要議題，但相關內容主要在第九章論述。雖然組織間合作有其重要性，但很多的案例是，組織間不願合作，甚至相互攻訐或互推責任。例如，颱風假或防災假是目前地方政府最頭痛的問題之一，理論上因為生活圈的關係，所以應有跨縣市溝通或合作平臺。但實務上，縣市各自獨立，各有考量與思維，缺乏跨縣市合作的誘因，因此本章第一節即以颱風假為例，進行相關論述。再者，跨域治理（cross-boundary governance）也可以屬於組織間合作的內涵，例如作者就曾指出，臺南0206大地震災害防救模式，可算是跨域治理的典範（楊永年，2016b）。特別是大型災害，通常參與的組織非常龐雜，更凸顯組織間合作的重要。或者，合作治理（collaborative governance）成爲救災體系重要的議題，Ansell and Gash (2007) 定義合作治理是一個或多個政府機關，允許非官方的利害關係人參與，透過正式、共識導向，以及審議方式，執行公共政策與公共政策方案的治理安排。

前述的定義有其合理性，不過「正式、共識導向，以及審議方式」的內涵如果嚴格解釋，可能導致合作的僵化。因爲合作是方法，能否達到目的或發揮防救災功能才是重點。由於重大政策或議題很多，不同議題都存在組織間合作的誘因，問題在於不同議題可能存在衝突，例如開發與生態保育就可能存在衝突，但本章主要探討的是災害防救的組織間合作。例如，曾梓峰、丁澈士（2012）針對氣候變遷發生水患，進行五都水患治理研究指出，我國早期國土規劃多以土地開發利用與發展產業經濟爲核心，對於治水或水源供應成爲國土規劃目標的小環節，導致水利與國土規劃產生嚴重失衡。再者，都市發展亦未考量水患防治與水源供應，水利領域僅就其專業單一回應，無法全面檢視與因應問題。而且因應極端氣候，各部會逐漸各自提出對策，但仍缺乏整合機制，包括執行、操作、機制、組織與社會面，均出現嚴重問題。同時具體建議，應有（資訊）整合平臺、區域與流域治理機制建立，以及發展中長期總合治水（結合水與土）的永續政策。

前述問題與建議和本章組織間合作的議題吻合，因此更深入的內涵仍必須回歸制度面，或以下列組織間合作的四個因素進行思考。合理的思考是，爲讓組織間合作更具彈性或成效，也許可以較爲寬鬆或從組織的本質進行設計與評估。當然，更爲彈性可能也隱含更不穩定的機制，如何將Ansell and Gash (2007) 的理論操作化並發揮組織間合作成效，是重要目的。Robertson（1996）認爲組織間合作，必須考慮四個因素：第一是合作的誘因（incentive to collaborate）（共享利益與資源）；第二是合作的意願（willingness to collaborate）（具共同價值觀、互信、互惠基礎）；第三是合作的能力（ability to collaborate）（有無足夠的專業能力，包括專業知識與技巧）；第四是合作機制之存在（capacity to collaborate）（是否有很多合作的管道存在）。

Ansell and Gash (2007) 在其論文也以圖示建構合作治理模式，包括有操控變項、調節變項、自變項與依變項。這些變項又有許多細項，在應用上就比較複雜，除了組織間的互動因素外，還包括制度設計、情境、歷史因素等。合作過程爲中介變項，其核心內涵是相互信任與相互了解。可以說該合作治理模式，係從相互信任與了解過程，擴展成爲複雜與完整的合作治理模式，最終目的在提升合作成效。Ansell and Gash (2007) 和 Robertson (1996) 兩者的理論架構各有優缺點，作者採Robertson (1996) 提出的四個要素較爲簡潔，並應用於本章各節進行論述。

第一節　合作的誘因

組織間合作首先要思考的是合作的誘因，包括是否有共同價值、有意義、清楚明確的目標 (Locke and Latham, 1990: 9-10)。如果合作的議題是如何救災，而且是具體的災害，例如搶救因地震受困在大樓的民眾，由於議題或目標具體明確，所以容易合作，或有較高的合作誘因。如果合作的議題是共同防疫非洲豬瘟，目標看起來明確，但因方法（用什麼方法防疫）不明確，可能會存在合作的困境。而如果設定組織間合作，共同設計（蒸煮）廚餘處理設備，以避免病毒傳染（官俊榮，2019），由於處理方法與目的明確，組織或政府間合作的誘因可能較高（當然如果有政策支持，或大環境因素形成壓力，包括有廚餘循環處理誘因，都可能提高合作的誘因）。

政府組織間協調整合的問題，不單是臺灣，日本也有整合或合作的問題。例如，作者於2005年2月24日訪問京都府危機管理室，受訪的官員就告訴作者，2004年10月20日第23號颱風造成京都自1943年以來最大的災害。後來他們檢討發現，這次風災最大的問題是京都府與市之間並沒有很好的溝通，主要的原因是防救災體系大多爲地震設計，所以颱風來臨時沒有很好的應變。從這層面論述，京都府與京都市之間之垂直分工與整合機制，似乎不是非常順暢。可能的原因在於京都府與京都市政府首長均爲民選，各有其選民或民意基礎；另一個可能因素是，京都市與京都府位階相同，而且所轄範圍高度重疊。或者，京都府與京都市之間未從體制面的角度，進行京都府與市的合作，難免造成雙方合作誘因不足。

2015年八仙塵爆問題，也需要創造共同維護大型活動安全的誘因，而最應負起責任的是主辦單位，政府則應有管制或規範的責任。具體而言，舉辦大型活動，主辦或承辦單位（可能是營利事業、非營事業，也可能是政府機關）原本就應注意或確實負起安全的責任，其內涵包括事前的安全規劃，例如舉辦的方式、地點、使用的道具、燈火、效果、緊急醫療、疏散路線，以及有無安全保險等，都應有安全考量。2001年日本兵庫縣明石市（鄰近神戶市）舉辦跨年煙火節（大型聚眾活動，這和群眾運動不同，主要指商業、公益或大型聚會活動而言），發生踩踏事件，造成10多人死亡的案例，負責安全維護的警官，還遭法官判刑兩年。[2] 基此，貝辻正利（2015）提出了聚眾活動安全規劃企業的執行策略，其內容包括主辦或承辦單位應遵守的基本作業流程，以及政府管制單位（通常是消防機關）的管制與管理原則，非常值得參考。

爲了避免類似問題（特別是八仙塵爆）發生，我國地方政府（直轄市與縣市政府）多已設立並通過「大型聚眾活動安全管理條例」。由於舉辦大型活動的安全必須被重視，所以管制單位、主辦與承辦單位，存在共同的目標，就是活動安全，因此存在共同合作的誘因，問題在於如何進一步深入安全規劃的內涵。同樣的邏輯，如果合作的議題是要不要放防災假，合作也會有問題，因爲要不要放假固然目標清楚，主要在於民眾的安全考量，但面對災害來臨的目的應該是減災、避災與防災，因此放不放假和防救災（安全）的因果關係不明確，在災害仍不確定的情形下，討論要不要「共同」放假，似乎存在邏輯上的盲點。或者，可能要思考政策配套，降低防災假可能造成的問題或爭議，基此，進行防災假決策分析，或許可以清楚解析合作誘因的內涵。由於防災假已成臺灣縣市首長的惡夢，特別是防災假可能影響大生活圈（跨縣市）民眾的工作與生活，例如許多民眾可能在新北市居住，但在臺北市工作。

2　作者於2019年11月7日，與貝辻正利博士在日本有相關討論。

因此，若兩市決策不同，就可能造成民眾不便或無所適從。兩市合作決策的目標，是滿足兩市民眾的需求，然而問題在於兩市的地理環境不同，所以需求也會不同。如果颱風侵襲的路徑明確、影響明確，或颱風氣象預測明顯超過停班停課標準，縣市很容易可以達成共識，就比較沒有防災假的決策問題。問題在於氣象預測科技仍有限制，而颱風路徑變化多端，經常到深夜才能準確預測颱風路徑，反而錯過最佳的決策或宣布時間，讓民眾無法在前一天晚上知道是否放防災假。因爲，以目前氣象預報科技，縣市經常拖到深夜或凌晨才能作出防災假決議。除了颱風路徑是一個問題，帶來多少雨量，以及會造成什麼樣的災害，又存在不確定因素，這些都是縣市首長考量防災假的決策因子。因此，以目前的決策機制，縣市首長擁有防災假的決策權，涉及民眾對縣市首長滿意度，進一步影響選票。如果再加上災害的不確定性，以及課責對象不明確，就可能影響合作意願。

依過去颱風假或防災假決策的案例顯示，經常出現鄰近縣市放假不同調的狀況。或者，從颱風假的決策機制，可以清楚看出，我國跨縣市協調整合，存在諸多問題。精省前的省政府經常在扮演跨縣市協調整合的角色，中央只負責統籌協調省政府與兩個直轄市的跨域議題。若體制的問題未解，跨縣市整合的問題仍會持續存在，防災假只是案例之一。例如，2018年7月原本氣象局預測強颱瑪莉亞颱風將侵襲北臺灣，原本預期造成北臺灣龐大災情。因此氣象局主動透過視訊方式，連線縣市政府首長，讓他們了解最新的氣象資訊，並協調跨縣市進行停班停課的決策，但因縣市政府才是決策或課責的主體，所以共同視訊出現協調的困境。[3]最後縣市個別作成不一致的停班停課決策，不意第二天諸多地區小風小雨，亦未傳出災情，所以仍引發討論。主要因爲防災假決策不同調，引發許多爭議或政治聯想與討論。

由於北北基（臺北、新北與基隆）原本存在非正式默契，希望以「大生活圈」的角度，進行一致的防災假決策。但因缺乏正式合作機制，也沒

3 https://www.udn.com/news/story/12338/3243769，瀏覽日期：2018/7/11。

有區域政府辦公室，結果新北市放假但臺北市不放假。再深入論述，目前臺灣防災假的決策機制，等同於將防災假與停班停課視爲同義詞，兩者若能脫勾，有助防災假決策。由於早期臺灣高中職以下停課的決策較停班寬鬆，但近年來停班停課決策趨於一致，難免造成決策的僵化或困境，而這也與亞洲鄰近國家或地區的決策模式不同。例如菲律賓與香港均有較寬鬆的停課規定，但無停班機制，因此我國停班機制或可思考比照公共運輸停駛與否進行決策（楊永年，2012g）。不過這樣的決策仍可能因爲颱風路徑臨時改變，以致無風無雨，在此情形下，只能設計彈性休假，或上班與否，由當事人依其居所的天候決定。

不過，將是否放假委由當事人決定，仍可能出現盲點，例如可能出現勞資爭議。關於防災假，行政院人事行政總處於2015年訂頒「天然災害停止上班及上課作業辦法」，作爲停班停課的決策依據。惟防災假爭議，一直沒有停過。2018年7月10日強颱瑪莉亞來襲，依前述辦法，氣象局稱已符合停班停課標準，後來考量避免影響國家考試高普考之考務，因此北北基共同宣布，當天下午4時停班停課，不意這決策卻造成臺北交通大亂。依這次的案例，停班課除考量是否合乎現有標準，還要同時考量是否有國家重要考試或活動，以及交通輸運狀況。但問題也在於，達到停班停課標準如果不放假，似有違反法規之嫌。換言之，停班停課決策不能僅依賴前述作業辦法所訂的標準，法規可以增列較寬鬆的停課標準，或法規未修正前，將目前的標準作爲參考指標，而非決策指標（楊永年，2018l）。

防災假是方法不是目的，目的是確保學生與民眾的安全，由縣市政府整合過去災害的案例，臚列放假與否和民眾安全的關連性或因果關係。基此，針對目前防災假決策現象的可能解釋有三：第一，北北基的防災假協調機制，因爲屬非正式的協商會議，並沒有拘束力，因此，任何城市違反協議，不會有任何的處罰；第二，北北基地理環境與選民結構不同，各城市政治首長爲回應選區民眾的需求，本來就可能有不同的決策結果；第三，個別縣市本來就是獨立的決策體。因此，就目前防災假決策體制，有跨縣市討論的誘因，卻無共同合作決策的誘因，也就難以透過區域合作治理機制，解決防災假的問題。再者，防災假的另一個癥結點在於勞資爭議，因爲放假對企業老闆而言是成本；對勞工而言，則屬職場安全與權益的一部分。因此，企業通常不希望有防災假，員工則希望有防災假。如果勞資雙方針對防災假爭議想辦法建立共識，也許問題有解（楊永年，2012i）。

再以臺北車站爲例，由於是四鐵共構，出入人員眾多，如果發生任何災難，都可能造成難以彌補的損失。問題在於臺鐵、高鐵、北捷、機捷分屬不同的政府（組織系統）。例如，臺鐵屬交通部管轄，高鐵爲民營化的公司（不過也有官股或政府代表擔任董事），臺北捷運公司亦爲民營化的公司，但亦屬臺北市政府管理，機捷則爲桃園市政府轄管的公司。雖然這些機關組織都知道救災的重要，也知道要合作。但實際上，因爲組織系統的落差，導致資訊（溝通或分享）也存在落差。而最重要的是，會發生什麼樣的災害並不知道，以及會發生什麼重大的災情也難以預測。在此情形或前提下，要談組織間合作，可能難以聚焦或存在合作的誘因可能不高。

再者，四鐵共構防救災，除了資訊整合問題之外，也存在組織介面的整合問題。例如，一旦臺北車站出現災難，四個背後的政府組織如何分工與整合決策因應，可能出現困境或問題。即便未來可能設計災害聯合應變中心（這其實是目前該優先建立的機制），但屆時由誰擔當指揮官，或者臺北車站內的救災現場如何分工與整合，都有討論的空間。或許臺鐵適合扮演協調或指揮的角色，因爲臺鐵是國營事業，全稱爲交通部臺灣鐵路管理局，但這畢竟是沉重的任務，因爲必須協調的政府機關、層級、民間單位眾多，有很高的難度。可能因爲臺北車站尚未發生大型災難，導致缺乏聯合救災的誘因，也可能因爲外界或社會媒體對這議題關心度不足，或者也可能因爲責任不明，使得建立聯合救災機制的（合作）誘因不高。

第二節　合作的意願

當個別組織面對災難，難以獨立解決問題，就存在合作的意願，只是這意願可能是單向或雙向的，而從問題解決的角度，當然期待存在雙向合作意願。以非洲豬瘟防疫爲例，中國大陸已成非洲豬疫區，臺灣擔心遭豬瘟病毒侵襲，因此和中國大陸合作的誘因較高。但若兩岸政治氣氛不佳，就可能影響兩岸政府或官方合作共同防疫的意願。對臺灣而言，兩岸共同防疫的意願比中國大陸要高。而在兩岸政府難以合作的情形下，楊永年（2019a）建議仍可以透過非官方與非正式管道，建立防疫（資訊）合作平臺。目的在共享防疫資訊、資源，共同打擊非洲豬瘟，畢竟中國大陸發生疫情已有一年，有許多寶貴的經驗（資訊）可供分享與相互學習（包括預防、管制與處理）。重點在於，非洲豬瘟防疫可以是不涉政治的民生議題。

爲強化兩岸共同合作進行非洲豬瘟防疫的具體操作上，作者進一步指出，應加強兩岸防疫人員之交流，同時善用非官方機制，發揮或強化豬瘟防疫的功能。例如，非營利組織就可以有很大的運作空間，包括養豬協會、學校或學術單位和其他非營利組織，都比政府有彈性可以進行兩岸交流合作共同防疫。因爲非營利組織擁有一定的技術、資源，而且不受官方管制，比政府或官方更有豬瘟防疫的彈性；因此，非洲豬瘟防疫不能忽略非營利組織的動員能力與能量。也因爲非營利組織不具官方色彩，可以在兩岸與國際合作防疫發揮功能（楊永年，2019a；2019b；2019c）。因此，在實際做法上，如果能有非營利組織，進行兩岸國際非洲豬瘟網頁專區或資訊平臺的建立，應可強化臺灣的防疫功能。

再回到防救災議題上，臺灣防救災體制在警消分立前，警察與消防同屬一個機關，具共同價值觀，消防與警察的任務完全重疊，同時具有高的互信基礎。警消分立之後，警察與消防合作基礎喪失，警察投入消防救災工作的意願於是下降。由於偏遠地消防人力仍有不足現象，因此警察仍會扮演部分救災角色，但因警消分立的結果，造成警察消防救災教育訓練隨之弱化。或許未來仍可以思考的是，如何重新建構警察與消防合作的機制，或者提供警察人員防救災的工作誘因（例如強化防救災的工作意義），目的在讓警察人員擁有防救災的合作意願。林志信、楊永年與林元祥（2002）針對2001年發生的桃芝颱風，進行地方政府救災體系的研究，探討南投縣水里鄉與鹿谷鄉面對風災的因應成效，結果發現鄉公所在救災所發揮的功能相當有限，反而是消防與警察共同合作發揮救災功能。

由於桃芝颱風造成大規模的土石流，原因在於颱風帶來豪雨，加以921大地震後，南投偏遠山區土質鬆軟，不堪豪雨侵襲，甚至造成木屐寮遭土石流淹沒，導致多人失蹤的慘劇。所以合理推論，桃芝颱風侵襲時，的確造成南投多處地區災情緊急。而水里與鹿谷偏鄉救災人力原本就不足，等待消防局派遣救災人力恐怕緩不濟急。加以2001年風災發生距1999年921大地震不到兩年，而警察強調爲民服務工作，所以警察與消防有高度的合作意願（合理的說法是，當地警察全心投入救災，並未考慮到是否需和消防人員合作）。作者於2001年底親訪鹿谷警察分駐所，由當時的所長接待受訪，述說風災當日警察參與的救災情形，分駐所甚至儼然成爲鹿谷鄉的救災指揮中心，協助各種緊急救災相關事宜，值得肯定。

余易祐（2005）以2002年在無明山發生的山難爲例，進行山難搜救體系研究，結果發現消防人員雖裝備不足，但在長官命令下，仍直接前往山區搜救。而且，山難搜救原本由警察局負責，同時配合熟悉地形與體力良好的山地青年。惟警消分立後，山難搜救並沒有良好的銜接機制，導致當時搜救體系動員困境，影響救災成效。由於警消分立前，山區通常會有警力派駐，但不一定會有消防人員派駐，於是警察除了治安，也扮演消防救災的角色，難免因爲警消分立，導致警察人員投入山難搜救意願低落。這部分在胡水旺（2005）針對敏督利風災的研究中亦發現，雖然警察單位（分駐派出所）的分布較消防爲廣，人力相對亦較消防充足，對於消防工作已不再具積極主動之意願，甚至接到民眾求救電話，多會請民眾轉撥119。

2020年國軍黑鷹直升機墜機事件，失事地點鄰近烏來，屬新北市轄區，但距離宜蘭較近，因此成爲醫療後送的選擇。可能因爲國軍墜機事件爲國家重大議題，因此新北市與宜蘭縣投入共約300位警消前往搜救，[4]

[4] https://today.line.me/tw/pc/article/%E9%BB%91%E9%B7%B9%E5%A2%9C%E6%AF%80%E3%80%8C%E5%89%8D%E5%BE%8C%E6%8A%98%E6%96%B7%E3%80%8D%E5%A4%BE%E6%B2%88%E4%B8%80%E9%B3%B4%EF%BC%81300%E4%BA%BA%E6%BF%83%E9%9C%A7%E9%96%8B%E8%B7%AF%E3%80%80%E9%82%84%E5%8E%9F%E7%A9%BA%E9%

而最後由宜蘭縣消防局率先找到失事的直升機。至於跨轄區山難救助的組織間合作是否順暢，值得後續進行研究。關於警察投入救災工作，工作內容和消防人員有所區隔。以921大地震的臨時住宅或組合屋區爲例，曾發生偷竊事件；日本阪神大地震後的臨時住宅也曾發生偷竊等的治安問題。簡單說，治安事件係警察的職責或工作範圍。不過，Varano and Schafer (2012) 指出，通常警察對於大型災難因應的準備是欠缺的，同時認爲，警察面災難來臨時，應扮演第一回應者的角色，因爲警察是公共安全與秩序的維護者。而美國在2001年9月11日的恐怖攻擊中，警察亦積極參與救災，惟造成71名警官在美國世貿雙子星大樓災害現場喪命的情形。[5]

就911恐攻案例顯示，消防救災雖非警察業務，但在緊急事件發生時，警力仍需投入災害搶救的行列。只是，現行臺灣救災因有國軍的介入，降低警察參與救災的壓力，但以災害的規模存在難以預測的特性，警察仍可能是潛在重要的救災人力資源。再者，有些災難的發生，警察可能成爲首位應變者（first responders），例如美國國土安全部，就強力要求警察應扮演首位應變代理人的角色 (first-responder agents, Adams and Anderson, 2019: 2-3)，這代表警察有責任或義務扮演救災的角色，當然，防救災訓練也就成爲警察必備的教育訓練內涵。也因爲前述的概念，警察得在911恐怖攻擊現場，以及卡崔娜風災現場，扮演第一線現場應變的角色。就臺灣而言，由於警察的人力分布密度高於消防（全國警察數約7萬人；消防人員約1萬人），有時警察接觸到災難的機率反而比消防還高。

然而，警消分立之後許多警察認爲災難處理不是警察業務，導致緊急災難應變能力的減弱。除了可能導致己身安全存在風險，也可能造成災難的擴大而不自知 (Adams and Anderson, 2019: 4)。有鑑於莫拉克風災後，政府發現重大災害亟需緊急救災人力，於是將救災納入國軍的重要任務。因此如前文所述，國軍擁有高度投入救災的工作態度。目前實務運作的方式是，只要有預警颱風將登陸，例如依中央災害應變中心作業要點第10點

9B%A38%E6%AD%BB%E7%8F%BE%E5%A0%B4-M1X1Qw，瀏覽日期：2020/1/4。

5 https://www.odmp.org/search/incident/september-11-terrorist-attack，瀏覽日期：2019/11/28。

第1項第1款有關二級開設時（氣象局發布海上颱風警報），通常不只國防部會進駐中央災害應變中心，縣市政府所轄之地區駐軍也會主動進駐並詢問縣市政府與鄉鎮市公所災害應變中心。例如第三章第二節提到烏來災害，駐軍進駐並協助通報災情。

換言之，現階段國軍對於參與救災的意願是很高的，因爲上級重視，國軍的服從性強。只是國軍主要的訓練仍在作戰，不在救災，對於專業性的救災項目，能力就可能比較不足。例如，泰國海豹部隊在指揮官命令下，雖擁有高度的救災（服從）意願，但畢竟潛水和洞穴潛水仍有專業上的差異，因而導致殉職意外發生。再以臺北車站救災爲例，就算某個機關或政府單位有很強的救災合作意願，或存在高度防救災意識，但因合作是雙方或多方的共識，所以某單一機關或團體的高度意願或防救災承諾，並不能確保雙方或多方是否具有高度意願。也許透過資訊公開或資訊平臺的建立，加上外在壓力或來自總統與（或）行政院長的介入，可帶動不同機關組織責任的釐清，或可提升各相關機關組織的合作意願。而這樣的邏輯，也是前兩章的重點，以資訊透明與資訊分享的概念，帶動動員與組織間合作的誘因與意願。

再以2011年3月11日之地震、海嘯、核電廠輻射外洩事故說明，受創甚深的福島相馬市（相關背景說明請參照本書第七章救災體系——地方政府中最後的部分）。因爲相馬市農（土）地受重創，如何回復可耕作的土地，並非地方政府所能承擔。根據相馬市長立谷的說法 (Tachiya, 2015)，雖然農民表達希望繼續耕作的意願，但內閣府下令禁止購買農機，因此當時他們只能以社區的名義，共同進行農業耕作。碰巧在2011年5月時，遇到東京農業大學校長，加上已有東京農業大學學生在相馬市擔任志工。不久之後即展開深度的合作關係，在研究團隊東京農業大學支持下，存在高度合作意願投入相馬市農業復育的研究，同時透過東京農業大學與福島縣、相馬市展開組織間合作關係。2012年秋季時，就有稻米生產的成果，並於2013年5月，舉辦農業復耕的成果展示會。同時透過農耕栽種、成立公司並進行行銷，讓相馬市農夫重新展現笑顏與獲得希望。

Monma (2015) 指出，東京農業大學之所以投入相馬市復育（耕）研究，主要因為該大學強調從實作中學習。所以這次的災難，也提供了東京農業大學極佳的實作研究機會，以及大學社會責任的展現。而原本東京農業大學有許多計畫投入的選擇方案，最後選出最可能的兩個地方，分別為南相馬市和相馬市，最後則選擇相馬市。主要原因在於，相馬市在水田種植沒有設限（政府規範），而這就提供東京農業大學和相馬市的合作誘因。不過，最重要的是，東京農業大學擁有復育的基礎知識、工具或能力，而相馬市政府與農夫當然也有高度合作意願與誘因，因為這會讓他們有機會復耕；農夫也有實際耕作的能力，使得相互之間能夠發展緊密與良好的合作關係。

第三節　合作的能力

防救災工作有如整體作戰，需要跨組織的協調與合作，但合作的（專業）能力要夠，才能發揮救災（含防疫）的功能。這能力包括資訊、專業技術、資源動員（包括機具與直升機）、組織間網絡關係等，甚至於前述2014年的高雄氣爆與2015年天津大爆炸，都和專業的化學物質管理與管制不當有關（楊永年，2015b）。這也可以解釋為管制與合作能力不足（政府與管理單位），所導致的嚴重問題。因此，多元管制與合作能力角色如何界定，是未來重要的課題，而其內涵包括地下管線埋設、危險化學物質輸送與管理、倉儲作業與管理等多重專業之協調整合、合作與管制。從這兩起化學物質爆炸的案例顯示，政府與業者（包括國營企業與私人企業）組織間，不能只談合作，或者，談合作也得要有契約關係，契約關係的背後就存在管制內涵，如此比較接近爆炸問題的預防與處理。

如果政府某些管制或專業部分能力不足，就得考慮透過委託或委外（contracting out）的方式，強化組織間合作的關係。但委外過程必須思考，為什麼要委外，以及要委外給誰（楊永年，1998；Ferris and Graddy, 1986）。簡單來說，委外對象的專業、管理與服務的經驗或口碑（credibility）不能忽略。而這些內容或內涵又都和生產成本與交易成本

有關 (Ferris and Graddy, 1989)。因此，針對災害防救議題談組織間合作，或思考究竟要不要合作，以及如何合作，都不能忽略（專業與分工）資訊與成本存在的問題，包括政府有沒有這方面的能力，讓管制與合作併行。林雨調（2005）針對敏督利颱風土石流災害救治體系研究，發現災情嚴重的南投縣仁愛鄉，因爲位處偏鄉，鄉公所人力、警察、消防人力都不足；簡單說，就是仁愛鄉的防救災能力（不足），加上防災意識不足，無法因應土石流的侵襲。

雖然農委員水土保持局在第一時間就通知或通報仁愛鄉公所有關土石流預警訊息，但因土石流來得太急，加上斷電、斷訊，災情仍難避免，再加上公所的動員能量不足，就可能影響防救災成效。有關鄉鎮市公所防救災能力不足的議題，在第七章救災體系下的地方政府會有深入論述。但個案研究或檢討，宜進一步論述的是，應具體區隔並指出究竟是人力不足還是能力不足，其內涵或對象，包括災民、救災人員、社區、非營利組織或地方政府；或者，若能將人力不足或能力不足的因素或證據具體指出，比較有具體改善方向。應該說，很多災難個案都有合作能力的議題必須檢視，如前述泰北少年足球隊員前往洞穴探險，足球隊長帶領少年隊員苦撐獲救，有其一定的領導特質。[6]這除了和足球隊長人格特質（肯犧牲）或（小沙彌）經歷有關，也可能和隊長與隊員間培養出一定的默契有關。

類似的狀況發生於2010年的智利礦災，33位礦工受困七十天，在工頭鄂蘇亞的領導下，全數獲救。[7]該案例除了拍成電影，還成爲哈佛商業評論撰寫的管理教材。[8]而從這兩個個案顯示，多樣化的災難或災害，需要多樣化的（科學）技術，因此這部分是（專業）能力與工作承諾，而不是人力不足的因素。例如，面對水下急流、險峻地形，泰北個案需要資深、靈活、有耐心、有體力、有經驗的潛水師。智利礦災則由臺灣普萊德科技公司提供的網路視訊，將地底情境傳至地面，[9]鑽探過程則花了數週

6 https://udn.com/news/story/12324/3242136?from=udn-hotnews_ch2，瀏覽日期：2018/7/10。

7 http://www.epochtimes.com/b5/11/8/3/n3333756.htm，瀏覽日期：2018/7/10。

8 https://www.hbrtaiwan.com/article_content_AR0002438.html，瀏覽日期：2018/7/10。

9 https://tw.appledaily.com/finance/daily/20101015/32887553，瀏覽日期：2018/7/11。

之後，以數小時透過地質鑽孔機鑽出救援坑道，成功救出礦工。[10] 由於生命無價，各國都願意投入龐大成本解救生命，不過通常要配合前述之立體救災模式（空中、水上、水下、陸上、地下），包括擁有技術、能力與跨領域資源的協助。

由於前述兩個案例全球矚目，因此也都看得到跨國合作的影子，至少有美國、英國、中國、澳洲、緬甸、寮國等國（洞穴）潛水專家參與救援工作。可能因爲泰國邦交國很多，或者，可能因爲受困洞穴訊息廣爲國際新聞報導或傳遞，讓有洞穴潛水能力的國際專家願意投入救災。不過，洞穴潛水有其專業性且和一般潛水不同，這可能是一名泰國海豹部隊隊員在救援過程罹難的重要原因。[11] 至於智利礦災，因爲鑽探技術與設備有美國太空總署的投入，網路視訊雖成本不高，卻發揮災情分享的重要效果，而且比較可貴的是，有臺灣科技公司的參與，因爲這兩項科學技術的投入，使得礦災的救援行動能夠順暢。2008年中國大陸汶川大地震，初發生時拒絕臺灣搜救隊前往救災。[12] 大約三天後，中國大陸官方證實由臺灣紅十字會與臺北市搜救隊組成的聯合搜救隊，已抵達災區救災。[13]

2011年日本311海嘯與核電事故，日本一開始拒絕臺灣搜救隊赴日救災，卻接受中國搜救隊救災。[14] 過了三至四天後，日本又同意臺灣搜教隊前往日本救災。應該說，隨著國際交流愈來愈密切，國際救災也變得愈來愈重要。理論上大型災難應有國際合作，在面對大型災難，各國都應敞開心胸，以促進跨國合作爲基調，才能有助災害救助。問題在於國際合作，存在許多實務運作的考量，包括國家安全、兩岸關係或跨國政治敏感議題

---

10 http://www.epochtimes.com/b5/tag/%E6%99%BA%E5%88%A9%E7%A4%A6%E7%81%BD.html，瀏覽日期：2018/7/11。

11 https://udn.com/news/story/11314/3245996，瀏覽日期：2018/7/11。

12 http://www.epochtimes.com/b5/8/5/15/n2117657.htm，瀏覽日期：2018/10/16。

13 http://www.epochtimes.com/b5/8/5/15/n2118942.htm，瀏覽日期：2018/10/16。

14 http://s9p5346.pixnet.net/blog/post/27547333-%EF%BC%83%E9%97%9C%E6%96%BC311%E6%97%A5%E6%9C%AC%E6%B5%B7%E5%98%AF%E9%9C%87%E7%81%BD%EF%BC%8C%E6%88%91%E5%80%91%E7%9C%8B%E5%88%B0%E7%9A%84%EF%BC%8C%E8%88%87%E6%88%91%E5%80%91，瀏覽日期：2018/10/16。

等，使得國際合作共同救災成爲理想而非實際的概念。應該說，面對大型災難，單一國家的能力通常不足以執行救災任務，需整合跨國資源，才能提升救災能力。重點在於，跨國救災合作的對象，都必須是具有專業能力、技術、設備或重要資源的國家。

因此，作者提出建構跨國防救災合作機制的概念，並認爲透過資訊共享、資源共享、建立網絡關係，才能突破國際政治的限制或障礙（楊永年，2011）。針對這個問題，如果能建構國際認同的防救災（資訊）整合平臺，透過這個平臺讓災情資訊透明，所能發揮的跨國防救災能量將更爲龐大。這樣的國際防救災合作平臺，才係長遠且永續的防救災互助機制。有了這個平臺或透過這個平臺，發揮資訊、資源（含人力、經費或其他資源）溝通、交流與整合的功能。這個國際資訊整合或合作平臺可以英文網頁的方式呈現虛擬組織，當然如果能有多國語言更佳。但要讓這個網頁發揮應有的資訊匯集、傳遞，以及防救災（重建）行動的力量，單一組織難以發揮功能，必須有來自產、官、學的支持或投入才行（楊永年，2012k）。

日本311福島第一核電廠事故，因爲全球矚目，日本當時其實可以透過和美國的合作，以彰顯日本資訊透明的決心。但可能因爲資訊不對稱或溝通問題，使得國際社會仍認爲核電事故資訊不夠公開，讓全球陷入恐慌。雖然美國亦派遣專家協助日本處理核電廠事故，美國核能管理委員會（Nuclear Regulatory Commission，簡稱NRC或核管會）亦密切注意日本福島第一核電廠的發展動向。後來美國國務院下令將日本的美國僑民撤僑臺灣，[15] 由於美國的決策具有指標作用，後來許多國家亦跟進撤僑。因此美國撤僑舉動引發國際恐慌與跟進，但美國加州柏克萊大學核工系教授Jasmina Vujic卻直言這是錯誤的決策，而後來也證實虛驚一場。

前述訊息係作者於2013年至2014年前往美國舊金山，在柏克萊大學擔任訪問學者時，曾親自拜訪該校核工系資深教授Jasmina Vujic，並作深談（訪談），而有前述發現。比較特別的是，Vujic教授同時提到，日本

15 https://tw.appledaily.com/forum/daily/20110319/33259163，瀏覽日期：2018/7/15。

311核電廠事故發生之初，美國能源部下令所屬實驗室不能對外（媒體）發表評論。但因當時媒體諸多問題或疑點，需要專家出面解釋或說明，Vujic有專業能力且願意出面說明，自然成爲媒體重要的訪談對象。或許這也可以解釋，美國核能安全政策之所以出現決策盲點，可能也在於政府採取保守的做法，避免政府所屬核能實驗室發表相關核能安全訊息，衝擊當時敏感的核能安全，再者，這也可以以核安資訊不透明解釋美國政府當時的處境。

若再以臺北車站爲例，就旅客生命救護而言，臺北市政府因有醫療體系資源，其能力自然最強。但旅客人身安全可能涉及臺鐵、高鐵、北捷、機捷工作技術問題，那就分屬這四個機關組織的能力。因此，唯有北市府（北捷與地下街均屬北市府轄管）、臺鐵、高鐵、機捷等，各自發揮專業能力同時充分合作，才能做好臺北車站的救災工作。同樣地，作者針對非洲豬瘟防疫，提出兩岸因體制或環境因素，導致兩岸分別具有或擁有的防疫能力不同，若共同合作防疫，會有加乘效果（楊永年，2019b）。從前述案例分析，似乎組織間合作能力的重要性，遠高於人力之需求。

第四節　合作機制的存在

合作機制除了可解釋爲合作的管道，也可以合作制度的建立解釋，而制度也是比較永續的概念，因爲它涵蓋正式與非正式規範，通常非正式規範（因涉及文化或生活習慣）比正式重要，而非正式規範的改變難度也較高。相關（合作）制度發展或變遷的概念，有很多研究包括基礎理論與應用 (North, 1990; Tang, 1992; Ostrom, 1990)。以North (1990) 一書爲例，雖從經濟史角度切入，但其對制度之正式與非正式定義的基礎概念，可以用在很多不同的議題。Ostrom (1990) 和Tang (1992) 主要從政治經濟學的觀點，研究人與自然資源的關係，例如水資源、灌溉系統與草原，都是有限的公共資源。政策利害關係人之間的非正式關係，往往是決定水資源能否有效運用的關鍵因素。救災體系運作同樣存在非正式規範的影響，不過正式規範的改變，也可能導致非正式規範的變化，警察與消防分立就是明證，因爲警消分立改變了警察與消防的合作關係。

警消分立後，警察對於救災的誘因或意願已經下降，警察與消防的合作關係重新定義，使得警消原本密切的合作關係產生變化。而也因爲救災資源有限，特別是社區的部分，經常是政府（或公共資源）難以到達的地方，因此如何發揮社區自救，仍有賴社區合作機制（特別是非正式規範，具體反映在社區民眾的生活與行爲）的形成或建置。理論上，救災體系合作機制的建立應該是全面的，應包括政府間、政府與民間（非營利組織），當然也包括國際合作。所以也可以分從個人、團體、組織、環境（含國際組織間合作）等不同的層次進行思考或建構合作機制。但實作上，合作機制比較不容易展現個別組織的績效或成效，因此比較不易受到重視，除非存在合作誘因，否則不容易發展組織間合作的機制或誘因。而這也可以從我國的救災體系獲得印證，例如，大家知道防救災合作很重要，但卻沒能反映在組織結構設計上。

具體而言，消防署早期組織結構設計偏重火災的搶救，近年來雖有些調整，但因員額管控，難以從防災的角度進行全面性的防災設計。例如，不計幕僚或派出單位（含機關），消防署的業務單位包括救災救護指揮中心、民力運用組、火災調查組、緊急救護組、災害搶救組、危險物品管理組、火災預防組、災害管理組與綜合企劃組等。[16]從消防署組織結構分析，雖不能說缺乏救災結構與功能，例如民力運用、危險物品管理、火災預防等任務，都納歸在救災機關，但救災領域至少還包括營建工程、都市計畫、老人養護、水土保持、河川治理、生態保育，卻分散在不同部會。可能的原因在於，消防署（局）的核心任務（含教育訓練）主要以火災爲主，警消分立後增加緊急救護任務，但從其組織結構設計分析，仍侷限在本身業務，跨部會或局處的設計就有不足。

或者，有些縣市政府雖已成立災害防救辦公室，但仍由消防局主導跨局處整合，難免出現功能發揮的盲點。例如，從前章論述高雄氣爆與桃園

16 https://www.nfa.gov.tw/cht/index.php?code=list&ids=526，瀏覽日期：2018/7/15。

敬鵬大火案例的發生，其關鍵原因均和消防主管業務無關，或主管機關都不是消防局（背後也不是消防署），自然出現（跨部會或跨局處）的整合問題，這部分將於第六章救災體系下的中央政府，以及第七章救災體系下的地方政府再作詳細論述。通常縣市政府跨局處的整合還算容易，因爲縣市政府組織不若中央政府龐大，因此由縣市首長或副首長出面整合，就已足夠。而如果是跨部會的議題，通常因爲中央政府組織龐大，所以會比較複雜。理論上，政府不同機關應該密切合作，但從救災案例，就可發現救災（跨機關或跨組織）的合作機制存在問題或盲點，而這些都和組織間合作的機制設計不健全有關。

臺灣於2010年成立五都（直轄市），2014年桃園亦成爲直轄市。成立直轄市的原因在於，期待直轄市能扮演區域治理的領頭羊，建構區域整合平臺。但因爲沒有法定、獨立、跨黨派的正式組織，所以成效也就受限。因此，若爲防災假決策步調能夠一致，成立前述正式、獨立、法定、跨黨派區域治理機制是解決的方法，同時可以商議其他跨域議題，也可納入討論與決策。不過，因爲縣市差異仍在，個別縣市內部也存在差異，例如新北市、桃園市、臺南市、高雄市都有城鄉差異問題。可能偏遠山區有豪大雨勢，人口密集區則無風無雨或無災情。例如88風災（莫拉克風災）發生時，小林村因強降雨導致巨大土石流發生，平地（城市）卻無重大災情，加以交通、電力與通訊中斷，所以災情訊息聯繫可能會延誤。在此情形下，所成立的區域整合平臺，同樣有一致性決策的難處。

關於前述東方科學園區大火的案例，跨縣市救災之所以出現猶豫，可能與政治考量有關，也就是政治可能影響防救災組織間合作誘因與機制的建立（楊永年，2001a），或可透過區域治理機制進行協商。倒是日本阪神大地震時，連東京都都派消防車到神戶救火，似乎顯示日本跨縣市合作具順暢性。[17]根據寶塚市長中川智子女士在2020年1月12日的研討會公開演講時表示，東日本大地震時，兵庫縣寶塚市長亦主動派遣官員分別前往不同災區進行救助，或許這也是日本地方政府間主動互助的具體事證。不

17 作者於2006年1月5日前往神户市危機管理室進行訪談討論的重點之一。

意卻有一名由市長派遣前往災區救災的官員，可能災區工作量大或其他因素，導致自殺悲劇案例。但也因爲這起案例，讓寶塚市政府在派遣人力前往災區協助時，儘可能以團隊而非個人的方式進行派遣，包括向兵庫縣政府申請支援人力，以避免悲劇再度發生。

關於防救災區域合作治理機制，或許可參考美國府際關係諮詢委員會（Advisory Commission on Inter-governmental Relations，簡稱ACIR，府際關係諮詢委員會）的設置，這是美國經過立法程序所成立正式、法定、獨立、跨黨派系的組織，[18]專責處理跨政府（含聯邦、州、地方政府間）事務。根據ACIR的經驗，就算我國成立「正式」的區域治理機制，也可能存在風險，而最大的風險應該是來自於政治制度。例如，臺灣自從1998年精省後，原本省政府擔負的區域整合機制同時解體，跨縣市整合機制於是消失，如果成立這樣的委員會，應有助跨區域公共事務的決策，防災假就可以嘗試透過這個委員會運作，甚至所有跨縣市重大決策事項，都可以透過這個委員會進行討論，當然前提還是要有政治制度的支撐。

具體而言，精省後發現區域治理出現盲點，因此後續成立行政院北、中、南、東辦公室，卻因直屬行政院、不夠獨立、未跨黨派，而且沒有跨域協調的經驗與權限，難以發揮應有功能（楊永年，2013；2017a）。依此推論，有關直轄市政府推動「區域合作」或「區域治理」的救災體系，可能難以成型，主要的原因在於區域治理辦公室，並不隸屬直轄市政府，就算隸屬直轄市政府，卻因治理區域或選區並未涵蓋區域範圍，因而存在職權的限制。Kincaid (2011) 就指出ACIR的成立有其價值與貢獻，因爲成立之初民主與共和兩黨差異性低、合作性強，但因爲政治環境的變遷，例如兩黨往兩極化的方向發展，使得ACIR功能與影響力式微。顯然，政治制度或氣氛是影響合作機制的重要因素。

合理的論述是，每個國家、縣市、區域，因其特殊的人文社會因素，所展現的合作機制就有所不同。甚至可能受動態的環境因素影響，例如災害的種類與規模，或者政治、社會、媒體等的壓力，都可能影響合作機制

---

18 https://www.library.unt.edu/gpo/acir/Default.html，瀏覽日期：2018/7/11。

的運作。因爲媒體的壓力，會增加社會關注的力量，當然也就會形成政治責任或壓力。例如前述八掌溪事件發生後，當時的行政院副院長與消防署長，紛紛下臺負責，這同樣是政治影響救災合作機制的案例。組織間合作的理論或概念，不只適用國內，同樣適用國際救災合作機制建構。由於臺灣正式邦交國不多，難免影響非正式的互動與合作。不論是國際合作共同救災，或者兩岸共同合作救災，難免存在政治考量。即便是科技或技術性議題，也和國際合作參與有關（而這也和合作機制有關）。例如成大劉正千教授，專長是衛星遙測，可以透過衛星拍攝地表照片。劉教授曾對作者表示，有沒有參與國際研究、是否爲國際社群成員，會影響到是否能獲得國際高科技的協助，例如透過雷達拍照災區，可不受天候（雲層）影響，但此仍係目前國內缺乏的遙測技術，因此仍得仰賴國際合作。

如前文案例所述，針對大型災難國際合作，若存在合作機制，才能促進跨國合作救災。至於國際合作救災機制建立，至少有三種類別（其實還可以加入非營利組織論述，惟該主題於第九章論述，因此本部分暫不列入討論）。第一種是國際（社會）救災團體參與我國的災難救助；第二種是我國參與國際救災工作；第三種是我國外交部在國外進行災害應變或處理的工作。關於第一種，國際救災團體參與我國災難救助部分，本書其他章節已有討論，包括921大地震與莫拉克風災，都有國際救災團體來台協助。至於第二種方式，我國參與國際救災，本書其他章節亦有零星提及。基於國際地球村或國際社會共同體的概念，我國雖非聯合國成員，但基於回饋國際社會的角度，臺灣亦應積極投入國際救災或賑災。例如921大地震與莫拉克風災，就有很多國家（包括中國大陸）參與或提供實質協助，基此，其他國家發生重大災難，臺灣亦應主動參與救災。

而從過去國際重大災難案例分析，如日本311海嘯、中國大陸汶川大地震，以及發生於2010年1月12日的海地大地震。都有臺灣（搜救隊）參與的蹤跡，背後亦有臺灣高度參與國際救災的意願。以海地大地震爲例，根據中央社關於海地大地震的報導：「死傷近30萬人，全世界共有100多個國家伸出援手，臺灣援助金額並不多，但臺灣協助海地重建最高法院大樓，是所有重建工程中唯一如期完工的；當地人都說：『援助要像臺灣一樣』。」[19]而且，臺灣對海地的國際協助，也受到美國紐約州眾議會決議讚揚，並正式發出決議文。決議文提及臺灣政府在第一時間啓動緊急救援機制，捐贈500萬美元，派出5個搜救隊，提供1,600萬美元的人道救援，同時還有多項援助計畫，包括認養孤兒及貧童，以及成立臺灣衛生中心與職訓中心。[20]由於海地大地震的時間點和臺灣2009年發生的莫拉克風災接近，或許可以推論，臺灣對海地的救災模式似乎在複製臺灣經驗。

第三種是我國外交部在國外進行災害應變或處理的工作，例如2018年9月4日侵襲日本關西的燕子（或稱21號）颱風，造成日本嚴重受創，特別是讓關西大阪國際機場關閉且連外道路受損。由於有諸多滯留機場的台籍旅客，對於我國駐日本大阪辦事處的處理方法有意見，而出現許多批評（但也可能因爲網路資訊不當運作，造成許多誤解或誤導）。[21]不意2018年9月14日我國駐大阪辦事處蘇啓誠處長輕生，部分遺書內容爲「關西空港因颱風關閉期間，處理滯留臺籍旅客飽受批評，感到痛苦」。[22]另一個原因是，也許外交系統過於封閉或資訊不夠透明，而其內涵包括背後支援系統不足（外交系統沒有提供足夠的救災資源，或可能平時就沒有救災的網絡支援概念，因而產生災民與社會媒體的誤解，或也有人稱爲假訊息流通），才導致悲劇的發生。

嚴格說來，投入救災應變工作對於我國外交部駐外單位而言，是高難度的工作。可能的原因有三：第一，外館人員人力有限；第二，災害應變並非外館專業領域（或救災能力或能量有限），也不是外交部的核心任務；第三，缺乏緊急應變機制。如果當時能將外交部外館應變機制不足，進行公開討論，也許會產生不同的轉機，反而可以藉此強化外館的應變機制。主要原因是，我國外館人力有其員額編制的問題，短時間難解；長期而言是否應調整人力員額，仍有討論空間。以目前的體制運作，仍宜就人力有限的前提進行外交系統救災體系與功能的強化。至於第二點，有關

19 https://www.cna.com.tw/news/firstnews/201806090029.aspx，瀏覽日期：2018/10/21。

20 http://www.epochtimes.com/b5/10/5/12/n2905788.htm，瀏覽日期：2018/10/21。

21 https://udn.com/news/story/6656/4205708，瀏覽日期：2019/12/14。

22 https://www.storm.mg/article/503049，瀏覽日期：2018/10/21。

災害應變的專業問題，可能的原因是，整個外交系統對於災害應變是陌生的，因爲外交部在國內不直接參與處理災害防救，也可能因爲外交部整體組織對於救災體系運作不熟悉，不知道如何運用組織整體力量應變。

國內面對大型災難，多會成立災害應變中心，以整合資訊與資源，立即投入救災。因此，如果大阪辦事處能量夠，亦可成立災害應變中心；若能量不足，或許可以請求東京總部或臺灣進行協助，特別在資訊平臺或網際網路建立災害應變中心，很容易可以進行遠端遙控，也就是在不調整外交部組織定位與任務下，透過組織體系的力量，強化外交部的災害防救功能。當然，另一種思維是，代表處也可分別向日本大阪在地救災機關、在地僑界或其他相關團體求援，甚至必要時讓國內也能啓動協助機制，而這也在回應前述第三點原因。當然，也有可能大阪辦事處該做的事都做了，卻因爲資訊不對稱，社會大眾不清楚大阪辦事處做了哪些努力（存在認知落差），而這樣的問題又回到資訊平臺建置的概念，這部分已在第三章救災資訊中敘明。

再如，2008年7月11日左右，有8名臺商在馬達加斯加外海失蹤，因諸多因素，包括一名臺商妻子爲中國大陸籍（所以中國大陸也介入救援），以及我國在馬達加斯加並未設有駐外代表處，導致家屬對外交部的救援存有怨言（過程又涉及災情訊息傳遞的問題），這背後也可能和溝通與資訊平臺的議題有關。[23] 而從這則案例，其實也凸顯外交部（外館）進行對國人的救援，存在本章前一節國際合作救援機制的問題。而這也是我國外交部可以著力之處，具體而言，目前國際社會和臺灣的邦交國雖不到20國，但有實質外交關係、有派駐外交人員或設置外館的國家很多。因此，如果外交部各外館，可以建置國際救災合作平臺（或和國際非政府組織合作，以降低政治敏感度也行），對於未來國人救災議題，就可以透過這個平臺獲得協助。

當然，對於駐在國發生任何災難，我們也可以透過這個機制對駐在國有所貢獻。關於臺北車站災難應變合作機制，可以成立跨組織的專案小

23 https://tw.appledaily.com/headline/daily/20080713/30747228，瀏覽日期：2018/10/21。

組，或透過虛擬團隊的建立 (Duarte and Snyde, 1999)，形成合作機制，都有機會提升臺北車站救災救難的合作機制。關於虛擬團隊的概念主要和團隊成員的認知有關，與團隊成員是否熟識、是否見面（面對面）並不重要；重要的是相互間具有共同目標或意識到係團隊成員即可。關於專案小組的概念，源自於專案管理，但與組織行為（組織理論）、人力資源管理領域相關；而專案的達成，通常必須輔以專案目標、專案架構、專案規劃、專案執行、專案評估、行動計畫的建立，也應重視專案小組成員的組合（當然不能忽略小組成員的工作能力與承諾），並有適當的教育訓練，才能發揮應有的救災功能（王慶富，2005；Angus, Gundersen, and Cullinane, 2000）。臺北車站（救災）專案小組的成立，僅代表初步機制的建立，如何形成完整的合作機制，則需前述諸多因素的配合。

第六章

救災體系——中央政府

中央政府主責防救災政策的形成（有時會含部分的政策規劃，而且不只是法令），由於防救災政策有如火車頭，具引導防救災的帶頭作用。例如，作者在日本客座期間發現，有訊息顯示東京地區可能在三十年內發生大地震。日本內閣府除了在媒體先釋放相關訊息，同時依此擬訂或形成政策方向，包括人力與非人力資源的規劃與設計，並責成相對應的組織進行相關合作規劃。除了規劃171（防救災免付費電話，投幣後會退幣），作爲災民第三方聯繫窗口，媒體也跟著進行個人、家庭、工作場所等相關防災訊息的報導，包括碗盤、書櫃如何擺放，可以降低傷害，以及如何讓出入口保持暢通以利逃生等。多一分的預防，可以有多一分的保障，這本來就是政府應起帶頭作用的責任。前文論述也等於是內閣府的政策由媒體同步發布訊息，具有凝聚防救災資源與組織間合作的意義存在，值得學習。

而這也可以是第二章圖2-3的簡單應用，例如透過防災資訊的宣導，讓家庭或個人學習，並產生動員的力量（民眾出現防災行爲），也可能因爲政府與媒體透過組織間合作，提升救災成效。中央政府（臺灣包括總統府及五院、美國稱爲聯邦政府、日本爲內閣府）由部會與所屬機關組成，機關組織相當龐大複雜。除了內部機關（含幕僚單位）也有外部機關，甚至還有派駐各縣市的中央機關或單位。不只存在許多整合問題，同時受政治氣候或氣氛所影響；或更直接的說，救災體系運作可能受政治影響或扭曲，以及影響救災體系的成效。臺灣雖爲雙首制國家，政府組織運作比較像屬於總統制的美國，至於日本屬內閣制國家，首長爲最高的行政首長。由於行政首長掌握龐大行政資源（包括人事與預算），如何有效讓龐大的中央政府救災組織體系運作，經常扮演關鍵角色。

關鍵因素就在於中央政府如何有效的運用龐大的預算與人力，部分內容在本書第四章已有論述。但若沒有健全的體制，政策形成就可能出現嚴重瑕疵或制衡問題。例如經費大量使用卻缺乏透明或監督機制，或應該支出的項目沒有到位，都可能有問題。Starrs (2014: 16) 就強烈指出，因爲政黨政治存在諸多問題，使得政黨利益淩駕日本311複合型災難的救災與重建的利益。同時使得自然災害變成國家災難，而這也是（中央）政府救災體系失靈的寫照。Carr (2016: 1-55) 則指出，由於2013年珊迪颶風爲美東帶來龐大的災難，聯邦政府於2013年撥款500億美元進行重建。撥款之初，聯邦政府也在其政策目標上，設計了國家災難復原架構（National Disaster Recovery Framework, NDRF），以及國家減災架構（National Mitigation Framework, NMF），同時透過許多部會與州政府進行政策的執行。

政策規劃與執行過程中，隸屬美國國會的審計總統（U.S. General Accountability Office，簡稱GAO，隸屬於國會，早期名稱爲會計總署，General Accounting Office），針這些經費的使用，也進行相關的審計報告。該審計報告雖未發現重大瑕疵，但卻發現在減災（mitigation）與韌性（resilience）目標達成上，仍有一些挑戰與問題。例如，整體性或全國性的減災與韌性策略，並未被開發出來。可能的原因或問題在於，聯邦政府組織相當龐大，如何能夠整合出全國性的政策或策略，存在高度的挑戰。再者，如何和州政府與地方政府進行協調，以及如何強化社區韌性；從聯邦的角度要進行強化，也存在難度。換言之，聯邦（或中央）政府，可說是救災體系的火車頭，具有帶動整體救災體系提升韌性的角色與功能。理想上，聯邦（中央）除了由上而下的策略設計，也宜有由下而上的思維。但在實作上，可能增加了政策執行的難度，特別是經費的使用不是無限，而且還存在會計年度的問題。因此造成許多專案計畫，無法或難以作長期性規劃與執行。

中央政府通常因爲資源多、分工細，以及專業化程度強，而存在運作優勢。但也因爲分工細密，同時存在跨機關（含單位、部門）整合的困境。依過去經驗，不論是國內或國外，通常在歷經大型災難後，都會深刻檢討，救災組織體系是否必須重新檢視或調整。例如921大地震後，通過「災害防救法」，莫拉克風災後，救災列國軍重要任務。如前述，卡崔娜風災後，美國國會要求白宮作完整的檢討報告，並上網公開。這除了是負責任的表現外，同時提供全民共同監督的管道，這部分値得臺灣學習（楊永年，2017b），特別是過去921大地震、莫拉克風災等。針對這些重大災難，政府提供豐富的災後重建（成果）報告，[1] 而且政府也有一些反省與檢討，並作了一些政策的改變與調整，可惜缺乏如美國政府（含國會）在災難過後，撰寫並公開官方完整的檢討報告。

例如，FEMA歷經1992年的安德魯颶風（Hurricane Andrew）、2001年的911恐怖攻擊，以及2005年的卡崔娜颶風等，也都做了深刻的檢討、檢視與角色或政策調整。安德魯颶風係美國史上僅次於卡崔娜的第二大颶風，造成61死以及2,700億美元的財損，同時造成12萬戶房屋損壞，以及16萬人無家可歸和逾百萬人撤離的災情。[2] 重要的是，針對這些重大災難，都有公開詳細的檢討報告公布在官網上，供社會大眾檢閱。由於安德魯颶風災情慘重，因此災難發生後二十五年，媒體仍在回顧這起災難造成的影響。Roberts (2006) 亦指出，FEMA在安德魯颶風時救災表現不佳，遭國會議員提出變革的最後通牒；至於2005年的卡崔娜颶風救災，再度讓FEMA顏面無光，並由全國總統辦公室（白宮）向國會提出檢討報告 (The White House, 2006)。

該檢討報告內容詳細記載卡崔娜風災路徑，造成什麼損害，期間聯邦、州與地方政府有什麼作為，以及根據這次失敗經驗，我們學到什麼，或政府有什麼因應或改善措施，都有詳細的論述。例如該報告也發現，地方政府的執法系統遭到嚴重破壞，因此提醒司法部在日後災害因應上，也應該提高警覺。這份報告不只看到FEMA的缺失，也看到國土安全部、交通部、房屋與都市部、衛生部等諸多部門存在的問題，因為這些檢討，除了能了解問題之所在，並可以提供因應對策。也因為報告完整公開，可讓學術單位與民眾共同檢視。換言之，公布完整調查報告的目的不是在追究責任，而是在思考未來如何修正或因應，以避免相同錯誤重複發生。

前述卡崔娜風災檢討報告共提出了17個關鍵或挑戰點 (The White House, 2006: 51)，包括國家整備（national preparedness）、軍隊能力整合運用（integrated use of military capabilities）、溝通（communications）、

1 http://morakotdatabase.nstm.gov.tw/88flood.www.gov.tw/work.html#1，瀏覽日期：2019/1/30。

2 https://www.nytimes.com/2017/09/06/us/hurricane-andrew-florida.html，瀏覽日期：2018/8/4。

後勤支援與撤離（logistics and evacuations）、搜尋與救援（search and rescue）、公共與人身安全（public safety and security）、公共衛生與醫療支援（public health and medical support）、災民服務（human services）、災民照顧與安置（mass care and housing）、公共溝通（public communications）、基礎建設與影響評估（critical infrastructure and impact assessment）、環境風險與廢墟移除（environmental hazards and debris removal）、國外協助的善用（foreign assistance）、非政府的支助（non-governmental aid）、訓練、演習與學到的經驗（training, exercises, and lessons learned）、國土安全專業發展與教育（homeland security professional development and education）、民眾與社區整備（citizen and community preparedness）。

前述17點發現係從卡崔娜颶風的慘痛經驗所得來，這些寶貴經驗（原則）不只在美國卡崔娜風災發生，也可能在其他國家的不同災害發生，所以很有參考價值，而這17點也是我國中央政府可以積極著力之處。甚至我國中央政府應以宏觀的角度發展整備系統，因爲這樣的理念，也是我國中央政府應扮演的角色。合理的論述是，美國聯邦政府在災害防救部分做了很多的努力，而其努力的內容與方向，主要依據的法源是他們的「羅勃史達福災難救助與緊急協助法」（Robert T. Stafford Disaster Relief and Emergency Assistance Act）。[3]該法係從1974年的「災難救助法」（Disaster Relief Act）修正而來，於1988年11月23日正式簽署成爲法案，2016年8月有最新修正的版本。該法和臺灣的「災防法」，都在提供災害防救的整體框架。惟因臺灣與美國制度差異（包括法規內容不同，對法令的解釋與運作模式也不同），所發展的內涵與成效，就有所不同。

美國聯邦政府在全國性的災害整備上，做了很完整的規劃。例如，在FEMA官網就有15大項的《緊急支援功能指引手冊》（Emergency

[3] https://www.fema.gov/robert-t-stafford-disaster-relief-and-emergency-assistance-act-public-law-93-288-amended，瀏覽日期：2019/1/27。

Support Function，簡稱ESF），[4]包括交通運輸（transportation，交通運輸管理應變系統）、通訊（通訊系統重建與建置）、公共工程（public works and engineering，有助多元救災資源運輸的公共工程）、火災因應（firefighting，包括荒野、市郊與城市大火之因應）、資訊與規劃（information and planning，進行社區災情資訊分析與傳遞之規劃）、大規模災難救助、緊急協助、臨時屋與人本服務（mass care, emergency assistance, temporary housing, and human services）、災民後勤支援（logistics，社區災民後勤需求服務）、公共衛生與醫療（public health and medical）、緊急搜尋與搶救、石油與危險物質（化災）因應（oil and hazardous materials）、農業與天然資源災害因應（agriculture and natural resources）、能源因應（energy，有關能源生產、保存、運輸與系統因應）、公共安全（與恐怖攻擊有關之災難）、對外事務（external affairs，有關政府、媒體、私人公司、地方弱勢族群功能性的需求）、長期社區重建（long-term community recovery）。

FEMA所臚列緊急支援功能15大項災害應變計畫，等於提供了聯邦政府面對緊急災難，進行跨部會整合的框架或機制，其內容涵蓋美國「羅勃史達福災難救助與緊急協助法」所定義與未定義的災難。臺灣官方雖然也有因應措施，只是沒有像美國這樣，針對不同的災難種類，做詳細的項目規劃，同時公布在官網上。再者，美國救災體系運作主要的邏輯是由下而上，也就是地方政府在無法處理或因應緊急災難時，向州政府尋求支援；當州政府無法因應時，再向聯邦尋求支援。不過，可能的情形是，災情已很巨大，地方無法因應，也沒能向州或聯邦尋求支援，在此情形下，就可能產生災害防救的盲點。也許卡崔娜颶風的問題出在這裡，使得聯邦政府因應遲緩，或者聯邦政府認知上，可能認爲州政府有能力因應，才出現這樣的盲點。

當然，也有可能因爲卡崔娜颶風造成的災害實在太大，這點可從美國審計總署的調查報告 (U.S. General Accountability Office, 2006) 理解，報告

4　https://www.fema.gov/media-library/assets/documents/25512，瀏覽日期：2019/1/27。

內容論及紅十字會在卡崔娜風災的救災過程，發現該次災情規模係百年來最大，超出紅十字會能夠承擔的規模。不過，從美國卡崔娜風災發生後，總統辦公室、聯邦政府與國會所公開的檢討報告，可以看出美國認眞檢討與期待改善的態度，或許這也是臺灣應該學習之處。對於各種重大災難，可以由國會主導撰寫檢討報告；或依我國的體制，可以由監察院好好寫出獨立且具公信力的調查報告，同時要求行政機關改善，檢討報告並公開給社會大眾，以達公共監督的效果。另外，Gomez and Wilson (2008)針對卡崔娜風災的調查發現，政治熟悉度高的民眾，比較不認爲聯邦政府要負較大的責任，反而認爲主要是州政府的問題；至於政治熟悉度低的民眾，則認爲總統要擔負的責任較大。

至於日本在國家防災（整備）政策也有許多努力，並扮演積極的角色。例如，日本2017年的《防災政策白皮書》，就以熊本大地震爲主軸，進行防災政策的強化與檢討。[5]該白皮書並有英文版，公告在網站上，總共247頁的白皮書，大約有60頁的篇幅在檢討熊本大地震。其他篇幅則在介紹日本現階段的防災政策，更有專章介紹核電事故防災政策，這也代表日本政府對核能安全的重視。顯然，不論美國或日本政府，在災害檢討與資訊公告都相當用心。然而，透過我國中央災害應變中心災害情報站，並未發現《防災政策白皮書》。雖然後來在中央災害防救會報網站找到國家級的《災害防救白皮書》，不過，如果將我國《災害防救白皮書》的內容和美日作比較，似乎有改善空間。[6]

我國的《災害防救白皮書》比較不像日本的白皮書內容，日本會針對當年度發生的重大災害（個案）進行檢討與論述，再從檢討過程擬訂因應對策。雖然「災害防救法」第7條明定「內政部消防署執行災害防救業務」，但在位階不變、人力不變、組織系統或文化不變的情形下，可能難有災害防救能力重大的改變或提升。我們的救災體系要有先進國家的水

5 http://www.bousai.go.jp/kyoiku/panf/pdf/WP2017_DM_Full_Version.pdf，瀏覽日期：2018/8/6。

6 https://www.cdprc.ey.gov.tw/News_Content.aspx?n=3C0311D19EAA0CFE&sms=DA6D9254E41A9FA3&s=892B5B621F63FEB5，瀏覽日期：2018/8/8。

準，必須從強化災害防救辦公室功能著手。由於我國救災體系，通常會隨著政治與社會變遷，也有許多的衝擊與調整。特別在大型災難後，中央政府多會針對救災體系進行檢討與變革，難免存在組織定位與其他內涵的調整，而這也是我國災害防救辦公室可以著力之處。

類似前述美國針對卡崔娜颶風造成的災害，以及日本針對熊本大地震做檢討的寫作方式，皆對我國《災害防救白皮書》寫作方式改變，具參考價值。再者，我國中央政府是龐大的組織體系，可以說是眾多組織（部、會、署、局）的集合體，其互動相當複雜，因此救災組織或組織體系如何定位，組織（位階）與組織結構如何設計，都可能影響救災體系的運作與成效。本章即針對中央政府角色的組織定位、組織位階，以及組織結構進行討論。而因爲我國屬「雙首長」制國家，總統是國家最高領導者，至於行政院長則爲我國政府行政機關最高首長，因此總統與行政院長在救災體系扮演的角色，也就非常重視。本章第四節與第五節，就分別針對總統與行政院長的角色扮演進行論述。

第一節　組織定位

關於政府機關行政組織定位與概念，有些會反映在法律規定（例如「組織法」），有些則隱藏在非正式組織的概念裡 (Shafritz and Ott, 1992; Barnard, 1938; Balu and Scott, 1962)。不同理論對組織的詮釋，讓其定義或應用更爲多元化。就像Morgan (1986) 在其《*Images of Organization*》一書對組織的論述，藉由組織理論進行對救災組織體系的分析，會有許多不同思考、解讀與發現；應該說，組織是本研究的核心思維，透過不同組織理論的分析，自然也有不同的觀察。狹義而言，救災是消防機關的任務，但因爲災害愈來愈多元，甚至大規模的災害，不是消防或單一救災組織所能應付，必須所有政府部門人員進行動員，甚至有時，災民等不及救災人員救助，所以也要能懂得自救。

因此，Ashkenas、Ulrich、Jick and Kerr (1995) 所提無疆界組織

（Boundaryless Organizations）的概念，等於拓展或打開（破）救災體系的界線，將更多組織納入救災體系。救災應該是無國（疆）界，卻因爲政治（政府）創造了界線，反而限制或限縮了救災成效。因此，有時必須仰賴非政府組織（或非營利組織）去模糊或打破界線，這部分將在第九章論述。應該說，救災無疆界的概念，對本位或保守主義濃厚的政治或官僚體系，具有啓發意義。組織定位主要的內涵在於核心任務的訂定，由於組織定位涉及救災動員的責任、權力與能力。組織定位議題，首先要討論的是專業化問題。1990年代，因爲各縣市政府陸續進行警察與消防組織的分立，造成救災人力大減，也同時劃出了警察救災的界線。不過如果就專業化的角度分析，消防從警察組織獨立，有其合理性，因爲可以避免消防專業發展，受到警察組織專業或核心任務限制。

而且，因爲警察任務過多，經常會模糊焦點，造成防救災專業的弱化。例如，警消合併時，警察組織有時會將表現不佳的員警調往消防單位服務。雖然警消分立與消防專業化不一定是完全相關的議題；或者，消防隸屬警察組織還是可以發展救災專業。但就警察組織而言，其核心任務是治安，過多任務或協辦業務，可能弱化警察治安專業的功能。因此，消防救災專業化有其合理性，但警消分立過程，如果同時也能考量警察（特別是預備警力部分）投入救災的誘因，就比較周延。其次，有關救災體系組織定位之任務內涵問題，由於災害種類繁多，不同的災害需要不同的技術或專業。以消防組織爲主軸的救災體系，其傳統的救災專業或專長是「火災」，對於地震、化學災、核災、火山、土石流、空難、海難等，就可能有專業上的侷限。

應該說，除了火災外，其他救災的專業散布在不同的部會，包括內政部、環保署、原子能委員會、農委會、交通部與其他相關部會等。光是救災部分就有諸多不同技術或專業，如果再納入防災任務，將使得救災任務更爲多元或複雜。合理的論述是，防災與救災係一體兩面，理想的防災政策必須從救災案例或實務經驗中獲得關鍵因素，再發展防災策略或政策。但在專業分工與人力運用的侷限下，防災與救災業務或任務，不容易同時存在於單一部門。因此，章光明等（2010）研究建議指出，透過行政院災害防救辦公室及內政部消防署改制之「災害防救署」爲基礎，統合災防策略與管理，俟「災害防救署」完成階段性任務後，災防署重新回歸內政部消防署體制，專司火災預防、災害搶救及緊急救護等工作。問題在於，內政部消防署轉變爲災害防救署並更改機關名稱，同時讓內政部消防署負責災害搶救與預防，也等於擴張了消防署的任務。在經費與人力無法短期擴張的情形下，消防署也有其執行上的難處，而且更名可能涉及消防（鳳凰）志工的認同，進而影響這些志工的投入。因此，消防署的更名政策並不順利。

再從政策面探討組織定位，中央政府主要的責任在擬定或形成政策，並非站在救災第一線，所以主要不是在政策執行。或者，災害發生地通常在地方政府的轄區，而不在中央政府。然而，隨著災害規模的擴大，中央政府除了協調，有時也必須參與救災工作。再如，美國卡崔娜風災救災緩慢，引發民眾對救災緩慢的不滿，當時FEMA署長Michael Brown在諸多壓力下請辭。FEMA是龐大的組織，除了總部設在華盛頓特區，也有許多地區辦公室。針對卡崔娜風災，代理署長David Paulison在一篇專訪文稿中，不斷強調FEMA在卡崔娜風災中做了很多事 (Paulison, 2006)。不過Paulison也承認，FEMA沒有預測到會潰堤、沒有預測到會有2萬至3萬人住在庇護所卻缺乏飲水與食物的問題，也沒有預期必須撤離整個醫院的病人。

Paulison進一步指出，面對這場颶風，FEMA也扮演過去沒有扮演過的救護參與角色。雖然如此，FEMA仍遭社會大眾嚴格批判。合理的論述是，大型災害發生後，經常因爲災害規模龐大，凸顯中央政府或整個救災體系問題，所以必須重新定位中央（聯邦）政府的角色。具體而言，卡崔娜改變了FEMA的角色與任務，讓FEMA在這次風災經驗中，重新檢視FEMA的角色定位與能力。Paulison並承諾強化FEMA的整備機制，做好公共教育，這雖然不涉及核心任務的改變，但某種程度也在因應類似卡崔娜風災的災情作適當的預防或整備。臺灣歷經2009年的莫拉克風災，在行政院下設「災害防救辦公室」，其成立過程有如Kingdon (1984) 所提政策窗（policy window）的概念。因爲問題流、政策流、政治流的匯集，所以出現了災害防救辦公室的解決方案。

而成立之初，有人認為應該成立如FEMA或日本防災專責機關（部會），但考量經費（預算）因素，所以成立災害防救辦公室。也可能因為中央政府資源（預算）較為充足，因此率先成立災害防救辦公室。地方政府面對災難第一線，也有成立災害防救辦公室之需要，卻因諸多因素，或可能政策窗仍未眞正開啓，因此，目前縣市政府並未眞正成立災害防救辦公室的組織（目前均以非正式方式組成）。再者，因為莫拉克風災災情過於龐大，非地方政府所能承受，因此當時的馬英九總統就將救災列為國軍重要任務。這項指示，也代表中央政府角色重新定位，使得積極參與救災成為中央政府的角色或責任。或可以說，大型災難來臨，通常會開啓政策窗，但政策窗的開啓並非永久，會出現或形成什麼議題，有時難以預測。

若同時就卡崔娜風災與莫拉克風災分析，中央（聯邦）政府的角色在大型災難後，會重新詮釋或定位。只是，制度因素會使得角色的變革（角色內涵與防救災成效）相當緩慢，甚至，如果政策配套不足，可能出現不同的問題。例如，國軍的核心任務是作戰不是救災，難免因救災教育訓練不足而出現盲點，而國軍因應募兵制的改變，也讓人力更為不足。加以地方政府不見得會珍惜寶貴的國軍人力資源，這些都是救災體系組織定位調整，所產生的配套問題。再以美國FEMA分析，FEMA原始設立的任務或角色，主要在防救災，是否包括國家安全（恐怖攻擊），這是FEMA最大的難題。Roberts (2006) 就指出，FEMA是1979年卡特總統在位時所成立，成立之初，卡特總統希望整合所有資源，但結果各重要專業仍散布在其他部分，難以發揮整合功能。原因之一是，為避開國會干擾，卡特只能選擇犧牲或弱化FEMA的專業性。

1992年美國前總統柯林頓（Clinton）入主白宮，James Lee Witt成為FEMA署長。Witt為讓FEMA專業化成為救災機關，成功說服國會，將國家安全任務從FEMA移除，近百位國安或反恐專長的官員遭移置或解職。不過2001年發生911恐攻事件後，美國聯邦政府於2002年11月25日成立國土安全部，2003年3月1日FEMA納入國土安全部，[7]自然又將國家安全任務納入FEMA。雖然恐攻事件也屬重大災難，但其核心價值和天然災害不同。例如，恐怖攻擊需要情報，執行過程通常必須保密，救災過程資訊則必須完全公開。因爲核心任務與執行方式的差異，難免影響FEMA防救災的角色定位。但或許這是FEMA的宿命與掙扎，以美國位居世界警察的角色，難以拒絕FEMA納入國家安全任務。

而從前文討論，可以確認的是，救災與國土安全（或國家安全）核心任務存在差異。美國之所以成立國土安全部，並將FEMA納爲所屬機關，主要也是因爲911恐怖攻擊之故。而目前我國在這部分是切割或不同的，但張中勇（2010）則認爲兩者是相關的。例如，有關我國國家安全主導機關主要是國家安全委員會、國家安全局、法務部調查局。至於我國救災體系，在中央政府部分，主要仍以行政院爲主軸，視不同災害屬性由不同部會主政；地方政府則漸往跨局處的方式，由災害防救辦公室統籌。由於我國在救災體系組織與人事配置，相對於先進國家如美國與日本仍較貧乏。我國目前由內政部（消防署）爲重要主軸，救災體系仍以防救災爲核心任務，未納國家安全事務。

Roberts (2006) 進一步指出，前述論辯類似FEMA組織設計「All Hazards」（全方位災難）面向的思維。救災全方位組織設計，固然有其資源運用的好處，但任務模糊，可能導致（專業）功能難以發揮。至於日本，設有防災擔當大臣（由內閣總理所任命），類似我們的政務委員。日本於2001年組織再造，將原本於國土廳下之「防災局」提升至內閣府，日本防災擔當大臣的職掌或職權很清楚，而且有170多位幕僚，協助防災擔當處理協調整合的問題。[8]由於日本是內閣制，日本首長安倍於2017年任命防災擔當大臣井上喜一，亦係具八屆眾議院議員資歷的閣員。[9]莫拉克風災後，有鑑於中央政府發現我國救災體系，並無事權統一的機關或組

7　https://www.fema.gov/about-agency，瀏覽日期：2018/10/10。

8　http://www.yucc.org.tw/news/domestic/20140911-5，瀏覽日期：2018/8/5。

9　http://www.cao.go.jp/minister/1711_h_okonogi/profile_en/index.html，瀏覽日期：2018/8/6。

織，於是成立行政院災害防救辦公室。辦公室主任爲常務文官，直接向行政院長負責。行政院災害防救辦公室主任既爲文官，且非部會首長，自然無法直接下令各部會，但如果行政院災害防救辦公室主任由政務委員兼任，或可解決跨部會協調的問題。

因此，臺灣是否籌設和部會同階的「災害防救總署」，如果定位爲防災有其必要性；若定位爲整合機關，則仍有待進一步研究。合理的論述是，目前防災業務項目主要分散在不同部會。若成立專責機關，總署長能由政務委員擔任，比較能解決跨部會整合問題；或者，這比較偏向日本模式（設於內閣府）。至於臺灣的政務委員是否擁有日本內閣府防災擔當大臣的職權，仍有討論空間。日本在內閣府下的總務省（類似我國的內政部）設有消防廳，內閣府設中央防災會議，並設有「防災擔當大臣」（相當於我們的部會首長，專責防救災統合）。災害來臨時，防災擔當大臣立即成爲內閣總理大臣（首相）的首席幕僚，內閣府的防災會議，除由17名閣員參加外（不含防災擔當），另有4名指定的公共機關首長，以及4名學者參加。

目前我國中央災害防救會報，似乎有類似的設計，不同的是，日本由防災擔當爲首，我國則以行政院長爲首。雖然我們災害防救辦公室的幕僚數，可能只有日本的十分之一（楊永年，2009b；2009d），但行政院災害防救辦公室的成立，提升了跨部會整合之功能。如果把臺灣的總人口數納入比較，日本人口約爲臺灣的六倍，因此就比率分析，臺灣行政院防災辦幕僚人員算略少於日本，但若將目前受科技部監督的「國家災害防救科技中心」（屬於行政法人）納入整合思考，防救災專責機關或結構，似乎就存在雛型。至於美國的FEMA，雖係緊急應變或災難處理的專責機關，惟設於國土安全部之下（並非獨立部會），比較特別的是，美國的消防署則隸屬於FEMA之下。合理的思維是，救災體系有其重要性、急迫性，的確需要在短時間內（動員）龐大（官僚體系）的人力投入，因此，如何建立事權統一的機制進行動員，有其必要。然而，由於救災體系具有多元領域特性，透過單一或專責的救災機關，仍可能存在運作或動員的盲點。

不過，救災體系之所以能發揮成效，很重要的是協調整合機制。也就是說，中央政府所屬的救災體系，如何在事權統一、專業性、多元性間取得平衡，仍是目前與未來救災體系的重要挑戰。如第四章所述，精省對於政府救災體系的協調整合造成負面衝擊，而且除了整合問題，也因精省前中央政府多負責政策形成與規劃，而省府則經常和執行面有許多的互動，使得中央政府（救災體系）的角色必須調整（必須體認少了省政府，中央政府就必須扮演政策執行的角色），再加上警消分立的因素，都直接或間接影響救災體系的動員。由於災難來臨通常具有緊急性，總統是否發布緊急命令有時有其必要性，例如921大地震，當時的李登輝總統就發布緊急命令。

依憲法增修條文第2條第3項規定：「總統為避免國家或人民遭遇緊急危難或應付財政經濟上重大變故，得經行政院會議之決議發布緊急命令，為必要之處置，不受憲法第四十三條之限制。但須於發布命令後十日內提交立法院追認，如立法院不同意時，該緊急命令立即失效。」至於莫拉克風災發生時，亦有人建議馬總統發布緊急命令，不過，當時可能考量災防法已足夠應付救災緊急之需求，而且還需立法院追認通過，存在政治不確定性，所以後來還是沒有發布緊急命令。[10]合理的論述是，是否發布緊急命令，只是表徵上的意義，安民心的作用可能大於實質作用。只是，考量政治風險（需立法院追認），因此沒有發布緊急命令。當然，如果對比921大地震災害規模，以及當時尚無「災防法」，莫拉克風災發布緊急命令的必要性就沒有很高。

第二節　組織位階

關於組織位階，應該思考的問題是，災害防救相關組織應該設定什麼位階，比較能發揮應有的救災成效？合理的回答是，影響救災成效的因

10 https://www.npf.org.tw/1/6334?County=%25E5%25BD%25B0%25E5%258C%2596%25E7%25B8%25A3&site=，瀏覽日期：2018/8/5。

素很多，組織位階只是因素之一。至於一般的認知是，防救災組織必須有能力或權力否則難以動員，所以組織設計會希望朝單一、集權的方式思考。不過，透過授權也可以有動員效果，因此動員效率有時與組織位階無關。例如救災列國軍重要任務，因此不待中央政府（國防部或應變中心）下令，在地駐軍就必須主動前往地方政府參與會議，並動員救災。再如，美國州長有權下令國民兵救災 (Roberts, 2006)，所以組織位階並非有效動員救災的唯一因素。不過，組織位階設計仍有其重要性，因為位階提供誘因、權力與資訊流通的要素。目前中央政府救災體系關鍵的三個部門：第一是災害防救辦公室；第二是消防署；第三是災害防救會報（含災害應變中心）。

關於行政院災害防救辦公室位階已在前節討論，以目前災害防救辦公室的位階與主任的職等，主要定位災害防救辦公室為行政院或中央災害防救會報（含委員會）的幕僚單位。具體而言，以行政院災害防救辦公室的位階來看，行政院災害防救辦公室可能沒有下指揮命令的職權或防救災政策的決策權。或者，若要下指揮命令，可能必須透過行政院長所主持的中央災害防救會報決策。問題又在於，災害應變中心的指揮官係中央災害防救會報召集人所指定之「業務」部會首長。至於中央災害防救會報召集人是行政院長，副召集人是行政院副院長，委員為政務委員暨各部會首長。還有，中央災害防救委員會依「中央災害防救委員會設置要點」第3點，主任委員由行政院副院長兼任，其餘委員由主任委員「報請本院院長就本院政務副秘書長及下列部會副首長一人派兼之」。因此，中央災害應變中心並不具防救災政策的決策權。

由於臺灣設置災害防救專責部門的時間較晚，加以考量員額控管問題，無法或難以滿足防災專責部門的人力。而這可能就是前述「災防法」第7條的用意，希望能成立專責的防災部門，只是行政機關為「節省人力」，只能以權宜措施，讓消防署兼辦防災業務。因此，就現階段而言，比較合理的思維是，防災業務應由行政院災害防救辦公室接手（不過行政院災害防救辦公室可能會認為其人力不足，組織規模不如日本內閣府下之防災局，所以可能也有其難處）。因為行政院災害防救辦公室係直屬行政院長的幕僚單位，比較有機會或能力進行跨部會的整合；消防署則是內政部轄下一級機關，其位階不易進行跨部會溝通或協調整合，重要的是，消防署的專業領域主要在火災，非火災相關的業務或任務，仍宜由專業或專責機關主政，避免任務過多，導致主要任務的執行。

因此，若要強化我國中央政府的防災能力，只能從強化行政院災害防救辦公室的人力與專業著手，或讓行政院災害防救辦公室擴充或改制成為防災署或防災部，但因涉及救災體系的層面很廣，仍得審慎規劃。同時也可思考，如何讓行政院災害防救辦公室擁有足夠的專業人力，以及行政院災害防救辦公室主任由政務委員或行政院副院長兼任，比較具跨部會整合能力。依「中央災害防救委員會設置要點」第5點：「本委員會設本院國家搜救指揮中心，統籌、調度國內各搜救單位資源，執行災害事故之人員搜救及緊急救護之運送任務。」由於國搜中心主要目的在統籌與整合國內搜救相關資源，因此，國搜中心在資源統合上，因集中或集權化，固然有資源運用的彈性，但也可能導致地方政府運用或申請彈性不足。

再依行政院國家搜救指揮中心設置要點組編表所示，國搜中心的督導、主任、副主任均為兼任，其他如搜救長、副搜救長、搜救官、外事官、協調官、業務人員、行政人員，也都係由相關機關調用或派兼。可能的原因在於，避免員額增加導致預算膨脹，所以透過兼任方式，解決幕僚人員不足問題。雖然國搜中心是法定單位，但因人員編制多非長設（或專任），難免影響其工作認同與工作承諾。至於災害防救政策的決策權，如前述相關法律規定與圖2-2所示就非常清楚。災防政策的決策權，應該是在中央災害防救會報。決策權可能不完全在行政院長（不過行政院長係會報召集人，因職位與職權，具有政策的實質影響力、代表性或重要的決策權），當然也不在行政院災害防救辦公室（因為係幕僚單位）。

再依「中央災害防救委員會設置要點」第2點，中央災害防救委員會的任務在「執行中央災害防救會報核定之災害防救政策、推動重大災害防救任務及措施」。同時該設置要點也規定，災害防救委員會有規劃與執行中央政府災害防救政策的責任。換言之，中央災害防救會報、中央災害防救委員會、行政院災害防救辦公室之分工其實很清楚，而整合的責任落在行政院（長），也相當清楚。如圖2-2所示，行政院是整個災害防救的最高指導與決策機關。也可以說，行政院負責防救災成敗之責，只是總統或行政院長爲表達關心，有時會前往災害應變中心視察，但因總統或行政院長，均非災害應變中心指揮官，因此理論上總統或行政院長，可能不宜在災害應變中心作防救災的政策形成、討論或指導，較佳的政策指示時機應在中央災害防救會報。

但因總統與行政院長負責防救災的政治責任，所以也不能完全否定或否決總統或行政院長在應變中心作指示的作爲。合理的論述是，災害應變中心偏資訊匯整的執行面，各部會代表進駐災害應變中心的人員，通常不會是部會首長。因此嚴格說來，災害應變中心應該缺乏防救災的決策能力。或者，因爲災害應變中心進駐人員的組合，可說是臨時任務編組，加以人員眾多，不容易作重要決策的討論（楊永年，2007）。因此，依「災防法」第14條，以及圖2-2顯示，災害應變中心設有緊急應變小組，主要目的在彈性因應災情之變化。再者，由於中央政府（救災體系）分工相當細密，再以圖2-2爲例說明，不同災害由不同部會主政或擔任指揮官。但有時會呈現複合式災難（如日本311海嘯，發生地震、海嘯與核電事故），所以由行政院長視災情，彈性指派災害應變中心的指揮官。

然而，災害防救有其專業性，也有其多元（領域）的特性，不一定所有進駐災害應變中心的官員或部會首長，都清楚災害應變之原理原則。換言之，救災體系運作已跳脫以「消防署」爲主軸的思維，具全方位的運作模式，雖係任務編組，但若能有順暢的災情資訊，災害應變中心與災害防救會報，應能適切進行跨部會資源整合，即時進行救災動員。不過，如何在平時或災害來臨前，就提供相關人員必要的教育訓練，也相當重要，而這也是目前或未來防救災人員（或至少是進駐災害應變中心人員）必須重視的課題。

第三節　組織結構

組織結構又稱組織架構，如同人體的骨架以及建築結構，組織結構在表達組織各單位連結的模式 (Kast and Rosenzweig, 1985: 234)，因此也可說是組織內部分工、運作、互動（溝通）的方式。所以，如果能將救災體系的組織結構研究清楚，就可了解救災體系的運作模式。依Bolman and Deal (1991) 的理論思維，除了結構型模（structural frame）外，還有人力資源（human resource）、政治（political）、表徵（symbolic）等型模。開啓以不同的型模，進行對救災組織（體系）的分析。換言之，救災體系至少可以分從前述四大型模，再深入研究。就「結構」的意義分析，由於組織理論發展的演講，對結構的定義或內涵也有差別。包括從科學管理理論、官僚體制、人群關係理論、系統理論、權力與政治理論、資訊科技與時代，以及民主時代與公共政策的影響等 (Shafritz and Ott, 1992; Rainey, 1991)，都對組織結構的定義重新詮釋。

前述依Bolman and Deal (1991: 48) 的看法，結構型模的基本假設有六：第一，組織存在是爲了完成既定目標；第二，存在最適合環境的組織結構；第三，也唯有結構與環境契合才能發揮最大的組織效能；第四，專業化可以提高工作表現；第五，協調與控制是組織效能不可或缺的要素；第六，組織發生的問題主要係因結構設計不當所引起。根據基本假設第一點，值得探討的是，救災體系的目標都在緊急搶救生命與財產。但是，如果能避免災害的發生，或即便災害來臨，也能避免生命財產的損失，應該也是救災體系的任務。但因爲防災不容易看到（搶救）績效，以致難以衡量，所以經常缺乏誘因。關於第二點，存在最適合環境的組織結構，值得探討的是，圖2-1與圖2-2是否是中央政府救災體系最適當的組織結構？若不是的話，什麼樣的結構（體系）比較會是最適合環境的組織結構？

關於前述問題，可以從兩方面論述，第一，探討目前環境的大問題在哪裡。例如前述，FEMA對於卡崔娜颶風帶來許多無法預測的災情，使得FEMA應變不及，也因此，經過大型災難後，政府都會重新檢視救災體系分工是否存在問題。921大地震後，中央與地方政府紛紛成立特搜隊，即是透過組織分工的調整，以因應環境（災害）之需求。而這樣的思考，正符合第三點的論述。但特搜隊爲取得正當性，專業化（訓練）是必須發展的方向，因此又和第四點有關。由於救災體系必須有系統思考與連結任何（單一）專業，必須再回到整個體系進行思考與設計，因此，這又連結到第五點，協調與控制的概念。特別是，不互相隸屬的單位或組織，如何能夠發展協調整合的機制；第二，藉由和國外救災體系組織結構之比較，或許可以爲救災體系找出比較適當的組織結構。例如，本書就會介紹日本與美國救災體系，惟因臺灣和日本與美國的體制不同，這點亦不能忽略。

或者，面對災害或災情環境的不確定性，宜有一套彈性的（組織結構）因應措施。基此，値得一提的是，FEMA持續進行國家事件管理系統（The National Incident Management System，簡稱NIMS）的發展與建置，透過彈性化（flexibility）、標準化（standardization）、齊力化（unity of effort），建構聯邦、州、地方政府與社區救災過程的協調聯繫與行動，該系統提供所有層級救災體系利害關係人合作的框架。針對這個系統，FEMA透過不斷演練並修正教材，目前這套系統教材已是第三版。藉由線上教學與教材，讓相關組織都能熟習這套系統，並能好好應用在實際救災案例上。[11] 這其實就是平實的救災整備工作（也可視爲防災），如同我國內政部消防署也在執行「深耕計畫」，惟是否落實或成效良好，也許還得進一步研究。

依美國救災體系運作的邏輯，聯邦對於州與地方政府的關係，是以支援或補充（supplement）而非取代（supplant）爲原則 (The White House, 2006: 12)。臺灣雖非聯邦制國家，但這樣的邏輯也應符合我們救災體系運作的邏輯，因爲地方政府站在第一線，有其應擔負的救災責任。只是實務運作上，補充與取代有時不易有清楚的界線，或中央與地方會存在認知的落差。再者，美國聯邦制（federalism）的邏輯，有其聯邦、州與地方角色的分野，法（通常是憲法）有明定的屬聯邦，未明定的職權則屬州或地

---

11 https://www.fema.gov/media-library-data/1508151197225-ced8c60378c3936adb92c1a3ee6f6564/FINAL_NIMS_2017.pdf，瀏覽日期：2018/8/6。

方政府。甚至緊急時，州長可向聯邦政府要求或直接下令國民兵投入救災 (The White House, 2006: 11; Roberts, 2006)。但可能因爲諸多因素，導致聯邦政府（或FEMA）介入協助卡崔娜風災的遲緩，因此Koliba、Mills and Zia (2011) 提出重新思考或定位聯邦主義，讓聯邦政府在災害來臨時，扮演更主動、積極與強大的角色。

臺灣已明定救災是國軍重要任務，所以在地方駐軍的國軍，有責任主動投入救災，所以我國縣市首長是否有權下令國軍配合，可能就不是那麼重要。再以圖2-1與圖2-2爲例說明，表面上看，這樣的救災體系設計，似乎相當完美，特別是圖2-2，顯示中央政府防救災組織結構相當完整。以莫拉克風災爲例，前述救災體系架構固然作了調整，但並無大幅修正。問題在於，何以這樣的結構模式，仍無法因應莫拉克風災，甚至導致當時的行政院長與半數閣員下臺？合理的解釋是，這是政治責任的展現，或災情無法即時掌握，後勤支援（含直升機）無法即時到位，導致民怨升起。因此，結構再怎麼完整，中央政府（災害應變中心）如果無法掌握即時災情，也難以發揮功能。而災情的掌握，或許可以透過（要求）地方政府通報，也可以透過衛星（遙測）提供災區資訊，或也可透過多元資訊管道，讓災區民眾直接傳送災情資訊，但通常爲掌握正確資訊，應有再確認動作。

爲因應災後重建龐大的事務，特別是災區重建，難以在短時間內完成。因此921大地震後，成立「行政院九二一震災災後重建推動委員會」；莫拉克風災後，成立「莫拉克風災重建委員會」，以持續進行災後重建工作。惟這兩個機關可說是專案組織，在一定期限內，就必須解編。這其實也是彈性組織結構的設計，以因應災區或災民的需求。比較重要的是，重建過程或經驗是否能夠傳承，雖然重建委員會只是專案組織，但仍投入可觀的人力與財力，如何讓這些經驗化成知識，值得努力。再者，除了重建工作，國家整備計畫也不能忽略，比較理想的做法是，根據過去救災與重建經驗，轉化成整備計畫。也許目前已有許多國家級的整備計畫在進行中。但是否存在宏觀願景、是否提供系統整備以及標準作業流程，以及國家整備系統是否具全面性，同時存在縣市、鄉鎮市區、社區積極投入之誘因，都有很多可以著力的空間。

再者，衛福部下亦設有臺北區、北區、中區、南區、高屏區、東區等六個緊急應變中心EOC（Emergency Operations Center）。[12]由於係隸屬衛福部，所以也算是中央政府緊急醫療功能組織設計的一部分。不過，這六個緊急應變中心多（附）設於教學醫院（急診部），其主要的功能在緊急醫療資訊的蒐集與資源運用，就緊急投入醫療救災的能量可能有限。例如，楊永年（2012）針對新營醫院大火，因撤離問題造成重大傷亡，因此指出EOC無責無權，導致功能不彰。主要的原因在於，EOC屬於臨時任務編組，其組織結構不完整，以致所能發揮的功能有限。這也是作者執行科技部計畫「救災醫療體系」的部分研究發現（楊永年，2013a），也就是說，醫療EOC是以專案計畫的方式，由各區教學醫院急診部撰寫形成專案計畫，向衛福部申請通過。

也因此，楊永年（2012a）針對新竹司馬庫斯發生13人死亡的重大車禍，指出縣市政府衛生局應扮演緊急醫療重要角色，原因是醫療資源動員的職權主要在衛生局，其行政人力相對亦較充裕。這類似消防局設有勤務指揮中心，因此衛生局也可以透過「災害應變中心」的思維，在大型災難時進行緊急醫療的動員。另外，同時受衛福部與原能會管轄的輻傷醫療，在2011年日本福島核電廠事故發生後，也受到關注。依原能會官網資訊顯示，輻傷急救責任醫院共分三級：第一級均係位於核電廠內的醫務室；第二級爲地區醫院；第三級爲醫學中心。[13]究竟輻傷醫療能否在核電廠事故時發揮應有功能，由於臺灣核電廠未曾發生重大核安事故，所以不容易預測，但從作者和日本輻傷醫療專家的接觸，似乎有改善空間（作者曾於2012年前往日本福島縣立醫科大學參訪輻傷醫療，同時感受到日本政府

12 http://seoc.hosp.ncku.edu.tw/EOC/eoc_1.aspx，瀏覽日期：2018/12/1。

13 https://www.aec.gov.tw/%E7%B7%8A%E6%80%A5%E6%87%89%E8%AE%8A/%E6%94%BF%E5%BA%9C%E5%B9%B3%E6%99%82%E6%BA%96%E5%82%99/%E6%95%B4%E5%82%99/%E5%85%B6%E4%BB%96/%E8%BC%BB%E5%82%B7%E8%99%95%E7%BD%AE%E8%88%87%E8%BC%BB%E5%82%B7%E8%B2%AC%E4%BB%BB%E9%86%AB%E9%99%A2--5_43_155_899_3554.html，瀏覽日期：2019/1/31。

在福島核電廠事故發生後，對充實輻傷醫療資源相當重視）。比較重要的是，福島縣立醫科大學輻傷醫療設備，遠優於我國輻傷醫療三級醫院（醫學中心）。

第四節　人力資源

除了組織結構設計，不能忽略人的因素，所謂人的因素，這部分在Bolman and Deal (1991: 121) 人力資源型模（human resource frame）的觀點，其背後也是激勵理論的重點。至於人力資源型模主要的重點有四：第一，組織的存在是為人類需求而設立；第二，人與組織互相需求；第三，當人與組織契合弱，則任何一方，或兩者都會覺得痛苦，可能導致個人會被不當利用，或個人不當利用組織；第四，當人與組織契合存在，雙方才會獲利，人們才會感覺工作是有意義的，是有滿足感的，而組織也會獲得所需要的員工天賦與能量。探討組織與人契合的核心是需求，至於背後的基礎理論是激勵理論，至於在實務應用上，則和人力資源或人事行政系統有關。根據過去幾年所發生的大型災害，可以印證救災體系的重要性與必要性。

但是否能找到適當的人力資源，或現有的人力資源是否足以應因各種不同的災害。這部分和救災人員的能力或工作表現有關，面對災害多元化，救災體系成員如何因應，會是持續的挑戰 (Owen, 2014)，其內涵包括救災人員面臨的壓力、想法、危險、創傷，以及危機溝通與決策等，或者，現有防救災人力資源與救災體系的契合度如何，以及現有的獎勵制度或激勵系統，是否足以滿足防救災人員的需求，都可能影響救災人員的態度與工作表現。例如，消防體系雖僅是救災體系的一環，在警察與消防分立後，因為消防組織完全地方化，除了教育訓練與任用外，消防相關人事升遷與調動，完全屬於地方政府（縣市長）的權限，消防人員的人事系統難免存在較多的權力與政治考量。換言之，我們創造了救災體系，有了組織結構分工的設計，這樣的結構設計是否符合救災體系內所有人的需求，包括從工作分析、選才、考試、任用、培訓、獎勵、薪資、休假、權益保障等，有無合理的機制；或者，能否開發或找到適當的防救災人力資源，就有許多研究與討論的空間。

應該說，救災體系人力資源存在兩個層次的問題：第一是人力資源是否充足；第二是人力資源是否認同救災體系設計，而願為救災體系的功能效力。從我國救災體系的發展歷程可以發現，某種程度是在反應災害應變的不足，思考救災體系如何調整或變革，比較能發揮防救災的功能。但因為政府財政問題，對於人力增加設下許多關卡或門檻，加上中央到地方政府救災體系組織未正式化（目前僅行政院災害防救辦公室為正式單位），只能以非正式的方式要求其他組織兼任或協助救災相關事務。如第三章所述，警消分立將警察投入救災的人力與能量抽離，莫拉克風災後將國軍投入救災正式化，但國軍畢竟屬於暫時性人力不是專業防救災人力。再如本書第三章提到的高雄氣爆與桃園敬鵬大火案例，都和環保署或環保局轄管的化學（易爆與易燃）物有關。

當知識與資訊在環保機關，執行卻在消防機關，難免出現整合或資訊不對稱（information asymmetry）的問題 (North, 1990)。而以現今資訊科技發達的趨勢，研發或解決資訊不對稱的問題，或許是可行的方式。或者，這也是消防專業（人力）支援不足的問題，針對這個議題，救災體系從中央到地方政府，僅中央政府的行政院災害防救辦公室為法定組織且擁有專職人員。其他地方政府災害防救辦公室在本書第七章救災體系下的地方政府將有論述，目前中央與地方政府曾試圖以增加業務但不增加人力的方式處理，但這可能使得災害防救專業功能的發揮受到限制。因為災害防救係新興議題，但政府資源有限，難免產生排擠作用（這背後也可能和權力與政治有關），也使得救災體系難以朝更專業化（組織與人力設計）的方向發展。

因此，接下來的問題會是，如何讓專業（非屬消防）防救災人力，設計專屬的公務人力職系。不過，這部分涉及跨院的業務，因為國家考試係由考試院辦理，救災體系或用人機關則主要在行政院，難免增加設置專業化職系的難度。嚴格說來，比較合理的防救災專業化人力需求評估，應從人力資源管理領域的工作分析開始。換言之，究竟一位專職的防救災人員，應該從事什麼樣的工作，而且不只是防救災人員，所有政府公職人員，都應進行詳細的工作分析，然後整理出工作說明書，因此工作分析可說是相當基礎的事項或內涵。因爲透過工作分析，會產出詳細的工作內容、工作責任、工作範圍，以及釐清上級與部屬之間的關係。有了工作說明書，也比較清楚選才（選定防救災人員的工作專長）、教育訓練，以及績效評估的標準。在這部分，Dessler (2005: 110-149) 就有詳細與繁複的工作分析方法的介紹。

要做好工作分析，有一定的程序與人力資源需要投入。只是，在這部分並未受到政府體系的重視。因爲救災體系相關職位的工作分析不夠周延，於是導致工作內容、責任、範圍的模糊，影響防救災的工作成效。雖然工作分析的資訊有其必要性與重要性，但因爲工作環境不斷在改變，再加上不同個人對工作內容或工作說明書詮釋可能存在差異，使得工作內容存在動態性，難免使得工作分析的正確性遭到質疑。Morgeson and Campion (2000) 就指出工作分析可能存在潛在的社會與認知落差，導致工作分析存在某種程度的不正確。因此，如果少了工作分析或工作說明書的內涵，就可能少了理性討論或分析的資訊與空間。例如，對於第一線消防人員，有關捕蜂、捉蛇、易爆炸（化學）藥品的管制與防救災（例如敬鵬大火與高雄氣爆），以及屬支援人力的國軍救災工作項目與內容，究竟和相關機關（組織）應該劃定什麼樣的界線，或採取什麼樣的分工方式，目前似乎仍存在許多模糊地帶，也存在諸多不確定的風險。

第五節　總統

總統係國家最高領導者，有諸多法定或正式職權。關於總統的正式職權，例如憲法第35條規定：「總統爲國家元首，對外代表中華民國。」第36條規定：「總統統率全國陸海空軍。」憲法增修條文第2條規定，總統有直接任命行政院長之權；考試院長與副院長、監察院長與副院長、司法院長與副院長，總統均有提名權。由於總統擁有龐大職權，可以說行政資源豐沛，可以動員的救災資源，可能比行政院長還要豐富。例如，馬前總統將救災列爲國軍重要任務，由總統下令或啓動，國軍很快就主動支援救災行動。也由於總統居領導者的位階，宜扮演願景創造或政策形成的角色。但依圖2-2所示，救災體系分工上並無總統的直接角色，因此，總統固然代表國家最高領導者，理論上有指揮與監督救災體系的權力，但嚴格說來應屬於間接責任，因爲救災體系最高領導者爲行政院長，係由總統任命。

參考本書第一章美國前總統歐巴馬，於2012年直接指揮聯邦政府，因應珊迪颶風所展現危機處理能力的個案。以921大地震規模的災難爲例，若臺灣也以總統之尊，指揮五院進行救災，也許能獲民意高度支持。可以解釋的是，大規模災難可能因爲影響層面過大，或若可能涉及國家安全，那麼由總統介入的合理性就提高很多。再以2020年1月2日一架黑鷹直升機在新北市與烏來交界處迫降（墜落）爲例，因其造成包括參謀總長在內的8名國軍人員死亡，這也是歷史上國軍飛機失事官階最高將領殉職的個案。由於正值臺灣總統大選期間，三位總統候選人均公開宣布，暫停競選活動。這起個案可歸類爲國家災難，可能涉及國家安全，而總統又是三軍統帥，因此總統介入指揮或處理有其正當性。

至於黑鷹墜機事件在實際救災運作上，似可以將運作的層次拉高，由總統以三軍統帥的名義，召集國安會與行政院成立類似「災害應變中心」的危機處理或因應中心（必要時可要求立法、司法、考試與監察院派員參加），進行任務指派與分工整合的工作。基此，亦可以救災體系或災害應變機制爲基礎，讓行政院扮演救災（搜救）與飛行安全（由飛安會主責）的任務。至於國軍人事布局、國軍士氣，以及其他國家安全等議題，則屬總統職權，由總統直接主導，有其正當性與必要性；而國家安全委員會（有如我國行政院下的災害防救辦公室），即扮演總統最重要的幕僚機關角色，必須協助總統作相關協調整合工作。因此，如果總統能做好前述墜機事件後續任務的分工與整合工作，讓國軍展現穩定，讓民眾安心，這就是最佳的競選活動。

而2004年3月19日發生的319槍擊案，因爲當時的總統（也是總統候選人）遭受槍擊事件，引發國人關切。由於是總統遭受槍擊，等同於重大的國安事件或國家災難。因此，亦應啓動國安機制作全面性的因應（包括調查），它不僅是單純的刑事偵查案件。理由在於，臺灣是槍枝管制嚴格的國家，僅國軍與警察可以合法擁有與使用槍枝，所以涉嫌槍擊案的嫌犯，除了一般民眾，也可能是軍警人員。然而，根據作者觀察，319槍擊案一直被定位爲「刑事案件」，等於壓低了調查或因應的層級。若以本書圖2-3進行分析，原本應屬國安層次的槍擊案（資訊），因爲被定位爲刑事案件，其所能動員的行政或政治資源相對就較爲不足，組織間合作（包括跨院、跨部會、跨局處）當然也可能不足。例如，當時由內政部警政署刑事警察局主辦，層級之低根本無法或難以動員國家資源進行調查。

或許，這也是許多國人對於319槍擊案，認爲眞相未明的重點原因。當然，寫到這裡，讀者有可能會感覺好像不在救災體系論述的範疇。但如前述，如果將總統槍擊事件視同重大的國家安全事件，讓總統（政府）主導救災體系因應，如此就有關連性。如果從這樣的思維分析，救災體系的背後，同樣離不開權力與政治，這某種程度也印證Guggenheim (2014) 指出的，災難是政治，政治也是災難。救災體系是在整個政治系統之下，有時帶有濃厚的政治性，也就不足爲奇。那麼，也誠如本書序言所提，災難政治學似也可以發展成重要的學術研究領域。畢竟，政治所掌握的資源遠大於行政（救災體系）；政治的位階高於行政。也因此，政治領導者（總統）對於災難或救災的價值、態度與行爲就很重要，而這也反映在總統對於救災或災害應變的願景。

Conger and Kanugo (1987) 定義願景是理想化的目標，套用在救災體系，總統宜設定救災體系理想化的目標，讓救災體系成員都有一致的理想或目標，甚至願景也可獲得所有政策利害關係人的認同。因此，總統的位階或角色，不在解決個案或個別的問題，而是透過願景的建立，關切通案或整體的情形。從這個角度分析總統在救災體系扮演的角色，歷任總統均有前往災區探訪的前例。從蔣經國前總統開始，就有下鄉探訪視察災區的行程，而且經常因陋就簡。[14] 1999年李登輝前總統於921大地震賑災期間，搭直升機前往南投縣埔里鎮視察，結果直升機因強風掃樹，造成一死三傷。[15] 2007年陳水扁前總統至屏東勘災，遭紅衣女子抗議。[16] 2009年馬英九前總統前往災區視察，說「我這不是來了嗎？」引發討論。[17] 2018年蔡總統搭國軍的雲豹裝甲車勘災，同樣引發許多討論。[18] 這代表總統是否前往災區、在什麼時機前往，以及應有什麼準備或談話，都是可以討論的議題。

也許，總統在救災體系的角色定位，主要在慰藉與安撫災民受創的心理與心靈；若然，應思考的是，如何在不影響防救災，以及提升救災體系效能的前提下，進行總統出訪災區的活動設計。有如本書第七章第三節有關表徵者角色之描述，是形式上或表象上的功能。這也像日本天皇夫婦，通常會在不影響救災的情形下，前往庇護所或避難所訪視災民，災民也多會感受到天皇夫婦的關心，所以多能獲得災民的肯定。雖然總統與天皇背後的體制設計不同，不宜相提並論，但從功能發揮的效果，是類似的。總統固然有諸多角色可以扮演，但以最高領導者的角色，似乎比較應從願景的角色或角度切入（或防救災發展的大方向），這比較像是救災政策形成前的指導原則，通常具有高度理想性。只是，爲避免願景過於理想或不切實際，Nanus (1992: 8) 關心的不只是願景的產生，還包括願景的發展與實施，他進一步認爲願景應該是具體的、被認同的、具吸引力的組織未來藍圖。

重要的是，這願景是否能和救災政策的形成、規劃、執行，作有系統的連結。但可能因爲政治文化因素，有些災民仍期待總統到災區視察。Senge (1990: 9) 在其所著的《第五項修練》（*The Fifth Discipline*）一書中也提到願景的重要，但他強調建立共同願景，不只是領導者有願景，更要

14 http://www.chinatimes.com/realtimenews/20180829002610-260407，瀏覽日期：2018/9/2。
15 http://forums.chinatimes.com/report/921_quake/88092708.htm，瀏覽日期：2018/9/2。
16 https://news.tvbs.com.tw/entry/314556，瀏覽日期：2018/9/2。
17 https://www.setn.com/News.aspx?NewsID=108091，瀏覽日期：2018/9/2。
18 https://www.mirrormedia.mg/story/20180826soc007/，瀏覽日期：2019/1/30。

激發屬員產生自我願景，再從組織成員的共同願景提升工作承諾，形成自發性而非被動的工作動機與行為，激發組織整體的動力，以完成組織願景。應該說，這存在授能（empowerment）的意涵在內（楊永年，2006：153-154），形成激發潛能的力量。或者，這樣的考量就不只是由上而下，還包括由下而上的思維。也就是說，總統的救災願景思維，應該要能帶動救災體系所有組織與個人對救災願景的認同，甚至產生自我的救災願景思維，災害防救的能量才會擴大。

如果套用在總統的領導角色，總統提出救災願景，至於願景的規劃與執行，則由行政院長扮演角色。當然，這涉及到總統與行政院長的分工與整合，或依Senge的概念，兩者角色應作緊密連結。由於總統係國家元首，外出視察會存在國家安全問題，所以通常會以高規格的維安，以維護總統的人身安全。這或許可以解釋李前總統與蔡英文總統前往災區，出現前述國家安全與民眾安全存在的（認知）行為扞格案例。首長的角色或責任不只在勘災（也許比較正確的用語應該是視察，勘災比較是專業人員的工作），還有資訊分享、資源配置與跨域整合的責任（楊永年，2018c）。比較合理的思考是，以總統的願景高度，涵蓋資訊、動員與組織間合作三大要素，應檢視救災體系是否存在調整或變革的必要，而不是將時間花在勘災或直接救災的議題上。

如本書第一章所提的澳洲森林大火案例，總理前往災區視察，民眾拒絕和他握手。主要的原因是，居民感受不到總理對救災的用心，災民同時揚言不再投票給莫里森。甚至當澳洲大火災情還在持續時，首都雪梨仍堅持續辦跨年煙火的活動，理由是鉅額的前置作業成本已經投入，無法中止合約。這隱含在面對重大災難，體制可能難以彈性因應。再者，總統安全和國家安全幾乎也可劃上等號，因此總統外出視察都有國安人員陪同（或國安人員也是廣義的幕僚）。只是從國家安全的角度，似乎和總統希望「親民」或希望接近民眾並進行勘災的角色（功能）有所衝突。這點顧慮和前述FEMA納入反恐任務的邏輯思維似乎相同，國家安全和災害防救兩個核心任務存在差異，這更讓總統出訪災區，應有更縝密的規劃。雖然各國最高領導者，也多會有前往災區視察或關心的作為，只是其表徵（或安撫）作用可能大於實質（防救災）作用。

第六節　行政院長

臺灣總統係民選產生，但政府行政體制設計有「雙首長」制的內涵，因爲行政院長是國家最高行政首長，惟係由總統任命，因此通常行政院長尊重或聽從總統的執政意志。無論如何，行政院長係最高的行政首長，依本書圖2-1，其有協調與整合跨政府層級、跨部會資源的權力與責任，且擁有龐大的行政資源，有諸多彈性運用的空間。如圖2-2所示，行政院長爲災害防救會報召集人（「災害防救災法」第7條亦有明確規定），副院長爲副召集人，委員包括政務委員、秘書長、政務副秘書長、部會首長，以及專家學者等。另設有災害防救委員會，在位階上，係災害防救會報的下屬單位，因由行政院副院長擔任主任委員，政務委員與內政部長擔任副主任委員，執行長由政務委員兼任，委員則由政務副秘書長與部會副首長兼任。依圖2-2所示，災害防救會報與災害防救委員會兩者重疊性高，最大的差別在於兩者分別由首長與副首長擔任召集人或主委。

合理的說法是，防救災政策在災害防救會報形成，並在災害防救委員會作進一步的政策規劃與執行。前段陳述於「災害防救法」第二章災害防救組織第6條與第7條有清楚內容，第6條明定行政院設中央災害防救會報，決定災害防救之基本方針、核定災害防救基本計畫、政策與措施，並負責督導考核中央與地方政府災害防救事項。第7條明定：「爲執行中央災害防救會報核定之災害防救政策，推動重大災害防救任務與措施，行政院設中央災害防救委員會，……並設行政院災害防救辦公室……行政院災害防救專家諮詢委員會、國家災害防救科技中心提供中央災害防救會報及中央災害防救委員會，有關災害防救工作之相關諮詢，加速災害防救科技研發及落實，強化災害防救政策及措施。……中央災害防救委員會設行政院國家搜救指揮中心，統籌、調度國內各搜救單位資源，執行災害事故之人員搜救及緊急救護之運送任務。」

基此，「災防法」及圖2-2都顯示，行政院長擁有動員政府救災體系的職權、調度各部會行政資源救災的權力、督導考核縣市政府災防政策與業務之權限，並有國家災害防救科技研究中心，以及災害防救專家諮詢委員會，可以提供專業防救災諮詢意見。換言之，行政院長比總統在救災體系動員或執行上更有實權，當然也更有責任。不過，問題又在於縣市政府處救災體系運作的最前線，部分災情訊息的掌握可能不如縣市政府來的精確，因爲除了發生了什麼災情外，還有地理人文因素或訊息不易有系統掌握。當然，是否因爲如此，總統或行政院長就必須親自前往縣市視察災情，有討論空間。因爲，如果災情龐大，行政院長所能前往的災區將會受限。或如同前述討論總統角色的內容，行政院長可扮演的角色很多，不只是前往災區視察，更有權力與責任，進行政府組織體系動員，並促進組織（機關）間的整合與合作。

再依圖2-2顯示，防救災最高的政策形成與討論，係在中央災害防救會報進行，可以推論，中央災害防救會報係行政院（長）動員救災體系，最高也是最重要的火車頭。至於中央災害防救會報召開的頻率，似乎沒有固定規律，每年從零次至四次不等。從2001年中央災害防救會報召開第一次會議，至2018年5月25日止，共召開三十八次會議。[19]從這些會議紀錄檢視，平均每年召開大約兩次會議，但2008年未召開，有些年分僅召開一次，最高則有每年召開四次的紀錄。2010年、2011年、2012年與2013年分別都召開四次會議，2010年主要討論2009年莫拉克風災相關議題，並於2010年12月28日討論「中央災害防救組織要點」報告，同時定調中央災害防救會報爲「政策平臺」，中央災害防救災委員會爲「協調平臺」，行政院災害防救辦公室爲會報及委員會的「幕僚單位」，內政部消防署爲災害防救業務「執行機關」。

之所以會有前述災害防救會報與災害防救委員會的討論，可能的原因在於各單位的定位、單位、功能或屬性不明，才必須在會報作進一步的討

19 https://www.cdprc.ey.gov.tw/news.aspx?n=F4E83CEA84EF03EF&sms=DB45EECA5EEB88A8，瀏覽日期：2018/9/16。

論。2011年因爲日本海嘯與核電廠事故，所以也召開四次會報。2012年仍零星討論日本311海嘯與核電事故、莫拉克風災議題、地震與防災議題，2013年持續進行2012年相關議題進行討論。2014年之後，除2016年召開三次會報（因政黨輪替），其餘多召開兩次。若依中央災害防救會報召開的頻率，似乎和發生重大災害的頻率有關。比較特別的是，2011年日本福島核電事故，可能因爲臺灣的地理位置鄰近日本，也可能因爲媒體大幅報導，導致國人（含政治與媒體）對核安議題的重視，因此多次會報均有核能安全或複合型災害應變的討論。由於大環境不斷在改變，使得防救災政策有些也得跟著調整。中央災害防救會報召開的頻率，可能和首長是否重視有關，也可能和重大災害發生頻率有關。

再從中央災害防救會報討論的內容來看，的確是比較屬於政策層次的內容，比較少針對即時的災害進行討論或檢討，也許這和幕僚的準備作業需要時間有關。也因此，行政院在面臨重大災害的政策論述上，就可能不夠系統化，出現2018年8月23日水災的「政治口水」問題（楊永年，2018d）。或者，不論執政黨或反對黨，都在針對治水成功或失敗進行論辯，但卻缺乏實證資料呈現的說明。或者，南臺灣有很多地區淹水，背後是否和治水工程有關連性，因爲資訊不足，所以都難以論斷。以致媒體報導的論辯，僅有政治（責任）的攻防，並無實質的政策檢討。換言之，這可能也是中央災害防救會報的定位問題。或者以目前中央災害防救會報運作模式，並不在近期將發生或發生不久的重大災害進行討論。而災害應變中心，依目前的運作模式，只是負責執行災害問題或議題因應的臨時任務編組。

理論上，因應、處理或預防立即（可能）發生的大型災害，都存在跨部會整合的問題。所以需要有類似「中央災害防救會報」的召開，但以目前體制，會議召開的邏輯已有「業務化」傾向。以致行政院（長）可能另有團隊或幕僚，針對立即大型的災害擬定或進行因應。在此情形下，防救災政策就可能出現跨部會整合的不足。再者，部會首長的任命也可能導致救災體系運作存在模糊空間。以目前臺灣政策制度，部會首長多由總統任命，少有由行政院長任命的部會首長，這背後涉及政治體制上的總統制、雙首長制（我國）、內閣制的議題。基此，如果再加上行政院長與部會首長任期多不會很長，將中央災害防救會報以臨時任務編組稱呼，實不為過。或者，從救災體系運作的角度，雙首長制比較難以發揮協調整合的功能；總統制或內閣制則比較能發揮救災體系動員或整合的功能。

前述有關總統制與內閣制的問題仍有討論空間，以日本為例，關於2019年10月發生的颱風19號。首相安倍除了前往避難所探訪災民，也有閣員陪同首相前往災區視察，就像臺灣的行政院長也會視察災情一樣。但是否日本內閣制的跨部會協調整合功能，就一定較總統制或雙首長制為優，可能還有討論空間；應該說，不同的制度可能會存在不同的問題。例如2005年的卡崔娜風災期間，當時的美國總統小布希適逢休假期間，其專機從災區上空飛過，卻未見小布希總統表示關切，同時仍依既定行程休假，雖然針對此事，媒體有一些報導與討論，但未遭媒體與民眾重大的責難。綜言之，總統制或內閣制背後的體制因素固然會影響救災成效，但不同的總統與行政院長，因為對救災體系的熟悉度與重視度不同，也可能產生不同的救災效能。

第七章

救災體系——地方政府

地方政府的內涵包括直轄市、縣市政府，以及鄉鎮市區公所，均扮演災害防救政策執行的重要角色，係救災體系應最先採取行動的政府層級。例如，Col (2007) 認爲地方政府在採取主動作爲保護民眾行動過程中，扮演關鍵角色。但因爲諸多因素（下文有詳細說明），使得地方政府難以發揮應有功能。本章即在探討地方政府在救災體系的定位、問題與困境。Ostrum、Bish and Ostrum (1988: 19-20) 認爲美國地方政府在民主政治中，係根基於自我選擇、自我治理或自我政府（self-governance or self-government）的概念。所以民眾可以用腳投票，或選擇宜居的地方政府（城市）居住。根據這個思維，地方政府盡其所能，在有限的防救災資源下，建置健全完整或自我治理的地方層級救災體系。不過，臺灣成立六都後，許多鄉鎮市改爲區。最重要的是，民選的鄉鎮市長改爲官派的區長，也使得鄉鎮市區自主防災可動員的能量下降。主要原因在於官派區長的自主決策能力較低，以及部分資源（如清潔隊）移由直轄市政府掌控。

應該說，地方政府應擔負起第一線的救災任務，Roberts (2006) 指出卡崔娜颶風救災過程，聯邦與地方政府雙重失靈，首先是地方政府對於貧民區太晚發布撤離命令與行動，至於州與聯邦政府則過晚提供救援與重建物資，導致問題進一步惡化。而當災難規模擴大，非地方政府能力所及，就必須有區域（其他縣市）或中央政府的支援，前提是地方政府必須先提供災害資訊或向中央政府提出請求。作者觀察2019年10月12日侵襲日本的19號颱風，日本一位地方政府首長表示，針對無法積極協助轄區災民撤離導致民眾死亡，表示遺憾。[1] Kusumasari、Alam and Siddiqui (2010) 亦認爲地方政府比較熟悉社區，所以應擔負的救災責任較大。Perry and Mushkatel (1984) 則認爲災難管理在地方政府執行，惟中央政府擁有的資源明顯較多，責任其實更大。

O'Leary (2004: 1) 表示，所有災難發生，比較能期待地方層級政府或社區民間，在七十二小時的黃金救災時間發揮救災效能，這同樣點出地方政府在救災體系的關鍵性角色與地位。主要的理由在於，地方政府最接近

1　當時適逢作者於日本關西學院大學講學研究中。

災區，對於災區的地理與人文環境也最爲熟悉；最能掌握災情資訊，也清楚有什麼資源，以及應該投入什麼資源。但Cigler (1987) 指出，通常地方政府對於防災資源的投注，多放在低優先的順序。Kusumasari、Alam and Siddiqui (2010) 也提出，地方政府經常將防災視爲經常性的業務，以致難以因應防救災需快速變革，也就難以因應災難的發生。至於地方政府應該扮演什麼角色，Drabek and Hoetmer (1991) 指出，地方政府應重視複雜的緊急應變管理與整合緊急應變管理。這某種程度在點出地方政府對於災害應變體系，可能不夠重視，也可能因爲缺乏相關知識，使得地方政府救災體系運作不甚健全。

Skinner and Mersham (2002: 13) 則指出，地方政府應針對災情訊息進行行動計畫與目標的設定。只不過，大型災難的來臨，通常超乎地方政府的緊急應變能力。而且，因爲體制或制度的差異，導致各國地方政府在救災體系的定位（或緊急應變的角色與能力）有所不同。雖然如此，地方政府在整個救災體系的任務或定位，亦有其相似性，因爲針對大型災難，地方政府或地方民間團體都必須在最短時間，作最有效的政策或策略因應。因此，救災體系運作或（政策）執行，地方政府比中央政府的責任更大（楊永年，2014）。主要理由有四：

第一，中央政府主要的角色在政策的形成，還有部分政策的規劃；地方政府的角色則主要在政策執行，爲能有良好的執行的成效，若能做好政策規劃，將有助政策執行。國軍投入救災，固然展現救災的高度與器度（也有實務運作的必要性），但同時讓中央與地方在救災體系政策執行的責任變得模糊；第二，地方政府在第一線面對災難，通常最能掌握在地災情，因爲存在既有的政策網絡；第三，地方政府（相較於中央政府）最清楚轄區狀況，因此災害來臨時，中央政府（含警察系統、消防系統、衛生系統）都需要地方政府相關單位具體通報災情；第四，依「災防法」規定，縣市政府係（地方政府）災防項目的主管機關。

雖然縣市長係民選產生，擁有自主防救資源，但實際運作上，中央政府擁有的防救災資源高於地方政府，包括政府預算以及所掌握的人力資源，地方政府均無法和中央政府比擬。加以人事、主計、警政、政風等四大系統，同時由中央與地方政府（共同）管理，導致中央與地方防救災責任屬誰，有時會顯得模糊，也因此產生許多爭議，造成相互推諉的問題。而這其實可以針對問題，進行理性的救災工作分析研究，特別是透過每次執行大型災難防救災工作產生爭議的案例，進行深度檢討。在此前提下，可以有詳細的檢討報告，並釐清中央與地方防救災責任歸屬。只是，類似中央與縣市政府防救災責任歸屬爭議經常發生，卻鮮少有理性討論（檢討）如何避免爭議並促進救災體系的成效。

雖然中央與地方政府面對救災議題，應攜手合作（或建立府際關係合作機制），這樣的思維比較健康。更重要的是，如何避免同樣問題或爭議重複發生，主要的關鍵還是在於相關首長的態度 (Kusumasari, Alam, and Siddiqui, 2010)，特別是災難如果久未發生，通常就會疏於規劃，對於政策執行或防救災演練，就比較不足。關於這部分，1995年1月17日在日本神戶發生的阪神大地震，神戶市政府的做法値得參考。大地震災後每年1月17日，神戶市政府（通常由市長主持）都會舉辦紀念與追悼會。以2019年1月17日爲例，參加這場活動的人數約8,000人，而這除了追悼外，也在提醒民眾要記住大地震造成的傷害。[2] 此外，爲記錄阪神大地震，還設計了一個大型的地震博物館，並成爲重要的環境（地震）教育場所。而且，在兵庫縣政府支持下，於西宮市仁川百合野町，也設了一個小型的災害（土石流）博物館。

因爲阪神大地震造成土石崩塌導致多位民眾傷亡，仁川百合野町小型博物館同樣具有重要的防災教育意義，也顯示日本政府對防災教育的重視。Brannigan (2015: 91-92) 指出，位於岩手縣東南方的釜石市（Kamaishi City）在311東日本大地震發生海嘯，共奪走1,046條人命。但全市共2,900位中小學生，卻只有5位學生罹難，主要的原因在於紮實的防災教育與不斷進行的防災演練，他們從海嘯的物理特性與歷史進行教學，因此發生規模9的大地震後，老師與學生已有警覺，中學生牽著年紀小的

2　https://www.city.kobe.lg.jp/a44881/bosai/hanshinawaji/fukko/hanshinawaji.html，瀏覽日期：2019/5/24。

學生，以及年紀大的老人，還有些行動不便的老人，以背的方式一起前往地勢較高的小山移動並集結。因此，兩個學校的所有老師與學生，包括350位小學生、212位國中生，以及21位老師，全部逃過這場海嘯的劫難。這故事也許不是唯一，重點在於，對於防災教育的重視，以及不斷的進行防災演練，絕對具有保命的效果。

而前述的具體故事，由日本著名的NHK電視臺進行採訪，並著成書《311的釜石奇蹟》，當事人也希望這故事一百年後仍能流傳下去。內容描述當天大地震後，與海嘯來臨前，這些小學生們之間的對話與逃生行爲的產生。大地震發生的時間是2011年（平成23年）3月11日（金曜日，星期五）14時46分18秒（日本時間），而釜石小學當天是縮短上課時間，因此地震發生時，學生多在校外玩耍（或不在校內）。9位原本相約在海邊釣魚的六年級學生（7男2女），面對大地震後的相互討論，決定立即逃生。因爲釜石小學防災教育的成功，184位小學生全部生還，有些小學生不只救了自己，也救了他的家人。[3]合理的論述是，海嘯的防災教育如何進一步落實到生活中、如何將防救災轉化成中小學生的活教材，是非常重要的課題。

依Ostrum、Bish and Ostrum (1988: 53) 的說法，美國地方政府有偏國家化的傾向，也就是聯邦政府的介入愈來愈多（深）。理由在於經常要解決河川治理、洪水、疏濬、港口等出現的問題，都和跨域議題有關，多有中央經費或政策介入。因此，縣市政府救災過程，也可能存在中央政府影響或介入的情形，因此失去自主性或主導性。例如，縣市政府的主計、政風、人事、警政，均屬一條鞭的人事系統，簡單地說，縣市政府這四個局處雖受縣市首長領導，但同時受中央政府的指揮監督，而這四個局處首長的人事權，並不完全屬於縣市長。至於縣市政府其他局處人事首長人事權，雖係縣市首長權限，但也都各自和中央政府（部會）有業務對口。因此，就縣市政府組織結構分析，救災體系運作似亦存在中央政府的影響，在責任釐清或責任追究上，就經常顯得模糊。

3 https://www.thenewslens.com/article/105287，瀏覽日期：2019/5/24。

再者，由於縣市首長均爲民選，其權力來源並不屬於中央，使得中央與縣市政府之間，就不完全是上級與下級的關係。或者，縣市政府首長也就不會完全聽命於中央政府的指揮，這樣的結構設計模式，和美國地方政府就有所不同。例如，美國有些地方政府（含州政府）的主計長、檢察長，係直接民選產生，所以美國地方政府首長的職權，在有些部分也不比臺灣縣市政府首長來得大。臺灣縣市首長在動員防救災資源上，也難免和中央政府密切相關。由於政府資源有限，中央與縣市政府難免因爲資源分配議題，使得權力與政治議題或問題變得重要。如果再加上選舉或選票壓力，以及對於救災政治責任的釐清與負擔，中央與縣市首長們就會變得更爲謹慎。由於大型災難發生，經常造成龐大傷亡，同時也造成眾多災民的生計受到影響。

因此救災離不開社會救助，特別是受災戶，有些找不到住居所，或因家庭成員的死亡、變故、重傷、失聯，或因爲受災戶的多重因素，需要社會救助或政府的協助。所以社會救助（與相關資源爭取）也就變得很重要，而社會救助或補償，有部分編列於政府預算支出（或預備金支出）。大型災難發生時，政府預算往往無法立即提供社會救助，特別對受災個人的經濟或金錢補助資源往往沒有太多彈性空間，民間或非營利組織的捐款或募款就變得相當重要。Henstra (2010) 指出，面對緊急災難，地方政府通常只處理緊急的問題，忽略了緊急應變管理的系統思維。很多學者重視災難四階段的規劃，這四階段包括整備（preparedness）、減災（mitigation）、回應（response）、復原或重建（recovery）等 (Mileti, 1999; Comfort, 1988; Comerio, 1998; Elliot and Smith, 2004; Schneid and Collins, 2000)。

Henstra (2010) 進一步指出，高品質的緊急應變管理方案的整備、減災、回應、復原（這應該就是緊急應變管理的系統思維），這四個分類包括30個要素，如表7-1所示，整備部分包括緊急應變經理（emergency manager）、方案小組（program committee）、確認危險因子與風險評估（hazard identification and risk assessment）、緊急應變計畫（emergency response plan）、計畫評核（plan review）、緊急管理章程（emergency management by-law）、訓練（training）、演練（exercises）、互相協助同意書（mutual aid agreement）、關鍵基礎設施保護（critical infrastructure protection）、對特殊需求民眾的計畫（planning for people with special needs）、納入商業團體（engagement with business community）等。減災項目則包括減災計畫（mitigation plan）、警示系統（warning system）、公共教育（public education）、危險貨品移動章程（dangerous goods routing by-law）、風險與土地為基礎的規劃（risk-based land-use planning）等。回應的項目則包括緊急應變中心（emergency operation center）、現場管理系統（incident management system）、撤離計畫（evacuation plan）、緊急庇護合同（emergency shelter agreements）、志工管理（volunteer management）、社區緊急應變團隊（community emergency response teams）、搜尋與救助（search and rescue）、緊急應變公共資訊（emergency public information）等。重建項目則包括重建計畫（recovery plan）、操作性計畫的持續性（continuity of operations plan）、損害評估（damage assessment）、廢墟管理（debris management）、修復（rehabilitation）等 (Henstra, 2010)。

表7-1是針對（地方政府）緊急應變系統非常詳細的檢測指標，其內容涵蓋預防、救災與重建之完整流程，甚至每個指標或議題，都可以形成一個可執行的專案。因此，提供評估地方政府是否具有系統性的救災體系運作思維與規劃，也可用以衡量地方政府緊急應變管理是否完整，所以值得進一步推廣。至於推廣的方法並不難，只要縣市政府能公告（或透過中央政府形成統一政策）前述四大類30個要素的高品質緊急應變管理方案相關資訊，也等於公開接受監督。不同縣市，可能因為縣市首長重視度的差異，導致縣市緊急應變系統的差異，也可能不同縣市存在不同的優勢強項。而如果中央政府（災害防救會報或災害防救辦公室）願意重視，進行各縣市巡迴評鑑，有機會強化縣市政府防救災緊急應變機制。

再就地方政府的內涵進行論述，地方政府通常分縣市政府，以及鄉鎮市區公所兩個層級。至於里這個層級，因為僅有民選村里長，最多外加具公務員身分的村里幹事，所能發揮的功能有限。主要因為村里人力配置的侷限，沒能像鄉鎮市區公所可以有科層體制的運作。不過，這樣的制度設計，如果有重視防救災的村里長與村里幹事，還是可以發揮防救災功能，惟這部分將在社區專章討論。再者，鄉鎮市區公所因爲經濟規模小且資源貧乏，即便鄉鎮市區公所設有消防分隊、消防大隊、警察分駐所或派出所、警察分局等，但歸縣市政府的消防局或警察管轄、調度。再依「災害防救法」第4條規定，內政部爲中央政府的主管機關，縣市政府（含直轄市與一般縣市）爲地方政府的主管機關。因此本書所謂地方政府，主要以縣市政府爲主軸，畢竟縣市政府是地方政府資源最豐富、權力最大的機關。

表7-1　高品質緊急應變管理方案要素表

種類	要素
整備（preparedness）	1. 緊急應變經理（emergency manager）
	2. 方案小組（program committee）
	3. 確認危險因子與風險評估（hazard identification and risk assessment）
	4. 緊急應變計畫（emergency response plan）
	5. 計畫評核（plan review）
	6. 緊急管理章程（emergency management by-law）
	7. 訓練（training）
	8. 演練（exercises）
	9. 互相協助同意書（mutual aid agreement）
	10. 關鍵基礎設施保護（critical infrastructure protection）
	11. 對特殊需求民眾的計畫（planning for people with special needs）
	12. 納入商業團體（engagement with business community）
減災（mitigation）	13. 減災計畫（mitigation plan）
	14. 警示系統（warning system）
	15. 公共教育（public education）
	16. 危險貨品移動章程（dangerous goods routing by-law）
	17. 風險與土地爲基礎的規劃（risk-based land-use planning）

表7-1 高品質緊急應變管理方案要素表（續）

種類	要素
回應（response）	18. 緊急應變中心（emergency operation center）
	19. 現場管理系統（incident management system）
	20. 撤離計畫（evacuation plan）
	21. 緊急庇護合同（emergency shelter agreements）
	22. 志工管理（volunteer management）
	23. 社區緊急應變團隊（community emergency response teams）
	24. 搜尋與救助（search and rescue）
	25. 緊急應變的公共資訊（emergency public information）
重建（recovery）	26. 重建計畫（recovery plan）
	27. 操作性計畫的持續性（continuity of operations plan）
	28. 損害評估（damage assessment）
	29. 廢墟管理（debris management）
	30. 修復（rehabilitation）

資料來源：Henstra (2010)。

第一節　縣市政府

就本書而言，縣市政府涵蓋直轄市政府以及一般縣市政府。大體而言，中央政府和縣市政府相較，可能因爲資源配置上，中央優於縣市政府，而這可以從中央和縣市政府救災體系的結構獲得印證。透過縣市政府救災體系結構設計，可以了解地方政府救災體系運作模式，或許可以預測部分救災成效；或者，也可以從救災成效的結果（案例）推論救災體系結構設計的良莠。地方政府救災體系結構可分兩個層次，即縣市政府層次，以及鄉鎮市區公所層次。不論哪個層次，依「災防法」的內涵，關鍵點均在於災害防救會報、災害防救辦公室，以及災害應變中心。不過，縣市首長對救災體系的了解、投入程度，以及縣市首長所形成的防救災團隊，都會影響縣市政府救災體系的運作。而組織結構係影響救災體系運作成效的因素之一，本節即針對縣市政府救災體系結構進行分析。

縣市政府包括直轄市與非直轄市政府，依「災防法」的規定，救災體系之縣市政府又分直轄市與非直轄市政府，直轄市政府一般較非直轄市政府有較充裕的資源。而且，在成立六都過程中，亦考量直轄市應成爲區域治理的領頭羊。直轄市應以區域的角度（例如北北基、桃竹苗、中彰投、雲嘉南、高屏），帶領所屬區域的城市，建構區域型的救災體系。然而，區域型政府一直沒有成形，也沒有區域型辦公室（如第四章所述，目前區域辦公室直屬中央政府，難以發揮應有的整合功能），使得區域救災議題的協調與整合，仍存在盲點，直接影響區域防救災資源的投入。這部分在本書第五章已有論述，不再重複。至於未來，可透過區域辦公室的組織再造，而中央政府可能要擔負更大的責任，積極思考如何建立區域防救災體系或運作機制。

就臺灣地方政府發展歷史，臺北市政府係最早成爲直轄市的城市，由於天時地利人和等諸多因素。例如，長期以來中央政府機關多設在臺北市，成爲中央政府所在地，長期發展的結果是，臺北市成爲臺灣政治、經濟、文化、媒體中心。也因此臺北市資源（預算）最豐富、人力最充足，基礎建設也最爲周延，理論上臺北市救災體系也應該最爲健全。例如，目前地方政府中僅有臺北市政府有《災害防救白皮書》（另也有《消防政策白皮書》，兩者分開撰寫），而且是公開資訊。但其他直轄市雖資源沒有臺北市政府豐沛，但因爲不同直轄市長對地方政府救災體系的重視，也開始急起直追。即便臺北市的救災體系基礎建設可能優於其他直轄市，但因爲人與環境存在的動態性與不確定性，難以保證臺北市政府救災體系和其他直轄市相比，會永遠保持領先。

但若從官網的救災體系結構分析，臺北市與新北市似乎優於其他縣市政府。再進一步分析，新北市所繪之救災體系架構圖，[4] 應該優於臺北

4　https://www.dsc.ntpc.gov.tw/DPRI2/index.html#，瀏覽日期：2019/5/24。

市政府救災體系。[5]新北市政府是少數縣市政府，能畫出完整救災體系圖者。因爲新北市政府的防救災組織架構圖，納入市政府所有局處，雖然圖示和行政院災害防救辦公室的防救災組織架構圖相仿。但從幕僚單位、災害防救會報、災害防救諮詢委員會與所有相關局處等，均在圖示中完整顯示；而臺北市災害防救體系架構圖就比較看不出完整性，至少相關局處未列在架構圖中。至於功能發揮如何，則待進一步研究。而如果和日本東京都的災害防救網頁相比，[6]臺北市政府防救災專區的網頁還有許多進步空間。[7]東京都的災害防救網頁分三大部分，包括災害資訊、防災知識、防救災體系。災害資訊主要提供近年來日本重大災害檢討報告，並詳細論述過去的問題或錯誤，以及如何從過去經驗獲得經驗與學習。例如2018年9月發生的北海道大地震、2018年7月發生的強降雨，以及2016年熊本大地震，都有詳細的研究報告。

防災知識部分，包括民眾所需的應變守則、避難資訊、避難場所、避難空間、避難指引、避難演習或演練、交通資訊、外出應注意事項，以及災民所需要的協助或資助（含各種法規、慰問金發放、避難行動）等，均有詳細資訊。Watanabe (2005: 19-22) 就指出，依1995年阪神大地震的經驗，當時曾送給75,000位居民撤離警訊，但大規模撤離的避難處所議題並未被關注，包括避難所的安全性問題（包括容量與環境危害），例如我們並不希望避難所遭爆燃物包圍。類似問題在2019年日本颱風19號也曾出現，因爲有些避難所設於低窪地，災害必須持續更換避難處所。防災體系，則涵蓋所有防災基本法令、防災計畫、組織結構（體系）、地震對策、地震預想情境、火山因應等。可以說，日本東京都的防災資訊相當完整與詳實，日本民眾所可能面對的災害，該網頁多有提供資訊。

作者推論，日本東京都之所以會有這麼豐富的資訊，除了顯示東京都對災害與災害應變的重視，背後可能投注相當龐大的人力。而且，網頁除

---

5 https://www.eoc.gov.taipei/Org/SystemIntroduction，瀏覽日期：2019/5/24。

6 http://www.bousai.metro.tokyo.jp/taisaku/1000067/1000369.html，瀏覽日期：2018/10/10。

7 http://www.eoc.gov.taipei/，瀏覽日期：2018/10/10。

了日文外，還提供韓文、英文與中文等不同語言。根據臺北市政府災害防救的網頁呈現的資訊，雖不能論斷臺北市政府不重視，但從資訊內容提供檢視，臺北市政府還有許多努力的空間，也可能背後支援的組織與人力難以調整，使得防救災資訊提供的基本工作難以著力。例如東京都防災網頁係「東京都總務局」署名製作，臺北市政府的防災網頁，則由臺北市政府消防局負責。惟就作者的了解，臺北市政府針對防災人力配置已增加額外的員額，其辦公室並設於地政及災害應變中心聯合大樓（消防局共有減災規劃科、整備應變科、資通作業科等三科進駐該大樓，辦公地點在災害應變中心聯合大樓）。

至於紐約市則設有專責的緊急應變管理局（Department of Emergency Management），下有9個科，包括行政科（Administration & Finance，含財務與人事）、訓練演習與評估科（Training, Exercises & Evaluation）、對外關係科（External Affairs）、法制科（Legal）、執行科（Operations）、計畫與整備科（Planning & Preparedness）、安全科（Security）、科技與策略資源科（Technology & Strategic Resources）、城市搜尋與救助科（Urban Search & Rescue）。舊金山市（City & County of San Francisco）的緊急應變管理局則有241名員工，[8]可以推論是相當龐大的單位，因爲舊金山人口數僅約86萬，[9]臺北市則約有230萬人口。顯然，美國大城市緊急應變的專責人力遠高於臺北市。應該說，目前臺灣縣市政府緊急應變由災害防救辦公室負責，惟多係任務編組，並非正式單位，所以可以推論，不論舊金山或紐約的緊急應變功能或能量，均比我國首善的臺北市政府完整。

雖然臺灣直轄市與非直轄市行政資源差別很大，但「災防法」救災定位上兩者屬同一位階，例如「災害防救法」第8條、第9條，針對縣市政府作定位論述，並未將直轄市與非直轄市作區隔。「災防法」第8條的規定是：「直轄市、縣（市）政府設直轄市、縣（市）災害防救會報，其任務

8 https://sfdem.org/management-team，瀏覽日期：2018/10/10。

9 http://worldpopulationreview.com/us-cities/san-francisco-population/，瀏覽日期：2018/10/10。

如下：一、核定各該直轄市、縣（市）地區災害防救計畫。二、核定重要災害防救措施及對策。三、核定轄區內災害之緊急應變措施。四、督導、考核轄區內災害防救相關事項。五、其他依法令規定事項。」依該條文的精神，縣市轄區的防救災相關事務，係由縣市政府負全責。不過，縣市政府的轄區和中央政府完全重疊，因此也不能說中央政府完全沒有責任。應該說，中央政府擔負政策形成與部分政策規劃的責任；縣市政府主要擔負政策執行的責任。惟因縣市政府資源遠不及中央政府，因此中央亦擔負支援縣市政府的責任。

中央政府除設有災害防救會報外，還設有災害防救委員會，但地方政府多未設災害防救委員會。可能的原因在於，中央政府組織過於龐大，需要更多的協調、整合與聯繫機制的設計，因此，依「災防法」第8條的精神，應該是期待災害防救會報和災害防救委員會合而爲一，因爲縣市政府的組織規模畢竟比中央政府要小。另一方面，理論上縣市政府災害防救會報，主要在形成縣市政府防救災政策，但從縣市政府公開資訊，搜尋不到縣市政府災害防救會報相關會議紀錄。當然，這可能表示縣市政府雖有召開災害防救會報，只是會議紀錄沒有上網公開。例如臺北市政府於2001年就設有「臺北市災害防救會報」條文規定，[10]經查閱，多數縣市政府也多有災害防救會報設置的規定。惟是否依規定每季或每半年召開會議，由於沒有會議紀錄公開資訊，因此難以判斷是否積極召開相關會議。當然，也有可能縣市政府首長並不重視災害防救會報的功能，以致也沒有公開資訊可供查閱。

依「災防法」第9條明定災害防救會報、災害防救辦公室、災害防救專家諮詢委員會等之設置。具體條文如下：「直轄市、縣（市）災害防救會報置召集人一人、副召集人一人或二人，分別由直轄市、縣（市）政府正、副首長兼任；委員若干人，由直轄市、縣（市）長就有關機關、單位首長、軍事機關代表及具有災害防救學識經驗之專家、學者派兼或聘兼。

---

10 https://www.eoc.gov.taipei/EOC/Org/DownLoadFile?msgID=647fb710-576e-46c8-8596-f38a19d24c7c&fileID=e6f20cc4-b3e2-44fa-b66d-3c71e7362daa，瀏覽日期：2018/10/7。

直轄市、縣（市）災害防救辦公室執行直轄市、縣（市）災害防救會報事務；其組織由直轄市、縣（市）政府定之。直轄市、縣（市）災害防救專家諮詢委員會提供直轄市、縣（市）災害防救會報災害防救工作之相關諮詢。」由於各縣市依法必須成立「災害防救辦公室」，作者檢視各縣市的災害防救辦公室，發現幾乎所有縣市均有災害防救辦公室，也多訂有災害防救辦公室設置要點。但是否所有縣市所設置之災害防救辦公室，均能發揮應有的災害防救整合功能，值得進一步研究。

對比行政院災害防救辦公室，係具有正式編制專職人員的幕僚單位，縣市政府可能礙於經費與人力不足因素，災害防救辦公室多以任務編組方式組成。從辦公室主任、副主任、執行長，乃至於各分組（或分工）組長，多爲兼職人員。再者，有些縣市政府仍難跳脫跨局處的整合思維，讓消防局長在災害防救辦公室扮演重要角色，導致整合的功能受到限制。合理的論述是，救災應該是整體思維，且應該動員縣市政府所有局處，不宜侷限消防局的功能。因此，各縣市政府災害防救辦公室設置要點，多指定副市長（副縣長）或秘書長兼任縣市政府災害防救辦公室主任；有些縣市政府並指定參事或參議擔任執行秘書，這些都是正確的做法。因爲，救災體系的運作與動員，關鍵就在跨局處的整合。副市長或秘書長，就可以承縣市長的授權，進行跨局處整合。

而有些縣市政府災害防救辦公室，由秘書長、消防局長、水利局長擔任副主任，這可能有討論空間。理由有二：第一，不確定會發生什麼樣的災害（需要哪個局處參與或投入）不知道；第二，以局處首長的位階，並不適合擔任跨局處整合工作。甚至有些縣市政府防救災辦公室或防救災體程，倚重消防局（長）甚深，就非正式而言，如果縣市首長倚重消防局長，也等於提升了消防局長的非正式位階，只是能否動員跨局處力量，才是重要問題。當然，縣市政府災害防救辦公室的組織結構只是影響救災體系運作成效的一個因素，不是唯一因素。因此包括縣市長是否重視、是否找到適合的災害防救專家、是否對於救災體系動員擁有經驗，以及各縣市政府是否擁有災害應變的組織文化，都是影響救災體系運作成效的重要因素。

美國與日本地方政府，多設有專責的災害管理，或稱危機管理部門，例如美國加州州政府在州長辦公室下設的緊急應變管理辦公室（Office of Emergency Management，簡稱OEM）早在1943年就已成型，1970年正式成爲法定部門，2003年因911恐佈攻擊其任務轉向偏重國土安全。2004年和刑事司法規劃部門（Criminal Justice Planning）合併，2009年透過立法設置加州緊急應變局（California Emergency Management Agency）；2013年布朗（Brown）州長將緊急應變局和州長室的公共安全溝通辦公室（Office of Public Safety Communications）合併，成爲現在的OEM。[11]可以說美國的州、郡、市多設有危機管理或緊急應變部門，惟因緊急應變屬跨部門的工作，也有其專業性，在現實運作考量下，經常會和其他相關任務進行整合。例如，救災屬公共安全的一部分，而公共安全則可以涵蓋警政、消防、公共衛生等。

日本的縣（日本縣政府相當於我們省政府的層級）、市政府，多設有正式或專責（非臨時或專案式）的機構，作者在2005年與2006年前往日本客座與研究期間，就曾前往兵庫縣與神戶市的危機管理室進行深度訪談。例如兵庫縣在企劃縣民部（一級機關）下設有防災企劃局與災害對策局（二級單位），災害對策局下則設消防課（三級單位）。[12]因此，不論美國或日本，從中央政府到地方政府，除消防部門外，都另外設有緊急應變或危機管理部門，同時統籌防災業務，以便於在災害來臨前，或災害來臨時能發揮緊急應變或救災體系應有的功能。但以目前臺灣的體制，僅行政院下設有正式單位（或組織結構）「災害防救辦公室」，而且業務不含「防災」，至於內政部消防署主責在救災，但警消分立後，消防人事與預算下放至縣市政府，也因爲縣市政府資源較爲貧乏，救災體系有更多可改善的空間。

例如，縣市政府（含直轄市）固然設有「災害防救辦公室」，但多係任務編組，也多沒有專職人員（少數縣市編有專職人員，例如臺北市政

11 http://www.caloes.ca.gov/cal-oes-divisions/about-cal-oes，瀏覽日期：2018/9/24。

12 https://web.pref.hyogo.lg.jp/org/kikaku-somu/kikakukenmin.html，瀏覽日期：2018/9/24。

府；也有縣市政府防災辦借調其他局處人員，但通常年底考績較爲不利，導致兼任或借調人力對防救災的歸屬感、工作承諾或認同度不高）。合理的論述是，有正式與完整的災害防救結構，通常所能發揮的功能或品質較佳。因此，如果縣市政府的災害防救辦公室，能漸往正式部門發展，比較能發揮應有的功能。不過，即便有正式組織結構，若無人力資源機制設計配套，也可能不夠完整。如果把救災體系和縣市政府四個體系都屬中央地方一條鞭設計的體系相比，廉政（政風）體系、人事體系、主計體系與警察體系等，從中央到地方政府，都有事權統一的結構設計。或許，目前中央與地方四個完整體系如何和救災體系進行連結，是未來可以發展的方向。

縣市政府救災體系是不同組織的集合體，就像每個家庭都是小型社會，每個組織都可以是小型社會。縣市政府面對災情，等於也在面對與解決社會問題，因此社會關懷在縣市政府救災體系是重要的工作內涵。例如臺南市政府在2016年發生0206大地震後，推出「一戶一社工」政策，以短、中、長期的方式，透過與鄰近旅館業者合作、租屋補助、重建、安置與協助災民，獲得許多好評。[13]但除了市政府社會局的社工人數（人力資源）有限，如何善用政府與民間既有資源（例如教育局有諮商輔導專業人員，許多醫院也有心理與精神相關醫療人員），也是一戶一社工政策能否成功的重要因素。主要的理念也在對每一受災戶提供關懷，評估需求並轉介相關資源。[14]

應該說，救災體系運作的內涵主要是人，除了救災體系的成員，還有被救的災民。不論是搶救或後續安置，都可以是廣義的社會關懷。至於社會關懷的主要內涵有三：第一，人本主義（humanism）的思維模式 (Denhardt, 1984: 91-114)，Morgan (1986: 39-76) 則將其解釋爲有機體（organism），重視的是人的心理需求（不論是組織內成員或組織外民眾）、成長、非正式合作等；第二，開放系統（open system）的概念

13 https://tw.appledaily.com/headline/daily/20180212/37931199/，瀏覽日期：2018/8/27。

14 http://www.chinatimes.com/realtimenews/20160214001708-260405，瀏覽日期：2018/8/27。

(Katz and Kahn, 1966; Scott, 1992)，由於不斷改變與組織不斷互動的環境，社會關懷政策也在反映環境（災民）的需求，開放系統隱含組織必須因應環境變遷作適當調整；第三，組織文化的思考模式 (Schein, 1992)，這是組織內與組織間的柔性互動機制的分析，社會關懷應該是發自內心的舉動，不應只是表象的工作業務，而這也是文化人類學的重要內涵。人本主義和人道主義（humanitarianism）的內涵存在重疊性，只是人道主義比較是用在國際非政府組織的人道救援概念；本章的人本主義比較強調的是社會關懷。

人本主義的核心就是從關懷的角度出發，並以重視人類需求爲基礎的思想。就縣市政府而言，人本主義主要透過社會局（社工人員）與衛生局實踐，不過所有縣市政府官員，都應有人本主義的觀念。其思維主要從如何滿足災民需求的角度進行思考，不過，困難點在於民眾需求上限如何作合理劃分（這背後可能涉及公平正義的概念），以及如何在目前法規限制下，作合理的解釋。從921大地震災後症候群的經驗，也有災民經過多年仍難以走出傷痛，在這部分，2018年6月21日臺北市政府召開「臺北市災害防救專家諮詢委員會第三十次全體委員會議暨市政顧問公共安全組諮詢聯合會議」，臺北市衛生局就分享曾於921大地震與高雄氣爆，使用「災難相關心理症狀篩檢表」找出高關懷對象，並長期給予關懷或諮商輔導，而臺南0206大地震經過三十天，也有約100位災民需要心理師介入輔導。[15]

再就避難所的設置與規劃進行討論，如果避難所能像原來的住居所，或甚至比原來的住居所環境更好，所謂的災後症候群可能降低。例如，爲了讓失智老人有安全舒適的居住環境，在荷蘭政府資助下，蓋了一所小型的失智老人社區。社區有郵局、超市、商店等，但失智老人不用付錢，而且這些工作人員，都係醫護人員所扮演，讓這些失智老人能自由在社區活動，不用擔心他們走失，因爲社區有一個很厚並有管制的玻璃門。而且，根據該篇報導，居住在這小型社區的失智老人都很開心，因爲他們不會被

15 https://www.nextmag.com.tw/realtimenews/news/35526085，瀏覽日期：2018/10/11。

責備又忘了什麼，也不會有走失的問題。[16]前述個案雖是理想的規劃，現實存在的避難所，如果也能有如前述案例良好的規劃與設備，應有助災民走出創傷。

因此，縣市政府如何主動發掘高關懷對象並提供協助，滿足災民的合理需求，就非常重要。關於需求理論，Maslow (1954) 提出人類五層次的需求，很適合同時用來解釋災民與社工人員的情境，第一層是生理需求（physiological needs，關於溫飽），例如，宗教團體（如佛教慈濟、佛光山、基督教或其他宗教團體）會在災害現場提供熱食，供災民與救災人員食用。第二層是安全需求（safety needs，平和的生活是可預期的，且能免於恐懼），特別是災民因爲失去家園，失去了安全的屏障，所以對於臨時與長期住居所的安排或考量，安置議題就很重要。這部分從921大地震、莫拉克風災到0206臺南大地震，中央政府、縣市政府與非營利組織都有注意到這個議題，惟如第四章所述，如何透過中繼屋到永久屋制定相關政策與溝通策略，仍需有審愼之規劃設計。

第三層是親密感需求（love needs，來自家庭、朋友、同學、同事的愛），特別是驟然失去親人的災民，這部分可能是災民比較難以走出災難陰影的重要因素，因此需要有來自政府或社會的直接關懷或幫忙。甚至可能有災民拒絕接受關懷或輔導，而成爲高危險群，如何避免災民自殺，都是社工人員重要的挑戰。如前述臺南市政府「一戶一社工」政策，社工就扮演非常重要的溝通協調角色，讓政府相關資源，能眞正對災害關懷協助有益，包括了解居民的需求、提供政府政策設計的慰問金與相關補助，以降低災民與政府間可能認知的落差。在此情形下，社工人員對於政府官僚體系或社政體系運作，就要非常清楚，因爲這亦涉及整體政策執行，甚至可納入前述Mintzberg (1973) 管理者十種角色的扮演。因此，除了社工人員個人的社工（諮商輔導）專業訓練或背景，也不能忽略社工人員對官僚體系的了解與運作。

第四層是尊榮感需求（esteem needs，具有自尊自重的信心），災民

---

16 https://whitecherry2019.com/archives/4618，瀏覽日期：2019/12/15。

雖屬弱勢，且需要特別協助。而協助的過程也需要關注到災民的感受，也就是能否讓他們有尊嚴的生活或生存，讓災民感受到存在的價值與意義，當然其前提也在於，社工人員是否也存在（專業工作）尊榮感。例如，第四章所談到莫拉克風災，災民和慈濟對大愛杉林永久屋的建造產生認知落差，導致居民認爲所完成的永久屋，不符合他們需求的期待（這部分在第九章救災體系下非營利組織還有深入論述）。第五層是自我成就需求（self-actualization，由於自我表現展現出對工作的肯定），這部分具體的內涵是能否擁有工作（生存的工具），而且能從工作中獲得成就感有關。再以莫拉克風災爲例，由於許多災民習慣山林生活，或依靠山林維生，但因爲所居住的山林不適合居住，因此如何讓遷居的災民能夠有維生的工作，而這工作除了溫飽，還得爲他們帶來成就感，這可能就不太容易。

而且，如果涉及「遷村」會使得議題更爲複雜，因爲依陳儀深（2011：203）的訪談紀錄：「……在臺灣，幾乎沒有原住民遷村成功的案例……。」理由在於原住民遷村涉及複雜的心理、文化、歷史因素，很容易被借題發揮；這也可以用來解釋永久屋興建過程需考量諸多因素。另一方面，鴻海郭台銘爲協助莫拉克風災災民就業，在高雄杉林區出資創建永齡有機農場，教導與協助原住民種植有機農作。除了提供災民就業機會，也避免災民再回到不適合居住的山林居住。[17]不過，如何讓災民能習慣有機農作，這涉及農作習慣（改變）、知識，再加上有機農業的行銷經營管理，都成爲有機農場能否永續經營的重要因素。其他如Herzberg (1968) 的衛生保健理論，以及McGregor (1960) 提出的XY理論（特別強調人性的善良面），都有類似的看法，從人性本善或激勵的角度進行組織中個人的分析，而這其實都是同理心的思考與作爲。

當然，人本主義所考量的不是只有災民，還包括救災體系的所有成員，都可能因爲救災過於投入，導致創傷症候群，或有些個人與團體雖認眞救災，仍遭嚴厲批評。綜言之，從前述需求理論思考救災體系運作，除了滿足災民需求，也應同時特別重視官僚體系成員的內心需求。其內涵包

[17] https://udn.com/news/story/11322/2806506，瀏覽日期：2018/10/11。

括前述五層次的需求，具體而言可反映在救災體系的人事制度，包括救災的工作設計、工作輪調、薪資、福利、獎懲、升遷、考績、獎章、退休、撫恤、教育、訓練等。雖然需求理論所提的需求主要從個人的角度出發，然而組織因係人的結合體，救災體系各組織同樣有其基本需要。因此，若救災相關組織經常受媒體或民眾批評，整體組織可能因缺乏尊榮感，導致工作士氣的低落。而這似乎可以呼應Pfeffer and Salancik (1978) 對需求理論的解釋，需求主要受到資訊過程（information processing）之影響，而非與生俱來。

因此，災民的需求，也可能受外在（如媒體）的因素影響。例如2016年0206臺南大地震，原擬發放死亡災民受災戶200萬救助金，但有災民質疑並比較高雄氣爆800萬救助金，因此後來臺南大地震提高為400萬（李家綸，2017）。顯然，災民對於救助金的發放需求，可能受到其他個案資訊的影響，並進行（公平與否的）比較。由於救災體系持續受環境（因素）影響，因此將救災體系比喻為有機體的概念是妥適的。另外，救災體系的養分來自外在環境；救災體系的能量或動力也往往來自環境的輸入（inputs），而要讓能量源源不絕，組織的輸出（outputs）或救災成效，就必須獲得外部（含民眾、媒體、民代等）肯定（當然，媒體報導是否公平則是另一個議題），才能產生回饋的能量供給組織的需求（Thompson, 1967；楊永年，1997）。

或者說，救災體系也有其「基本需求」，這些需求就像是有機體的養分，滋潤或維持著組織的生存與成長。再具體分析，救災體系固應強調命令一致（或命令與服從），以提升救災的即時性與效率性。同時亦應朝人性化方式設計，讓救災人員也有足夠的自主性與尊榮感，也就是救災人員的工作生活品質應受重視。而由於管理者與被管理者職位本來就存在對立，管理者不一定會重視被管理者的工作生活品質，或這背後可能和整個社會或政治體制有關，因此和開放系統的邏輯相通。當我們在強調救災體系應有人本關懷精神與思維的同時，也不能忽略救災體系組織內部的人本關懷精神。也可以說，救災體系是否存在人本關懷精神，還得進一步檢視其與社政或衛生體系合作、互動與連結，而這和下文的系統理論思維有關。

如前述，人本社會關懷存在兩個層次，一是災民，一是救災人員。兩者需求如何接軌、如何能相互滿足，有賴開放系統理論（open system theory）的應用與建構。或者說，犧牲救災人員的尊榮感與成就感，以滿足災民需求，並不符合人本關懷的精神，所以唯有救災體系（人員）與災民的需求一致或能夠契合，才能提高救災成效。根據開放系統理論，救災體系不斷與環境（災害或災情）進行互動，所以救災體系也適用開放系統理論。在縣市政府框架下，救災體系運作也應該具有開放系統的特質，但可能因為諸多因素，使得縣市政府救災體系運作顯得保守、封閉，或難以和環境社會接軌。例如位處偏鄉的地方政府，因為資訊、知識或資源配置不足，可能導致救災體系難以彈性運作，或者，也可能因為救災人員對於偏鄉的生活、習慣、文化不夠了解，導致救災人員與災民之間的需求認知存在落差。

由於縣市政府針對災害或災難（環境），必須立即因應，特別是災難主要會造成人的傷害，因此救災體系關切的不只是環境或災害，更重要的是受災害的人。救災策略或行動除了應考量災害的特性，也不能忽略災民的感受（含受災社區或團體的特性），也因此，開放系統連結救災體系與災民的觀念就顯得非常重要。環境（災害種類與災情）與災民（團體）是相互連結的，或可以說，任何災難的發生，是人與環境互動產生的結果，所以兩者均為救災體系研究的重要變項。根據Katz and Kahn (1966) 提出的觀點，開放系統的特性如下：能量的輸入、轉化、輸出、事件具因果循環關係、獲得負熵（能量）、資訊輸入與回饋、動態平衡、分化、殊途同歸等九項。簡單地說，救災體系要維持運作，必須有能量的輸入，而體系也得要有一定的結構或能力，才有辦法把這些輸入的能量，轉化後進一步輸出災民需求的能量。

以2014年7月完工，同年8月因大雨來臨即倒塌的臺南港尾溝溪疏洪道工程為例說明。這項工程在當年曾遭批評為「豆腐渣工程」，2015年1月承造廠商有4人遭起訴，但負責發包、監督與驗收的水利署第六河川局無刑事責任。[18]爲進行治水或防洪，必須有預算經費（能量）輸入水利署，問題在於轉化過程出現問題，也就是工作招標與施作過程出現「偷工減料」的情形，或工程品質沒有良好的監督與驗收流程，導致治水工程的坍塌。有一種說法是，早期工程多由政府機關負責，但後來業務漸漸外包，因此政府官員也漸漸對工程施作產生陌生感，難免也存在監督與驗收能力的不足。而長期以來，工程經費多以「最低標」方式運作，廠商在利潤考量下，於是以偷工減料的方式施作，加以經費缺乏，無法提供足夠薪資給員工，於是也造成員工素質低落，如果再加上沒有優良廠商登錄或篩選機制，工程施作品質就更難有保障。

根據前段的個案分析，可能因爲這起案例未直接導致民眾生命財產損失，因此未被深刻檢討，其和救災體系的關連性可能較弱。但就治水或防洪工程的角度分析，的確和救災體系有關。此個案比較偏救災體系工程技術或工程品質問題，但可能因爲救災體系組織鬆散，所以連結度低。直接的問題是，水利工程從規劃、招標、發包到驗收，僅及於工程單位，前述個案，該工程建造責任僅屬於六河局工作範疇，其和鄰近的臺南市政府或以臺南市政府爲主體的救災體系，關連性就相當薄弱。而若以中央救災體系的角度論述，其距離則更爲遙遠。如果要將類似工程和救災體系作緊急連結，工程資訊（和臺南市政府）分享或公開，以及鼓勵公共參與可能也是必要，當然前提是存在公共參與的誘因。

關於「豆腐渣工程」一詞，更早發生在2008年5月的汶川大地震。因爲當時龐大學生人數死亡，背後原因和學校建築物因施工品質不良，或因偷工減料導致大樓倒塌壓死學生有關，但因眞相追查會涉及官員貪污腐化，因此追查並不順利。[19]顯然，救災體系能否發揮應有的功能，自不能忽略工程品質或涉及廉政議題的貪腐問題。汶川大地震固然有天災的成分，但人禍或救災體系制度不健全（包括資訊不夠公開，以及工程品質涉及的廉政議題也存在問題），也是造成重大傷亡的重要因素。類似的狀況

18 https://www.times-bignews.com/content.php?t=25186，瀏覽日期：2018/10/11。
19 https://www.thenewslens.com/article/95543，瀏覽日期：2018/10/12。

也發生在2018年9月印尼大地震引發海嘯的侵襲，雖然2004年南亞大海嘯的侵襲造成龐大傷亡，但在國際協助下，印尼在外海設置了海嘯預警警報系統。惟因年久失修，所以沒有在該次海嘯發揮預警功能。[20]這部分雖未涉及廉政問題，卻可能和資訊不夠公開，以及政府與民眾防救災意識不足有關。

如果從系統理論分析前述個案，不論是水利署第六河川局（政府部分）或承包廠商的輸入、轉化、輸出都可能存在問題；也可以說，救災體系並未發揮應有的（防災）功能，其問題或原因可從系統理論的輸入、轉化與輸出進行檢測。例如，前述案例在招標時可能就存在問題，可能沒有詳實的契約、沒有找到優良廠商，而在廠商施作過程，又沒有適當或詳實的監督、抽查、驗收流程或機制，使得廠商有空間偷工減料，也導致廠商的工程輸出存在工程品質嚴重問題。而這可能不只是這項工程有問題，其他工程也可能存在問題，只是問題沒有爆發而已，有些甚至可能和廉政問題有關（和廠商勾結），例如經濟部水利署某前副署長遭監察院彈劾，主要因爲經常受廠商招待出國並一起打牌應酬等。[21]另外，過去也有河川局長遭起訴與判刑的案例，[22]從這些案例，可以看出防災（水利）工程，可能因政府（河川局）與廠商工程從招標到工程施作、監督、驗收等資訊不夠透明有關。

再如2018年8月23日南臺灣超大豪雨，造成南臺灣（特別是高雄市）馬路出現數千個坑洞，造成行車安全及民眾生命安全遭受威脅。作者曾指出，數千坑洞的背後，雖係工程品質問題，但亦可能和廉政議題有關（楊永年，2018e）。因爲馬路遇雨形成坑洞，直接的原因是工程品質低落，而工程品質低落的原因包括馬路工程施作過程存在廉政問題，招標、驗收、履約都可能存在貪瀆或賄賂問題。不過，以目前的廉政機制，似乎難以要求相關機關，確實針對馬路坑洞作詳細的檢討，並提出因應對策。主

20 https://tw.appledaily.com/international/daily/20181002/38141395/，瀏覽日期：2018/10/12。

21 https://tw.appledaily.com/headline/daily/20120823/34460132/，瀏覽日期：2018/10/11。

22 https://www.chinatimes.com/realtimenews/20140717003771-260402?chdtv，瀏覽日期：2019/10/11。

要理由在於工程品質低落，除和縣市政府工務局有關，馬路回塡也經常和國營事業（如中油、台電、自來水等）有關（曾煜倫，2019），所以也和經濟部、公共工程委員會、法務部等單位有關。因為工程品質低落，導致坑洞存在，進一步造成人爲災難，當然亦屬防救災成效的範疇，卻非救災體系所能處理。若從官僚體系來看，這同時是中央政府與地方政府的責任。

綜言之，從前述的案例，可以系統理論清楚了解，輸入、轉化、輸出，都可能存在問題。例如前述馬路回塡工程的廉政問題，都可能導致災害的發生，原因出在廉政體系不健全（也可能存在政治介入）。但廉政畢竟是幕僚單位（人員），不是工程（承辦）單位（人員），因此廉政人員固然可以發揮監督或提醒效果，但最重要的還是工程（發包）機關，應確實負起責任。再者，爲解決前述和廉政或透明相關的防救災問題，可能無法只追究刑事責任與行政責任。更重要的是，應要求相關縣市政府公開檢討報告資訊，思考如何避免類似問題重複發生，或應學習東京都公開之重大災害檢討報告資訊，內容會針對策進作爲進行說明，以避免類似問題重複發生。但如前文所述，政治（首長與領導）是救災體系的源頭或上位，是關鍵的輸入因子。

類似問題也出現在其他救災案例上，例如2013年1月新竹民宅發生大火，卻讓大家眼睜睜看著大火，將活生生的人命吞噬。因此，依當時的媒體報導，有許多人責怪並希望追究消防人員沒有盡到救災的責任。但因火災非消防人員造成，加以鐵皮屋係建管問題，巷弄狹窄是建管與都市規劃問題，因此，救災問題不宜只追究消防人員，宜從跨局處的角度同時檢討防救災的問題，避免災害重複發生（楊永年，2013c）。換言之，如果聚焦在追究政治或行政責任，可能會失去檢討改善的機會。若眞要追究責任，應先有事實眞相的調查報告，否則極易因爲追究責任讓事實遭到掩蓋，或只重視責任追究導致事過境遷後，反而讓眞正的問題得不到重視。例如，臺鐵普悠瑪號列車翻覆，就存在類似的問題，究竟是採購、駕駛、維修、輪班或是哪個環節出問題，似乎因究責聲浪過大，而難有眞相（楊永年，2018k）。

若從前述防救災相關的議題，再重新定位或檢視救災體系，似乎得多元思考，除了營建、建管、都市規劃，還有廉政（政風）等不同領域，而這也使得救災體系運作更形複雜。從系統理論思維推論，系統或體系的背後，存在更大的系統或體系，也就是說救災體系的運作，還可能和廉政體系有關。至於廉政體系則涵蓋政風、檢察或司法系統，甚至可能涉及敏感的政治體制問題。開放系統理論所思考的已經超越（救災體系）組織內部，必須用更大的環境或系統思維進行分析。或許這也可以解釋，何以臺灣難以擴大或正式化災害防救辦公室，解決人力不足的問題。因爲這背後和人事系統（體系）有關，也和政治協調或（人力）資源分配有關。這些和救災體系相關的問題，可能不是救災體系內部單位或組織所能處理，而是涉及其他領域或政治與權力的議題。

再以前述「一戶一社工」的政策論述，社工人員考量或運用的資源，可以是組織內部，也可以是組織外部，社工人員個人就是社政資源重要的整合平臺。當然，救災體系各組織無法單獨存在，必須有能量的輸入（例如立法院或議會通過預算、民眾捐款、有專業能力的人員），經救災體系運作或轉化後，產生獲得認同的救災成效。這也代表，應有足夠的社工人員，至於背後還有要足夠的專業訓練與後勤（或行政）支援的配合。例如，經社工人員評估，受害戶需有進一步的諮商輔導或精神醫療協助，就需有完整的轉介流程或政策配套。因此，有時政策配套屬組織環境（或非屬社會局）範疇。關於組織環境，有許多相關研究，例如Jurkovich (1974)與Scott (1992) 對組織環境有深入的分類與研究，其基本邏輯的應用是，透過不同災害分類（受害家庭分類），以及針對災害（環境）特性作深入分析，能預測環境（災害、災情、受害家庭）變化趨勢，也就能掌握救災（社政）體系的變遷。

再根據Scott (1992: 126-132) 的看法，組織環境分析可以從組織定位（organization sets，這係從組織本身進行分析）、組織社群（organizational population，這是指組織的人口生態社群，也就是將類似的組織歸爲一類）、地域性組織（areal organization fields，或稱生態社群、組織間領域、集體行動型模。其個體或集體的特性，在於其網絡關係）、功能性的組織領域（functional organization fields，是指具有類似功能之組織群，例如提供類似服務之組織、資源供應組織群）等四個不同層次進行探討。前述觀點提供救災體系分析內涵，不只包括救災體系本身功能分析，還包括廉政體系、人事行政體系、社政體系、衛生醫療體系、消防體系（包括內政部消防署、縣市政府消防局）、水利體系（經濟部水利署、農委會水土保持局、縣市水利局）、營建體系（內政部營建署、建築研究所、縣市工務局）等，這些體系相互關連或環環相扣，有時卻又獨立存在。先不論不同的組織社群，可能因地域或功能的差異，形成不同的救災體系。

人本主義的關懷經常是價值觀的展現，而這除了係個人價值觀的表達，也和集體共識或整個政治與社會文化認同有關。具體而言，縣市政府首長係民選產生，所以首長的價值觀對縣市政府救災體系運作自然會有直接影響，甚至進一步形成縣市政府的組織文化。如果縣市政府首長以不正當手段競選或當選，這樣的價值觀可能影響或形塑縣市政府救災體系運作文化，例如前述有關馬路坑洞，臺南港尾溝溪工程坍塌的案例，以及第四章所提前中寮鄉長屯積救災物資私用案例，這些都和地方政府政治文化有關，縣市政府固然有其特有的組織文化，但所屬各局處也可能存在次文化。雖然縣市政府固有其自主性，但也同時受中央政府影響，組織同時存在正式與非正式規範，而所謂的非正式的互動規範經由組織（工作團隊，例如搜救隊）成員的共同詮釋，形成共同認可的事實、信仰、意義與價值，這就是組織（體系）文化的意涵（Schein, 1992: 7-12；許倬雲，1992: 26）。

救災與人本主義關懷可說都是普世價值，具有崇高的意義，也存在於每位救災人員心中，但因（組織或制度）環境（institutional context）的不同，不同救災組織（體系與團隊）可能存在組織文化（認同）的細部差異。例如921大地震，東興大樓倒塌現場曾存在多個國家搜救隊，不同國家的搜救隊，都有「救人」的價值與使命，但因國情（制度或文化）的差異，可能造成搜救（人本關懷）方法或模式的不同，以致發生互動或合作的不協調。而這種不協調不只發生在不同國際搜救隊運作上，國內不同的救災團隊也可能存在類似問題。例如，第二章所提0206臺南大地震，中華搜救總隊公開宣布（提早）退出救災工作、第四章救災動員談到921大地震南投名間上毅大樓倒塌現場，韓國搜救隊首先讓各國救災隊暫停，在所有搜救隊都暫停的情形下，韓國搜救隊卻搶先進入現場搜救，這同樣凸顯不同救災團體存在的救災模式差異。

Schein (1992: 17) 認爲組織文化具有三個層次：第一層是表徵（symbols）或人造事實（artifacts）；第二層是價值觀（espoused values）；第三層是基本假設（basic assumptions）。關於組織文化的第一層，既稱爲表徵或人造事實，這表示可以透過人爲的設計、塑造或改變。不過，這並不表示表徵可以輕易改變，因爲這涉及背後的價值認同。例如不同的救災團體（含組織），可能存在不同的圖騰，或者每位救災人員也可能有其個人偏好的表徵或標記。例如，消防從警察組織獨立後，就以鳳凰爲其表徵。至於第二層的價值觀，因爲涉及個人對價值信仰的判斷與喜好，例如相信救災（救人）有助來生或輪迴，有人認爲救災就是要搶得先機。由於價值觀代表內心的認同，改變可能較爲困難，也導致整合的困境。最後第三層的基本假設，因係屬於價值觀再深一層的思維模式，是無意識（unconsciousness）的觀念，理所當然被認爲是內心根深蒂固的信仰或文化意涵。

合理的論述是，組織文化通常不易改變，有些表徵或許可以短暫改變，但有時涉及價值認同，不見得容易改變。接下來的問題是，救災體系有哪些文化特質？哪些文化特質容易改變，哪些不容易改變？救災體系的核心價值就是救人，救災人員固然在救人過程應注意己身安全，卻有時會爲了救人（救災），反讓己身曝露在危險的情境中。救災體系之所以受到關注，主要的原因在於大型災難發生後，政府與非營利組織（含民間團體）沒有立即發揮應有的功能。例如，921大地震後，發現救災體系應變不足，所以「災防法」針對防救災組織與運作，作了詳細的定義與解釋，針對主管機關、災害應變中心運作等均有通則上的規定。只是，無法針對特定災害各機關組織的工作內容作詳細規定，而這經常會由各機關組織文化詮釋這些規定。

雖然救災體系看似龐大，但僅消防署或消防局稱得上是專業救災的「組織」，有其獨特的組織文化，不過其專業性也存在侷限性，因爲專長主要在救災，其他如營建、水保、化災、核災、農漁業災、傳染病等，均非其領域，所以非消防救護領域，必須委由其他機關組織主政。國軍雖參與救災，但作戰才是國軍的核心任務，其組織文化亦具獨特性。重點在於，核心任務決定組織文化，以縣市政府爲例，要能發揮救災體系應有的功能，有賴縣市首長的整合，但平時的整備是否確實，也會影響救災成效。

第二節　鄉鎮市區公所

地方政府包括縣市政府，以及下個層級的鄉鎮市區公所，本章之所以將鄉鎮市區公所獨立討論，主要的理由有五：第一，依法鄉鎮市區公所有救災責任，依2019年5月22日修正通過的「災害防救法」第4條規定：「本法主管機關：在中央爲內政部；在直轄市爲直轄市政府；在縣（市）爲縣（市）政府。」再依「災害防救法」第10條至第12條，除中央與直轄市（縣市）外，鄉鎮市依規定必須設災害防救會報，以及災害應變中心。雖然直轄市所屬的「區公所」未明文規定，但就作者於2012年前往高雄市與臺南市所屬之區公所進行訪談，發現區公所仍有災害防救會報，以及災害應變中心之設置，因此鄉鎮市區公所層級，在救災體系仍不可輕忽；第二，非直轄市之鄉鎮市長係民選首長，因此鄉鎮市公所擁有部分人事與預算執行權力與能力；第三，鄉鎮市區公所較縣市政府更接近民眾（或社區），可以發揮的即時救災能力更強，若鄉鎮市公所可以發揮防救災功能，可以分擔或減輕中央與縣市政府的壓力；第四，鄉鎮市區公所擁有資源遠大於社區。本書以專章進行社區防救災討論，但社區資源遠不如鄉鎮市區公所。如果社區能獲鄉鎮市區公所全力支援，可以發揮的防救災功能更強；第五，鄉鎮市區公所亦有防救災責任。雖就資源擁有度，縣市政府遠大於鄉鎮市區公所，因此縣市政府擔負的責任當然較重。

同理可以推論，鄉鎮市區公所資源遠大於社區，所以責任也就更大。至於鄉鎮市區公所又分兩大類，一個是鄉鎮市公所，另一個是區公所。鄉鎮市長係民選，首長的自主性較高；區長則是由直轄市長官派，必須聽命於市政府或聽從市政府的指揮。臺灣成立六都（直轄市）後，原轄區內的鄉鎮市均改爲官派區長，理論上這違反「地方自治」的原則，剝奪民眾的自主選擇。理論上，民選的鄉鎮市長，比較能反映民眾的需求；官派的區長，則比較會聽從上意的指導。所以鄉鎮市改制區後，其獨立自主性變弱之外（如預算與許多政策決策權），連帶可能弱化原鄉鎮市的特色，比較不利該區的特色發展。

若反映在救災體系上，區長和鄉鎮市長相較，由於民選鄉鎮市長和民眾利益的緊密度較高，因此民眾的滿意度可能較高。只是，實證上是否如此，可能還得進一步作實證研究。Waugh (1994) 進一步認爲緊急應變管理應該授權地方化或區域化（regionalizing emergency management），讓郡（counties，類似臺灣的直轄市與縣市政府，但美國的體制和臺灣仍有不同，郡的轄區是自治市或都會區外的區域）扮演更重要的角色，由郡協調聯繫各自治市，進行緊急應變或救災。這其實也隱含救災體系必須重視地方政府，而地方政府包括直轄市與縣市，以及鄉鎮市區公所。也可以說，救災體系在緊急應變過程中，如何強化第一線地方政府救災成效，愈是上層的政府，愈應扮演積極協調或支援的角色，才能有助救災成效的提升。

丘昌泰、楊永年、趙建民、楊聿儒（2004）針對臺北市政府面對納莉風災組織與功能進行研究，結果發現臺北市政府的基層民間防災組織亟待建立，災害應變中心的功能亦非常薄弱。以首善之都臺北市都存在這樣的問題，其他五都，特別是後來才成立的直轄市，其問題可能更爲嚴重。例如，楊永年等（2012）針對縣市合併後，改制區公所災害防救能力進行研究，發現存在資訊、動員與組織間合作的問題。在資訊方面，直轄市與區公所間，缺乏簡單好用的跨域資訊整合平臺，使得區公所在災前無法或難以獲得跨領域綜合資訊。區公所資訊傳遞系統也存在多頭馬車，也就是組織間協調仍待磨合。在動員方面，人力與物力資源動員或自主權有下降的情形，人力部分，除清潔隊改隸環保局，官派區長的人事權大幅下降；

物力資源部分，主要因爲改制後的區公所，預算編列與執行權力亦大幅下降，區公所在執行撤離任務時，也存在困境。在組織間合作部分，區公所應有更寬廣的「跨域」思維，和更多的組織（含專業與國際）合作，以增加區公所的應變能力 。

綜言之，改制後的區公所治理能力是下降的，所以理論上救災能量也是降低的。但可能因爲災害防救業務受到中央與縣市政府特別的關注，而且區公所僅負責部分災害防救事宜，所以表面上運作並無明顯問題。不過可能有潛在問題，因爲原鄉鎮市公所轉爲區公所後，在立即（主動）防救災回應民眾需求或問題解決（與救災資源運用）上，就比較有問題。主要的原因在於區公所的自主裁量權或可運用的資源較民選的鄉鎮市公所低，而且民選首長較有回應民眾需求的直接壓力。應該說，縣市合併成爲直轄市，並不是以提升區公所治理能力爲標的，也不是因爲鄉鎮市公所治理存在問題，透過縣市合併以解決這些問題。這部分在史美強、謝百傑（2012）針對縣市合併爲直轄市後，所進行之道路建設及管理功能研究，結果發現成立直轄市後的臺中市、臺南市與高雄市，都出現原鄉鎮市公所的治理能力與成效縮減，同時出現混亂的情形。

或可以說，鄉鎮市改制爲區公所後，首長的自主權（autonomy）降低是明確的，區長除了必須聽從市長的指揮或一致性的規定，原有可運用的資源也同時被縮減。例如，原本鄉鎮市公所的清潔隊，縣市合併後，則歸直轄市環保局管理（至少臺南市是如此），因此有區長認爲，這樣的決策使得原本可彈性動員清潔隊人力進行災後復原的能量下降。再者，鄉鎮市長雖然屬同一（民選）類別，但因地理位置與繁榮或偏鄉與否，存在許多差異。除了行政資源的差異，對外連結（例如媒體報導）也存在不同。例如，鄉鎮市公所的組織位階低於縣市政府，因此在行政資源，包括預算與人力編制，就明顯較低。或可以說，鄉鎮市區公所的救災資源，除了組織編制與人力較少外，派駐鄉鎮市區公所之警察與消防單位，其人事指揮權均在縣市政府。基此，直轄市政府比非直轄市政府擔負的救災責任比以前更大，只是責任大的背後，若無行政組織或相關資源配合，也難以發揮更大的功能。

就對外連結或媒體報導而言，由於媒體分布或配置，北部重於南部，新聞取材通常會北重於南，因此可以推論北部行政透明的程度高於南部。至於偏鄉，經常因爲交通不便，也會影響救災資源的配置或影響媒體（資訊）傳播，因爲偏鄉本來資源就比較貧乏，經常需要外界資助，但若資訊無法透過媒體連結或報導，就可能影響外部救災資源的投入。例如，第三章第一節有關921大地震初期報導，就對偏鄉（災區）災情的傳輸或報導不利。本書關於鄉鎮市區公所救災體系所選擇的標的，盡可能涵蓋直轄市、非直轄市與一般縣政府所轄之鄉鎮市區公所。但因鄉鎮市區公所逾300個，而且每個鄉鎮市區，均有其地理或文化的獨特性，難以全面進行檢視或比較研究。因此，本書論述過程主要以作者熟悉或認爲重要的鄉鎮市區公所逕行選定，可能存在主觀偏見。但爲避免偏見，將盡可能涵蓋直轄市區公所，以及其他縣市之鄉鎮區公所。

由於鄉鎮市區公所救災體系可獲得資訊相當有限，憑藉作者曾經就防救災議題訪談鄉鎮市區公所的記憶，以及鄉鎮市區公所官網或二手資料進行分析。同時透過鄉鎮市區公所官網進行檢視或評估，了解各鄉鎮市區公所是否提供足夠之災害防救資訊，包括是否有災害防救專區、是否提供充足防救災資訊、防救災資訊是否有用，以及這些資訊是否友善，或民眾是否能夠了解、能夠應用，同時會前往瀏覽。就直轄市而言，以臺南市各區公所爲例（作者檢視幾個區公所網站，並以麻豆區公所爲例，發現臺南市各區公所官網的「災害防救專區」提供的資訊大同小異），官網多有災害防救專區，主要提供的資訊包括各防災網站連結、避難收容處所位置、災害防救宣導、災害訊息公告、防災地圖、災害潛勢圖資、NCDR（國家災害防救研究中心）災害示警公開資料平臺等。大體而言，臺南市區公所防救災資訊仍比較偏向靜態資訊，至於和區公所組織運作，特別是針對特定災害因應進行檢討，以及資訊的友善性（實用性），均有改善空間。

例如，臺南市麻豆區屬易淹水區，過去有諸多淹水案例，應該也有許多治水工程。民眾可能會想知道，可能淹水區（範圍）有哪些？有無易淹水潛勢圖？政府（含中央水利署或其他機關、臺南市政府、麻豆區公所）曾做過哪些治水的努力（包括治水成效）？以及如果再次淹水，民眾應該怎麼辦（怎麼自救、怎麼求救、怎麼逃生）？關於前述問題，麻豆區公所可能會回應，公所已提供諸多資訊（如前段所述）。問題在於，民眾是否會上網去看？是否可以看懂所有資訊？或者，區公所是否曾經嘗試詢問民眾，這些防救災資訊是否對他們因應災害，有實質幫助？或曾否因爲麻豆發生重大災情，這些資訊可直接應用在災害防救上，而且有具體的防救災成效？或許治水資源主要掌握在市政府（水利局），所以不能全由麻豆區公所承擔所有責任。當然，作者僅以麻豆區公所爲例說明，其他區公所可能存在類似問題。

比較特別的是，臺南市安南區公所於2018年6月13日，召開第一次災害防救會報（這樣的訊息在鄉鎮市區公所層級算相當少見）。[23]這是區公所層級值得肯定的正面訊息，比較可惜的是，會報紀錄除了簡單敘述開會參與人員，並無其他問題檢討與具體策進作爲內容。而七股區公所防救災專區，亦提供2017年七股區地區災害防救計畫、臺南市七股區避難收容處所、救災民生物資暨救災志工整備運用計畫。[24]同樣地，這固然代表七股區公所在災害防救資訊提供的努力，因此同樣的問題也在於這些資訊的友善性與實用性，似乎仍有討論空間。例如，教導民眾如何防災，或如何從過去災害案例獲得啓發的資訊比較缺乏。合理的思維是，鄉鎮市區公所資源難免較爲缺乏，但若首長願意重視救災體系運作，仍有諸多著力點可以切入。這部分，也許可由縣市政府災害防救辦公室主責相關培訓與動員。而檢視臺中市北區與和平區公所官網，均無防救災相關資訊。

如前述，臺北市政府是國內歷史最久的直轄市，救災體系應該最爲完備，包括區公所的防救災功能也應比其他直轄市要好，原因在於臺北市長期得天獨厚的預算資源投入。但實際上，在官網資訊提供仍有努力空間，而其他部分仍待實證研究。有些區公所如大安區與文山區，災害防救專區所提供的資訊相當有限，這部分和其他直轄市區公所相較，似乎有許多努

---

23 http://www.annan.gov.tw/annan/page.asp?id=%7BA74B6974-9F43-4E86-8E79-05FA8B846655%7D，瀏覽日期：2018/9/30。

24 http://web.tainan.gov.tw//cigu/download.asp?nsub=H3A100，瀏覽日期：2018/9/30。

力的空間。不過，中山區公所官網的防災專區，提供的資訊就相當完整。根據中山區公所官網呈現的資訊，或許可以推論，中山區公所在防救災工作上，做了很多的努力，例如中山區公所在2018年5月3日，就進行了坡地災害的防災演練。[25]也可能因爲中山區在過去曾受災害重創，讓中山區擁有較高的警覺心。比較重要的概念是，不論各鄉鎮市區公所是否曾經舉辦防救災演練，最重要的仍在於有無自主防災的能力，如何發展各鄉鎮市區公所，讓各公所擁有自主防災的能力，除了鄉鎮市區公所的努力，也得要有民眾的配合。

屏東縣恆春鎮公所官網，提供屏東縣恆春鎮地區災害防救計畫（2018年7月完成的版本）、避難收容處所、物資存放地點、開口契約、17里簡易疏散避難圖、恆春鎮防災地圖。[26]就恆春鎮公所官網所提供的防災資訊，和其他縣市鄉鎮市公所相比，可說相當豐富。不過，資訊的親民或友善性仍有改善空間，例如，一旦災害來臨，包括水災、風災或其他災害，居民應該怎麼辦？就不容易立即在官網網頁獲得解答。目前官網所提供的資訊，比較屬於靜態的訊息，而且，官網比較不是從災民的角度進行網頁資訊設計，而是從政府公告的角色公告資訊。例如，若災害眞的來臨，有些居民不會前往網頁查詢，且以目前的資訊，居（災）民也不容易找到因應災害或簡而易懂的撤離或逃生路線。

南投縣仁愛鄉公所官網則沒有防救災專區，所提供的災害防救資訊相當有限，也許因爲位處偏鄉，人力與相關資源本來就比較匱乏，也可能防救災意識較爲欠缺。當然，這和實際防救災運作可能是兩回事，例如2019年8月就有媒體報導指出，仁愛鄉公所建設課長因長時間投入防救災工作，不幸猝死。[27]就算仁愛鄉公所提供詳細的防救災資訊，鄉民不一定

25 https://zsdo.gov.taipei/News_Content.aspx?n=C84E8ED8E141321F&sms=72544237BBE4C5F6&s=8107B844707CF620，瀏覽日期：2018/10/6。

26 http://www.hengchuen.gov.tw/ContentView.aspx?id=731a75875b0c47d4937863ab2b7b3f1d，瀏覽日期：2018/10/6。

27 https://www.chinatimes.com/realtimenews/20190826001407-260402?chdtv，瀏覽日期：2019/11/25。

會前往瀏覽，所以又和整個體制有關。不過，卻可能因轄內有廬山溫泉與清境農場知名景點，平時或緊急時遊客可能會前往瀏覽。由於廬山溫泉於2008年辛樂克颱風遭到重創，經專家評定廬山溫泉區不適合繼續營運，並於2018年底遷往位於南投縣埔里鎮的福興農場。[28]但可能因爲諸多因素，業者仍持續於潛藏風災的區域營運，[29]這部分也許可以透過法令進行規範或強制，但有時也得仰賴倫理（道德）或文化影響。

至於南投縣埔里鎮公所官網，並沒有防救災專區，不過部分社區（如南村里與水頭里）卻有實施社區災害防救與預警通報（相關資訊公告於環保署低碳社區專區）。[30]南投縣竹山鎮公所官網雖無災害防救專區，但在首頁有災害防救相關訊息，包括緊急避難收容地點，以及疏散避難圖。[31]雖然資訊不多，但和南投縣其他鄉鎮市公所相較，已達平均水準，如南投市公所也僅提供「災害防救簡易疏散地圖」。以目前臺灣地方政治的體系，鄉鎮市公所和區公所相較，仍有較高的自主權。特別因爲鄉鎮市公所首長係民選產生，對於民意的回應或災民的需求可能較爲直接或快速。但畢竟鄉鎮市公所能掌握的資源和縣市政府相較，仍明顯缺乏，因此，若災害規模擴大，鄉鎮市公所仍得向縣市政府或中央政府求援。或者，要建置更完整的防救災網頁專區，同樣有待縣市政府與中央政府資源投入。

再者，目前在鄉鎮市區公所轄內的國軍（駐軍）在災害來臨前（例如風災），多會主動派代表進駐應變中心。例如，第三章所提烏來區公所因國軍派駐人員協助，得以迅速傳遞災情訊息，並立即動員救災資源進行搶救，以發揮救災體系功能。綜言之，鄉鎮市區公所比縣市政府更必須直接面對災難因應，但以目前災害防救資源配置的情形，以及資訊、動員、組織間合作等能力，縣市政府比鄉鎮市區公所必須擔負更大的災害防救責

28 https://udn.com/news/story/11322/3191427，瀏覽日期：2018/10/6。

29 https://udn.com/news/story/11322/3105586，瀏覽日期：2019/1/31。

30 https://lcss.epa.gov.tw/LcssViewPage/Responsive/AreaDoc.aspx?CityID=10008&DistrictId=1000802&VillageID=1000802017&ActDocId=5ad8b25c-ca1a-4323-91de-c484e0cfd612，瀏覽日期：2018/10/6。

31 http://www.chushang.gov.tw/，瀏覽日期：2018/10/7。

任。當然，鄉鎮市區公所首長是否重視救災議題，也是關鍵因素。而這不一定需要大筆經費的支出，例如，地方政府網頁（官網）可結合救災資訊，也就是以現有的預算與人力，就可以在救災體系有所作爲或貢獻。

第三節　地方政府首長

地方政府首長與地方政府固然高度相關，但之所以分別論述，目的在強化深入度。當然，分述後仍可進一步再進行整合性思考，因爲首長有帶領地方政府救災體系之責。至於將地方政府和首長分別論述，主要的原因有六：第一，地方政府首長具有法定職權，依「災害防救法」第9條規定：「直轄市、縣（市）災害防救會報置召集人一人……，分別由直轄市、縣（市）政府正、副首長兼任……。」同法第12條規定：「爲預防災害或有效推行災害應變措施，當災害發生或有發生之虞時，直轄市、縣（市）及鄉（鎮、市）災害防救會報召集人應視災害規模成立災害應變中心，並擔任指揮官。」顯見地方政府首長對於救災體系運作，扮演關鍵角色；第二，地方政府首長受媒體監督多，因此許多地方政府首長經常取消國外行程，專程（提前）返國坐鎮指揮救災體系。這除了表達首長對救災體系的重視，也在回應社會對防救災殷切的期待。因爲社會大眾很希望知道災難發生期間，首長是否認眞從事防救災相關指揮協調聯繫事項，而這也是課責的表現；第三，地方政府首長（包括直轄市、縣市，以及鄉鎮市）係民選產生，有較大的自主裁量權。加上首長對於防救災的一言一行（包括決策與行爲），可能牽動防救災運作的效能。特別是六都成立後，六都首長的自主裁量更高，政策影響力比以前更高。在此前提下，地方政府官僚體系成員，多會以首長馬首是瞻；第四，就像第六章救災體系下的中央政府，將總統與行政院長獨立出中央政府進行討論，本節將地方政府首長獨立討論具一致性，而且中央與地方首長因政治立場差異，會有防救災政策差異或違反政治與（或）行政倫理的問題；第五，地方政府首長擁有人事權與預算權，透過地方政府首長對救災體系的重視，可帶動地方政府官僚體系對防救災功能的發揮；第六，因爲地方政府首長爲民選，對選民需求的敏感度較高，加上首長掌握資源多，動員能力自然較強，經常成爲組織間合作重要的網絡平臺。基於前述六點，直接與間接點出地方政府首長在救災體系職權與角色的重要，而下文的十種角色，也在闡述首長（領導者）角色（行爲）的重要，因此將地方政府首長獨立作專節討論，有其必要性。

由於政治是眾人之事，但經常因爲眾人對公共事務關心度不足，也可能因爲政府人物（如縣市長，含幕僚或團隊）沒扮演好應有的救災角色，以致沒有發揮應有救災功能。民選的地方政府首長，固然對於民眾或災民的需求比較敏感，但可能因爲欠缺救災體系的教育訓練，或對救災體系的了解可能有限，導致在救災體系運作或動員的生疏。因此，爲提升地方政府首長防救災運作能力，甫擔任地方政府首長者（含縣市長與鄉鎮市區公所首長），在就職前就有災害防救緊急應變的教育訓練（楊永年，2001c）。目的在讓新任地方政府首長能了解或熟習地方政府救災體系運作的責任、程序與資源，也比較能發揮災害防救的動員能量，並進一步發揮救災體系應有的功能，以避免救災過程存在過多的政治考量，缺乏理性或救災問題的考量。畢竟地方政府首長位處災害防救第一線，有其應擔負的防救災指揮與整合責任。

問題在於救災體系運作經常有許多政治考量，這些政治考量包括正面與負面的意義在內。正面的意義在於，如何透過首長的職權與影響力，讓救災體系運作展現效能與效率；負面的意義在於職權運用偏頗，或救災體系運作過程，遭利益團體所把持或影響，或藉由領導者既有的權責，推卸應有的救災責任。例如，依作者觀察，發生重大災難時，縣市長經常會和中央政府有互推責任的現象。高雄氣爆因高雄市長與中央相互攻詰後，導致經濟部長與高雄市副市長雙雙下臺負責，這現象造成救災體系能量下降，讓民眾（災民）深感不安。領導者（管理者或縣市長，或更廣義的概念，可以包括各局處首長，甚至第一線的救災人員，具有指揮或引導民眾的功能或職責）如何透過角色運用與扮演，在有限的救災（公共）資源，發揮最大的效益，這應該是救災體系運作的最主要目的。重點在於，地方政府首長對災害（特別對於民眾的需求）應具高敏感度，地方政府體系的運作，係首長的權力、責任與義務（楊永年，2001d）。

而之所以中央與地方首長面對災難處理過程經常互推責任，可能的原因在於，政府從未釐清中央與地方政府災害防救的權責範圍，或未針對過去災難發生後，中央與地方政府災害防救的爭議進行研究，使得類似的問題或爭議重複發生。基此，Mintzberg (1973: 93-94) 提出十種角色適合用來分類地方政府首長的角色或行為（也可以應用在中央政府與非營利組織）。Mintzberg將管理者（manager，本章定義包括縣市長與鄉鎮市區長）的行為角色歸類成三大項內含十小項，這三大項是人際間的角色（interpersonal role，包括下列一至三項，這和圖2-3「動員」關係密切）、資訊者的角色（informational role，包括下列四至六項，這和圖2-3資訊的關連性密切）、決策者的角色（decisional role，包括下列七至十項，決策者角色則和圖2-3資訊、動員、組織間合作均有關係），關於十種角色的定義難免主觀，不同管理者（縣市長）對其角色的定義也有所差異，但管理者的行為仍然在這十項角色之內 (Mintzberg, 1973: 56-96)。以下簡述十種角色的內涵：

一、表徵者角色

表徵者角色（figurehead role）主要因領導者的職位與職權而來，其主要的功能在參加公務上例行性及重要的社會活動。因此，對救災體系而言，具有動員效果。因為領導者對外代表組織，他的參與表達整個組織對此事件、專案或活動的重視。因為救災體系運作內涵包括整備、減災、回應、重建等，重視救災體系運作的首長，會針對前述內涵進行專案或方案設計，而這背後通常會有政策指導方針，為達政策目標，就得有相關政策行銷活動的舉辦。例如，地方政府首長出席不同活動，如果是在整備階段，會被解讀為主辦或承辦單位的重視，以及對該政策或方案的認同；如果是救災期間訪問災區，表示對救災（災民）的重視，具有安慰或安撫作用。不過，如果縣市長或總統前往災區，也可能影響救災工作的進行，就理性思考而言，首長宜坐鎮指揮中心，作整體救災體系動員，比較能發揮整體的救災成效（楊永年，2001b；2008a）。地方首長具有法定責任、動員力最強、角色難以取代。因爲地方首長爲民選，具有民意基礎，依災害防救法縣市長定位爲指揮官，加上災害應變中心擁有豐富的災情資訊與平臺，便於動員與進行組織間合作協調。

二、領導者角色

領導者角色（leader role）主要的功能在於引導（guidance）及激勵（motivation），合理的論述是，災害或災情愈大，領導者（縣市長）的責任與影響力也就愈大（或代表性愈強）。或者，可能因爲組織領導者的重視，動員整體組織成員的投入。以慈濟基金會爲例，因爲證嚴法師對國際賑災的重視（起因於對國際災民的感同身受），激發慈濟志工投入國際賑災的行列。由於長年參與國際賑災，累積龐大救災能量，因此獲得聯合國外圍非政府救災組織的認同，並正式成爲會員。特別是，臺灣外交處境艱難，卻因爲慈濟基金會（非政府組織）的慈善投入，獲得國際社會認同。Mintzberg (1973: 60-61) 進一步認爲領導者角色是各角色中最重要的一項，目的在整合各部門資源或能量以達組織目標，並指引組織成員及提供組織方向。

因此，對於救災體系不同組織成員的需求了解、獎勵、處分，以及處理與回答成員個人所遭遇的問題等，甚至權力的運用、目標的設定、願景的建立，以及如何授權等，都屬於領導者角色的範圍。由於領導者角色功能的發揮，經常存在於互動的關係，所以領導者的特質固然重要，更重要的是領導者如何發揮他的特質影響他的組織成員，而這又和資訊傳遞或媒體報導有關。應該說，救災體系各組織主管（局處首長）都有這方面的角色功能，主要的目的應在讓所屬成員有高度的工作承諾，爲救災工作付出，而達工作滿足感與工作表現的提升。甚至，因爲救災工作本身就有高度的工作價值與意義，有時不需要過多的外部獎勵，否則可能降低工作承諾。因爲就Staw and Salancik (1977) 的說法，在動機高且外在誘因高的情境下，可能導致認知不協調或內在動機下降的結果。

三、連絡者角色

連絡者角色（liaison role）的意義在於領導者居於人際網絡的中心，他連接不同的個人與團體，並與其交換資源及訊息。再以慈濟基金會爲例，證嚴法師固然扮演連絡者角色，但爲能發揮更大的救災功能，有時會由幕僚或弟子代表，扮演部分連絡者角色。因爲依圖2-3的解釋，所謂連絡者角色，最主要就是扮演溝通協調，達到有效動員救災的目的，也就是把資訊和動員、組織間合作作更緊密的連結。傳統領導研究所注重的是上（領導者）與下（被領導者）的關係，連絡者角色則重視平行的組織內與組織間（外）關係。簡單地說，（地方政府）救災體系必須獲得外部資源，救災體系的績效（產品）也要能爲組織外的單位所肯定與接受，因此，救災體系的領導者代表組織與其他組織互通有無，形成互動網絡。例如，縣市長必須透過災害防救會報，或者災害應變中心，動員縣市政府組織內與組織外各種資源。參與縣市災害應變中心會議代表，可能有來自中央政府（如氣象局）或學術單位代表，這些組織外部代表，必要時可召開該組織內部會議，藉由不同的會議，除有上對下的溝通功能，也可促進組織內外各單位間資訊交流的功能，並產生救災動員的效果。

四、監控者角色

監控者角色（monitor role）的功能在於尋找並解釋組織內部與組織環境所發生的現象，以圖2-3解釋，縣市長主要在監控關鍵資訊。而其中，災情資訊當然最爲關鍵，但和災情相關的資訊也不能忽略，例如動員與組織間合作也要重視。重點是災情的發生常必須轉換成流通的資訊以使組織內外的人員了解組織狀況，所以監控者角色主要在蒐集救災體系組織內與組織外的各種救災相關資訊，作爲救災體系發展與變遷的決策基礎，屬於資訊角色的一環，也類似組織理論中組織邊界者（boundary spanner）的角色（這是指代表組織和外界互動的角色）。換言之，縣市長不僅監控災情，同時監控體系內部重要資訊，包括救災士氣，以及可能存在的管理問題。縣市長通常可利用不同管道以獲得資訊，例如運用來自部門主管及成員的報告或各種會議以了解組織的運作。管理者也關心組織外在的事務，如民眾的反應、整個政治或經濟環境的變化對組織的影響等，這些從組織內外獲得的資訊形成管理者決策的基礎，用以作爲傳播者角色或發言人角色的資訊。

五、傳播者角色

傳播者角色（disseminator role）的功能在使重要資訊經由管理者（縣市長）之傳播，告知組織內部成員與民眾，盡可能讓所有人知道救災體系所處的情境及問題。災情傳播的目的，在動員資訊救災，也就是在傳播重要災情資訊，如前述921大地震，南投縣長透過廣播進行災情與資源需求資訊，以有效動員相關救災資源。至於所傳播的資訊應包括有關組織外部與內部所發生的事件與消息，不論是管理者從組織外部環境互動或從任何管道獲得的救災資訊，甚至有關組織內部運作與成員發生的重要事件與訊息，管理者都有必要視狀況將所接收到的重要資訊轉知組織成員，俾利組織成員配合組織之發展與運作。就現今救災體系的狀況，傳播者的角色可能有部分資訊係由媒體介入，甚至產生取代作用，不過管理者仍有必要根據災情與救災體組織現況，重新詮釋媒體的資訊，並結合救災體系發展的策略，再將資訊傳播予組織成員。

六、發言人角色

發言人角色（spokesperson role）是指管理者將組織內部資訊傳達或發表至組織外部，包括救災的因應策略、作爲，或目前救災體系面臨的困境。因爲救災過程，民眾（含災民）、媒體與所有政策利害關係人，可能有很多的疑問或問題，需有救災體系的代表才能夠回答或釋疑。縣市長是指揮官，自然有責任回應外界的疑慮。有些組織專業性強或比較龐大，有時會設發言人的正式職位，也有些組織指派專人扮演發言人角色。發言人的角色目的，在讓組織外部包括對組織具影響力者、關心該組織的人員，或受該組織影響的人員等，使其了解組織內部運作情形的重要訊息，這剛好與傳播者的角色相輔相乘。以救災體系運作而言，對於搶救傷病患或受困災民的進度，有必要讓社會大眾了解，透過公開的發言或資訊傳輸也讓社會大眾知曉最新的狀況。另一方面，救災體系當然也應透過大眾媒體，讓社會大眾了解救災的進度，俾利所有關心災情的民眾都能了解，甚至透過困境的解釋，激勵或吸引非營利組織民眾協助救災。

七、企業家角色

企業家角色（entrepreneur role）一詞係借用經濟學上企業開創的概念，但Mintzberg (1973: 78) 以較廣義方式定義，認爲企業家角色是指管理者在組織變革上的創新與設計能力，而且這種變革是在管理者的控制與預期情形之下。應該說，不同災害雖有其共通性，但每個災害個案也有其獨特性，因此管理者能否在混沌的環境與資訊找尋機會，並利用機會進行有利組織發展與問題解決的決策，是提升救災成效的關鍵。所以也牽涉到其有否擬定組織策略及方案以回應環境變化的能力。救災是民眾最關心的焦點新聞之一，任何有關救災的新聞消息，包括批評與鼓勵，形成民眾對救災體系的觀感，對救災體系形象有深遠影響。因此救災體系如何借力使力，從不同的資訊管道，以獲取救災體系變革的創見，並帶領救災體系成員改變組織制度，以迎接災害環境的挑戰，甚至藉由救災體系跨國合作，開拓「城市外交」內涵與領域，亦是縣市長可以發揮的企業家角色。

八、穩定紛亂者角色

相對於企業家角色的開創性特質，穩定紛亂的角色（disturbance handler）主要功能在穩定組織，屬保守功能之發揮，因爲災害的發生或災情變化往往不易預測，組織變革也可能發生在管理者無法控制的範圍之內，所以可能很容易產生混亂。爲了讓救災體系與災害現場免於紛亂侵擾，管理者於是具有穩定局面的任務與功能。救災體系面臨紛亂狀況的例證很多，每一個災害現場，都有其混亂面。混亂的產生包括救災體系成員的衝突（包括組織成員間，以及救災體系成員與民眾間都可能產生衝突）、無法預知的環境（災害）危機（如重大天然災害）。例如，倒塌大樓何時以重機械進行開挖，受害家屬可能會有不同看法，對於補償金額是否公平（包括和其他縣市不同或類似災害的補償金或救助金），也可能存在爭議，甚至救災專業人員對於救災方法也可能存在歧見。此時管理者的重要任務，就在解決因衝突、危機與權力喪失等帶來紛亂局面，以穩定救災體系與災害現場，發揮應有的災害救助功能。

九、資源分配者角色

資源分配者角色（resource allocator）是組織策略的重心，因爲管理者在決定組織策略時，必須同時配合組織資源的運用，因此在策略決策的選擇與思考過程中，產生資源分配是必然的現象。救災體系資源包括有形的財務及設備，無形的資源如時間、人事升遷、組織的信譽（reputation）等 (Mintzberg, 1973: 85)。問題在於組織資源有限，如何將資源做最有效分配，往往決定組織發展的成敗，是管理者重要的任務。就救災體系而言，管理者如何安排他的時間、關心什麼樣的救災工作方案、採用何種獎勵與人事升遷標準，以及如何執行預算、預備金或捐款等，都牽涉到救災體系資源的運用，將直接與間接影響救災體系的成效。而如前述，救災資源有限，如何分配可能存在不同意見，就潛藏衝突。

十、談判者角色

談判者角色（negotiator）的意義在於管理者必須參與組織內或組織外的協調談判，主要目的在建立共識，但同時也有減少衝突的功能。由於救災體系運作過程，可能涉及很多個人利益以及公益問題，縣市長透過和組織內部與外部主要幹部或意見領袖談判，可以增加單位間的協調合作，同時進行資源共享，更進一步建立網絡關係，產生更高的救災成效。由縣市長代表地方政府，透過與相關單位的談判，可望能達組織間合作、資源共享，與建立組織間網絡關係，最終也在提高救災成效。因爲目前救災體系偏向由上而下的設計與運作方式，需有更多由下而上或平行（不相互隸屬）組織，進行談判與合作。第四章第三節談到的救助金，不同縣市不同災害（甚至相同災害）的死亡救助金不同，部分原因也是談判或協調產生不同的結果。甚至作者發現，重大災害發生處理過程，縣市長經常會公開責罵中央政府救災不力，其實存在「責任分擔」效果，同時隱含「公開談判」的意義。

以上十個角色爲管理者角色簡單的分類，但不同角色間卻有很多相關之處，例如連絡者角色與監控者角色、傳播者角色、發言人角色等三種角色，就有很高的相關性，因爲連絡者本身必須擁有很多資訊，這些資訊又成爲監控、傳播及發言角色的重要依據。Mintzberg (1973: 96-97) 認爲管理者的任何行爲或活動都可以這十種角色描述。因此，以上十種管理者角色，同樣適用在縣市長角色或行爲的檢測，也可以擴大爲對縣市長背後的工作團隊（當然含核心幕僚）。理想上領導者必須同時扮演好不同的角色，惟可能因領導者個人的個性或特質，對某種角色有特殊的喜好與能力，而在某些角色的扮演上有較傑出的表現。在此情形下，縣市長可透過不同幕僚或局處分工，解決專業或角色扮演不足的問題。而且，十種不同角色扮演吃重的程度也可能因組織（單位）特性與面對環境的差異而有所不同。

因此，縣市長應扮演何種救災角色，主要的思考因素除了災情或災民需求，還要視縣市長本身的領導風格、對職位的定義、組織成員的期待、領導者與成員間互動的方式、組織文化因素等 (Kahn, Wolfe, Quinn, and Snock, 1964)。而救災體系若不以前述Mintzberg之角色分類分析，而直接以縣市長在做些什麼探討，縣市長似乎有如下的工作角色，包括應付陳情民眾、媒體採訪、陪同中央政府（首長）視察或關心災情、代表組織參加不同的會議、至議會備詢、與其他組織開協調會、決定人事升遷人選、激勵（包括監督、鼓舞，與推動）、與中央政府官員（含政治人物）會談、處理緊急事故（危機處理）、召開內部不同會議（例如救助金補助、災民安置、資源分配、例行的災害防救會報等）、溝通（包括上行、下行、平行、協行等）、轉承命令、監督下級機關、分配（稀有）資源（人事、預算）、決定人事、決定經費之運用、決定優先處理的工作項目、解決部門間的衝突、參與重要的典禮儀式（災民的告別式）等，可說相當繁多，不過若將其分類，卻也可以發現在前述十種角色之內，因此縣市長扮演多種角色是必然現象。

不過，前述十種角色也可以用本書的研究架構進行分類，以資訊角色、動員角色、組織間合作角色，重新分類前述十種角色。例如人際間角色（一至三項）可歸類爲資源動員角色；資訊者角色（四至六項）則和資訊傳遞有關；至於決策者角色雖不完全和組織間合作相仿，但和企業家角色、穩定紛亂角色與談判者角色等有關。再舉實例說明，關於2011年發生的東日本大地震，福島縣相馬市（Soma City）遭逢複合型災害的摧殘，包括地震、海嘯、輻射等，讓許多相馬市民（農民）幾乎絕望。然而，因爲東京農業大學投入研究，讓相馬市重新從災難走出，值得學習與肯定。其歷程在《東日本大地震後農林業重建：海嘯輻射與榮耀的受損》（*Agricultural and Forestry Reconstruction after the Great East Japan Earthquake: Tsunami, Radioactive, and Reputational Damages*）一書有許多的論述 (Monma, Goto, Hayashi, Tachiya, and Ohsawa, 2015)。

日本福島相馬市人口大約37,369人，[32] 依相馬市長立谷秀清（Hidekiyo Tachiya）的說法，2011年3月11日那天，有5,027人失去他們的住居所，其中有500多人失去他們的生命，還有7位消防員在執行撤離任務中喪生。當時最優先的工作，是盡全力搜尋失蹤市民、救援倖存者，以及提供災民庇護處所與提供飲食。還有就是，市民被福島核電廠輻射外洩給嚇壞並充滿

32 https://www.city.soma.fukushima.jp/shiseijoho/somanodata/tokeijoho/3134.html，瀏覽日期：2018/11/30。

不安。作爲相馬市長，必須承擔無比的責任，儘快處理這起無預警的重大災難，同時啓動復原與重建，讓市民的生活回復正常。立谷市長也承認，因爲從未遇過如此龐大災難，所以許多事項多在嘗試錯誤中進行。當天地震後，他們獲知的訊息是，只有一位民眾因房屋倒塌而死亡。意想不到的是，50分鐘後大海嘯來襲，吞噬了海岸的房子與居民生命；第二天時，避難所擠滿了流離失所的驚恐民眾，但最令人擔心的是，輻射外洩的疑雲仍在持續，所以必須隨時關注內閣府何時會發布撤離命令，雖然很多年老市民不適合長途撤離，但作爲市長必須有所準備 (Tachiya, 2015)。

從前述立谷市長詳實說明當時災難處理的方法，可以體會到地方首長面對大型災難的感受與困境。他們不一定能同時扮演好前述十個角色，但以首長的職位，面對龐雜的問題，必須立即回應或處理。他們絕對存在高度的工作承諾，很希望在最短的時間內安置好災民，並做好重建工作，讓市民儘早恢復正常生活。但如何能夠周延，必需仰賴團體或組織的力量。十個角色的概念很容易理解，但以作者建構的資訊、動員、組織間合作，可能還是比較容易應用。因爲市長首長必須要有準確的資訊，才能針對資訊呈現的問題進行因應（資源的動員），但如何吸引更多人關注，以及立即投入相馬市的救援，有賴訊息的進一步公開，和提出組織間合作的要求或需求。至於市長的決策是否妥適，除了受資訊的完整性影響，也和市長個人的緊急應變相關知識有關。

第八章

救災體系——社區

所謂社區係指民眾日常生活最密切或接近的單位，可以是村、里、鄰、部落，也可以是同大樓住戶。社區通常是由範圍界定，而這範圍有時是認知的結果，所以存在多元的定義，但無論如何定義，社區具有民眾生活共同體的事實。只是社區民眾相互間具有生命共同體的概念，卻不一定能落實社區防災。應該說，社區是救災體系最基本的單位，因爲在救災資源無法或難以立即抵達災區的情形下，社區居民互助是影響災民生命的重要因素，尤其是黃金七十二小時內的救援有時要仰賴社區 (O’Leary, 2004)。Jha、Barenstein、Phelps、Pittet and Sena (2010: ix) 亦指出，社區民眾是災後重建政策的重要夥伴，而且也是在地執行的領導者，特別在通訊設備全毀或無法發揮功能的情形下，災情或求救訊息無法傳遞，更凸顯社區在救災體系的重要性。

作者於2005年1月5日前往神戶市役所危機管理室進行訪談，受訪官員談到，阪神大地震死亡人數逾6,000人，而神戶市就有4,000多人死亡。他們最寶貴的經驗與發現是，八成被救的災民係經透過社區，顯見防救災社區機制建置的重要。Mimaki and Shaw (2007) 針對日本知高縣兩個社區防災進行社會資本（social capital）比較研究，發現社區領導、社區網絡與凝聚力，以及社區的系統與制度，是影響社區災害整備的三大重要因素。作者同意這個看法，不過這三個因素可以作者圖2-3的資訊、動員、組織間合作進行歸納分析，也可以納入自助、共助、公助的思維中。重點在於，社區是小型社會、集合體，防災的整備或韌性的提升，固然要仰賴社區，外在或社會力量的投入也不能忽略。Shaw (2014) 指出，阪神大地震成爲日本建構以社區爲防災基礎的轉捩點。應該說，防救災已成日本國家重要政策，因爲從新聞傳播經常播放防災教育相當訊息，也讓作者印象深刻。

作者在2019年日本客座期間，曾數次觀看到NHK的節目，就有許多生活化的防災技巧，並以家庭或生活化的方式呈現。包括停電的準備、如何利用大塑膠取代馬桶使用，以及平時也可以有簡易食品備災等。換言之，面對不定期發生的災難，唯有將防救災以生活化的方式呈現，才能提升防救災的韌性。而社區就是最接近民眾的層級，這也凸顯強化社區防救災的重要。作者於2019年12月26日，在關西學院大學長峰純一教授帶領下，共同前往日本兵庫縣西脇市進行田野調查，特別拜訪西脇市建設水道部，了解西脇市的治水對策。西脇市政府建設水道部下設六個課，包括經營管理課、工務課、用地地籍課、都市計畫課、建築住宅課等，共有41位職員。可能因為西脇市歷經2004年颱風23號、2011年颱風12號、2013年颱風18號等淹水的慘痛經驗，難免讓西脇市政府感受到治水的壓力。

而在2012年總合治水條例實施後，西脇市就設定所謂治水整合政策，其內涵包括河川下水道政策（河川與下水道的整備）、流域政策（雨水貯留與地下滲透）、減災政策（淹水與被害減輕）等三大部分。而該次的訪談，由該部田中浩敏部長（西脇市一級主管）親自說明與解釋西脇市的治水政策以及相關的成效。也許因為經常的水患，讓西脇市政府與社區（民眾），都有比較高的防災意識。他特別提到福地區（位加古川與福地川中間的小社區）飽受水患之苦，但在西脇市與社區居民努力之下，特別指出福地區長（村上勝則，等同於社區領袖的意思，類似木屐寮社區領袖）積極和西脇市治水團隊合作，進行相關水利工程的規劃。他們從2014年開始，就有很多相關會議的討論。治水規劃內容，除了讓水田扮演滯洪池的角色，同時設計大型抽水系統，控制水流的閘門（連結加古川與福地川）。

相關治水設備或設施完成後，也召開所稱的活用調整會，讓治水設備作必須的調整，並期待發揮最大的功能。治水政策的設計過程和社區居民代表進行無數次的會議討論，討論水災的致災原因，也針對水災（淹水）的檢討報告進行深入的討論，治水政策亦經過社區會議討論與確認，同時設計讓社區民眾可以輕易辨識與操作的警報（預警）系統。該治水政策（工程）歷經2018年關西豪大雨量的考驗，社區沒有淹水，不過他們也坦承，因為工程設計仍有一定的雨量或水流量極限，所以豪大雨當時，他們隨時關心水位高低，對於水位持續進行監控。也可以說，治水工法或治水工程充分和社區進行討論，讓工程技術與社區生活（居民想法）能充分連結。前述治水政策方案設計，獲日本國土交通省（相當於我國中央的部會層級）認證、肯定與獎勵，並已有多個地方政府前來學習。

Rivera and Kapucu (2015) 同樣從社區的觀點，論證佛羅里達州救災體系的成功。而Ross (2014) 從社區韌性的角度切入災難管理（或救災體系），並從聯邦、州與地方政府的角度檢視社區韌性。Ross (2014: 96) 進一步指出，韌性可以包括社會韌性（social resillence，內含教育、年齡、交通、語言、特別需求、健保）、制度韌性（institutional resilience，包括減災計畫、民力組織、優先回應者的服務）、基礎建設韌性（infrastructure resilience，住房型式、空房與租房的單位、學校、旅館、醫院病床、房屋年齡）、經濟韌性（economic resilience，房屋擁有權、就業率、收入不平等情形、女性勞工、企業規模、健康醫療提供）、社區資本（community capital，減災網絡、投票者的參與、宗教選擇、民間社會參與組織）等。也就是說，要提升社區韌性或防救災成效，必須重視社區防救災韌性的發展。

依前述的思維邏輯，社區是救災體系最基礎與最重要的單位，因為災難發生時，社區通常最立即與最直接因應或進行調適，但背後有諸多體制相關因子亦不能忽略。理論上聯邦、州與地方政府，都應以強化或支援社區韌性為主軸。但實質上可能不然，至少透過目前資源的配置進行檢視，社區資源可能最為貧乏。而這也可以從Ross (2014: 184-189) 的結論獲得印證。Khanna and Khanna (2011) 從實務經驗中，亦指出社區在減災與整備，存在不可或缺的地位。Awotona (2017: 1-3) 則從地球六大洲的社區個例研究中，獲得以社區為基礎的災難管理的結論（Community-Based Disaster Management，簡稱CBDM）。至於CBDM的特點在於：第一，社區在降低災難風險具關鍵角色，同時有助社區能力的強化；第二，CBDM有助於降低至貧窮，提升社區環境與生活品質；第三，CBDM是跨部門與跨領域的機制，可集結所有利害關係人共同合作，並擴張社區的資源；第四，CBDM可動員社區貧窮與弱勢者參與決策。

當然，要達到這個境界或符合這四個重點，政府與相關利害關係人的參與不能避免，中央政府、地方政府、產業、建商、研究人員、緊急應變經理人、資本市場、銀行、保險、房地產擁有者，都是重要的利害關係人。FEMA (2011: 3) 特別以全社區取向（whole community approach）的概念，來詮釋社區在救災體系的重要性，至於全社區的定義是居民、緊急應變實作者、組織與社區領導者，以及政府官員都能了解與評估社區的需求。而能決定與採用最佳的方法，來組織與強化應變能力，以達社會安全與韌性（resilience）社區的目的，而這又可以社區多功能的意義詮釋。例如，面對大型災難，Diaz (2018) 經常參與國際非政府組織（國際紅十字會），並擔任志工前往南亞海嘯發生地，以及不同國家大地震與暴動災區進行協助，因此他以實作觀點，提出應發展以社區爲基礎的心理社會支援機制的重要性，凸顯社區的重要性不只在救災，還有心理社會治療的功能可以發揮。Hawkins and Knox (2014) 認爲，要提升社區韌性的能力，必須優先強化救災體系、災難政策規劃，以及建構支援的行政架構。

而依Waugh and Liu (2014) 對韌性的解釋是，整備、減災、回應與重建，都不需要聯邦政府的協助。不過，這應該是理想的自助，一旦災害過於龐大或嚴重，若社區無法因應，仍需有來自政府或非營利組織的協助。不過，社區對於防救災議題若能有更多的協力、溝通與整合，對於災害的因應能力會有所提升 (Kapucu, 2008)。就社區的定義或內涵而言，只要一群人生活在同一區域範圍內，彼此間有共同的利害關係，就是社區。[1] 依前述定義，只要民眾心理上，存在共同居住範圍的認知，就可稱之爲社區（當然範圍不宜無限擴張，例如鄉鎮市區的範圍就過大）。社區要在大型災難來臨時發揮防救災功能，平時是否有互助文化就扮演關鍵角色，當然，如果平常就有災害防救相關教育訓練（演習），可以發揮的救災成效可能更佳。

張四明、戴世偉（2016）從網絡治理觀點，進行對新北市防災社區之研究。同時發現，新北市防災社區個案發展型態，比較屬於行政推動（與部分協助推動）模式，以及指導性參與的類型，相對欠缺社區自主推動模式以及民眾爲中心的參與。加以演練時間有限，參與成員互動不足，以致存在缺乏持續力與永續性的困境。這研究發現雖僅止於新北市，作者

1 https://communitytaiwan.moc.gov.tw/Item/Detail/%E3%80%8C%E7%A4%BE%E5%8D%80%E3%80%8D%E7%9A%84%E5%AE%9A%E7%BE%A9，瀏覽日期：2018/11/30。

推論臺灣很多防災社區，可能多比較屬於仰賴政府補助與指導的類型。例如，蕭嘉政（2009）認爲社區防災組織以「社區守望相助隊」與「社區發展協會」之社區組織較爲適宜，並認爲村里長是不可或缺的重要推手。雖然如此，卻同時發現，政策延續性不足，是目前推動防救災社區的最大困境。因此，如果以目前的防災社區推動模式，不容易成爲眞正的自主防災社區。

再深入論述，以前述模式繼續推動，除了造成政府龐大的負擔，在社區民眾對防災議題不夠熱衷的前提下，所形成的自主防災社區（或社區自助）的成效可能不彰。或者，這也可能表示臺灣防災社區推動，仍有很長的路要走。而如果和下文木屐寮防災社區的發展模式相較，或許是防災社區可以參考與學習的典範。第一，木屐寮社區防救災團隊2002年成立，迄今（至少在本書出版時）仍在運作；第二，該救災團隊成爲消防大隊之民間救災編組；第三，在木屐寮社區防救災團隊積極爭取，以及水利署第四河川局協助下，設置「親水公園」，並已成南投（竹山）觀光景點；第四，木屐寮社區推動有機農產品，具生態友善意義。[2] 依這樣的概念，其實是和《里山倡議》（Satoyama Initiative）不謀而合，而這是2010年「生物多樣性公約」第十屆締約方大會有關生物多樣性永續使用（sustainable use of biodiversity）之第32號決議（COP 10 Decision X/32）所通過，目的在追求生態永續和諧。[3]

由於里山的概念源於日文，里和村落、社區概念相同，生態環境保育其實是防救災的源頭，這部分在本書第一章緒論進行氣候變遷和災害的關係已有論述，黃榮村（2019）則也有類似的看法。因此，《里山倡議》對社區生態（防災）具有重要意義，或可以說，面臨不確定的大型災難，全民防救災時代已經來臨，落實與開發社區防救災（與生態保育）能量成爲重要議題（楊永年，2010a）。只是，社區救災資源相對匱乏，能否發揮

2　由於作者和木屐寮意見領袖持續有聯繫，了解該社區發展內容與過程。

3　http://www.swan.org.tw/docdir/0XTM9OGKEP.pdf，瀏覽日期：2019/2/21。

救災功能，和社區民眾能否發揮自助、共助與公助功能有關。[4] 自助代表民眾自我有自救能力，或擁有災害防救知識。共助代表社區居民自主成立的志工團體或組織，也等於是民眾藉由社區救災團體或組織的成立，以發揮共同或集體救災的能量。至於公助則屬於公部門的介入與協助，例如警察與消防人員在災害來臨時，會主動協助社區救災工作，災後重建經常也會有政府介入與協助。

本章以自助、共助、公助的概念架構（conceptual framework），進行防救災社區的論述。由於透過網路搜尋，該概念架構在日本似乎廣為運用，加以該架構淺顯易懂。如圖8-1所示，自助、共助、公助的概念，三者相互關連，要能發揮社區救災功能，必須同時重視社區自助、共助與公助機制的建立。作者推論，這樣的理念或防救災架構，形成日本推動社區防救災的三大支柱。基此，本章就以自助、共助、公助深入論述，並輔以

圖8-1　自助、共助、公助架構圖[5]

4　http://www.tnst.org.tw/ezcatfiles/cust/img/img/20091221cp_21.pdf，瀏覽日期：2018/11/30。

5　http://www.tfd.metro.tokyo.jp/ts/sa/disaster.html，瀏覽日期：2018/11/30。

作者過去的研究經驗，進行比較分析。不過，這樣的思維同樣適用於中央政府、地方政府與非營利組織等不同章節。中央政府、地方政府與非營利組織對於災難防救，亦宜從社區自助、共助、公助不同層級的概念切入，進行資源的配置，或進行防救災政策與策略的設計。例如，公助代表中央政府、地方政府或非營利組織的介入協助。

社區自助或共助的形成，經常也可以有來自中央政府、地方政府或非營利組織的介入或協助。首先讓社區民眾擁有自助的能力，再拓及共助，也就是協助社區建立相關機制，讓災難發生時，社區能自動形成共助的氣氛。至於本章採用自助、共助與公助架構論述的原因，自助、共助與公助的通俗性高、邏輯性強，且層次清楚，從網頁資料可知，這樣的思維在日本社區防救災理論與實務分析經常可見。爲建構社區防救災機制，固然應有中央政府政策的支持，例如推動與執行防救災深耕計畫（包括經費的支持）。但在規劃與執行面，同樣需要地方政府的協助與支持，理想上，地方政府應主導社區發展，因爲地方政府對社區了解較爲深入，至於非營利組織亦可提供不同於政府給予的關懷與協助。本章三節即針對自助、共助、公助分別進行論述，不過，圖2-3的資訊、動員、組織間合作同樣適合進行社區防救災的分析。

第一節　自助

由於2005年的卡崔娜風災，Storr、Haeffele-Balch and Grube (2018: 1-32) 花了數百小時和災民對談與記錄，因此提出企業家是社會變遷的發動者（the entrepreneur as a driver of social change）的概念。企業家英文語意的概念不完全是中文企業的意思，主要的意涵是社區主導者或先驅者的意思，也就是在具創新概念的社區領袖帶領下，社區改造才可能成功。特別是，社區重建面臨集體行動（collective action）的問題與挑戰 (Chamlee-Wright, 2009; 2010)，而如果社區無法克服集體行動的問題，社區的重建或翻轉就不可能成功。雖然大規模災害之後，通常會有政府、非營利組織與志工的協助，有時災民也會仰賴社會資源協助他們重建。然而，社區企業家扮演社區（社會）變遷的關鍵角色，因為他會從困境中找到重生或重建的機會。

雖然Storr、Haeffele-Balch and Grube (2018) 舉出珊迪與卡崔娜風災災區社區成功重生的案例，但木屐寮社區重建的故事可說是臺灣的成功案例。而作者熟視的這位木屐寮社區企業家，即扮演關鍵的社區重建角色。而這故事也存在社區自助的重要意涵。如前述，自助的概念在強化社區民眾防救災能力與知識（資訊），甚至進一步要有（災害）預警能力，不論是利用現有資訊，或透過其他資訊解讀，均能預測災害來臨（楊永年，2010b）。換言之，若社區擁有愈充足的知識與資訊，其自助（防救災）的能力也就愈強，而共助與公助也是強化自助的重要力量，但共助與公助將於下文論述。自助背後的理念或概念，應該是社區民眾具有自發性或主動性。也就是說，社區民眾覺得災害防救能力與知識的提升有其必要性，而不是外在（如政府消防）機關認為重要，要求他們學習，比較能夠發揮防救災應有的效果。

Atsumi、Seki and Yamaguchi (2018) 採用意象或隱喻（metaphor）的方式，也就是透過外部力量，長期協助位於日本新潟縣小千谷市的大字鹽谷（屬偏遠山區），該村落係於2004年10月23日發生的新潟縣中越大地震受嚴重傷害，大部分房屋遭摧毀，並有3名小孩死亡。該村在大地震前原本有40個家庭，2007年後只有20個家庭回到山區重新生活，這背後的決策過程可能也是艱難的，除了必須考量他們的生活重建外，也必須慎重考慮如何維生，而這是工作或經濟的重要課題。主要因為當地偏遠且缺乏工作機會，年輕人多外移東京或大城市找尋工作，該村並因大地震導致交通中斷造成隔離。作者透過參與觀察，讓社區以意象的方式舉辦新的活動，讓社區從災難中能夠自立與重生，重新開始種植稻米。雖然這是個案，但這成功的案例，仍值得參考與學習，因為要能從災難中重生並不容易。

日本社區有時會以「自治會」的名稱與方式，在日本的市町村執行與運作，自治會係市町村民主動參加的團體，通常參與的民眾必須繳交費用。只是有些市町村民擔任自治會長的意願不高，甚至有日本友人告訴作者，有些自治會長會用抽籤方式決定。但2019年10月發生的哈吉貝風災，讓位於東京的世田谷區看到自治會協助居民疏散的重要性，因爲該次風災造成該區90萬民眾受到影響，讓自治會發揮疏散避難的功能，也讓區長意識到自治會（社區）的重要性。[6]當然，社區民眾覺得防救災能力與知識提升固然重要，接下來是如何提供社區民眾相關防救災專業知識，至少讓社區居民能夠自救，也就是遇到災害能初步自行處理或能有自救能力。

而居民自救的前提則需健全通報系統，其內涵包括預警、自救、通報（楊永年，2010b），這也是以系統思考的角度，強化社區自救能力。預警與通報都是資訊與知識的提供，而居民也要能積極獲取與解讀災情資訊，而且在災害來臨時，社區居民要能不慌不亂，同時擁有共助或互助的能力與精神，乃至於在緊急時如何以減短的語言或文字求救，這些都是防救災社區可以著力的重點。通常強化社區民眾防救災知識與實作能力的模式可以很多元，包括由上而下提供（由政府主導或推動），或由下而上爭取或追求（由民眾個人或由社區主動爭取與學習）。而如果前文張四明、戴世偉（2016）與蕭嘉政（2009）的研究發現爲眞，這應該表示，目前臺灣防災社區建構或發展，最缺乏的就是自助元素，導致自助能力的不足。

以作者於2002年重建會委託主持的「社區防救災總體營造實施計畫——木屐寮社區防救災組織研究」爲例說明（楊永年，2002），木屐寮社區屬南投縣竹山鎮延正里的社區，由於1999年發生921大地震，加上2001年桃芝颱風，造成木屐寮社區嚴重土石流，多位居民遭活埋（屍體一直未被尋獲），亦有多棟民宅遭到摧毀。鑑於木屐寮社區災情嚴重，當年除行政院九二一震災災後重建推動委員會外，還有南投縣政府（消防局）積極介入協助木屐寮進行救災與災後復原工作。後來並由重建會委託作者進行社區防救災行動計畫的執行，就該委託計畫的屬性，這是由上而下的方式進行專案的委託，但作者仍嘗試以由下而上的方式，透過社區編組、分工、整合與建立工作團隊、防救災組訓、建立與外團體之網絡關係等，提升木屐寮居民防救災緊急應變的能力。

6　作者於日本關西學院大學客座期間觀察與訪談獲得的資訊。

也可能因爲木屐寮社區民眾深刻感受到風災與土石流的威脅，因此對於這項計畫的執行，也有很高的配合度。關於協助推動本社區防救災專案計畫的研究助理，當時係警察大學消防研究所研究生，同時是南投縣消防局任職的官員。由於擁有消防（救災）的專業知識、能力以及防救災網絡關係，因此可以提供木屐寮社區必要的防救災專業知識與能力。也因爲社區意見領袖（2019年時之年齡逾70歲，從2005年迄今一直擔任如同隊長的職位，即便正式職位不是隊長，但一直都是最認眞與投入協調整合的那位民眾）對於社區防救災組訓高度重視，在組織防救災團隊過程，展現高度的配合意願。木屐寮社區防救災計畫，全程僅執行約半年的時間。爲保持社區防救災組訓的成果，後續由南投縣消防局接手，目前納編入竹山消防隊（名稱爲木屐寮睦鄰隊，目前仍有10位隊員），每年5月集訓一次（約兩小時）。

木屐寮社區意見領袖告訴作者，[7]木屐寮社區在南投縣消防局的組訓與帶領下，一度成爲南投縣社區防救災組織的典範社區，甚至該社區防救災團隊也會主動協助其他社區因颱風造成的災害。這有如Atsumi (2014)提出的，社區從災難中重生，同時透過協助其他災區，建立回饋的網絡關係。不過木屐寮的故事，同時存在公部門（消防局）納編社區防救災組織的因素（或雖無經費支出，但和政府已建立連結關係）。由於木屐寮社區防救災組織的成功經驗，主要係社區意見領袖、社區民眾，持續協助維持社區防救災組織運作，並積極爭取社區生態園區與有機農作之轉型與推動。因此，社區民眾是影響社區防救災組織成立的最關鍵因素，不過還包括村里長、鄉鎮市公所、消防隊、警察局、警察分局、警察派出所、縣市政府、中央政府、民間部門等因素（楊永年，2003）。該社區在意見領袖積極努力爭取下，獲得水利署第四河川局的協助，將木屐寮打造爲兼具生態保育、觀光（成爲南投縣的觀光景點）與防災（園區具有滯洪功能）的

7 作者2002年委託計畫結束後，仍和該社區意見領袖保持連絡，木屐寮防災社區最新的發展情形，係該意見領袖於2019年2月2日所提供。

生態園區。[8] 這同時印證了Jha、Barenstein、Phelps、Pittet and Sena (2010: ix) 社區參與災後重建的重要。

木屐寮社區防救災組織之所以能成爲高績效的防救災團隊，應有諸多關鍵因素，至少包括政府資源投入（九二一重建會專案計畫經費投入）、組訓計畫執行團隊的執行，以及社區（意見領袖）的高度配合。計畫結束後，消防局定期給予教育訓練，以維持社區防救災組織能持續運作。也可以說，前述努力讓木屐寮社區從受災區，翻轉成爲生態觀光區，保護了家園，也營造友善生態環境。因此，再檢視前文對於社區民眾自助或防救災能力與知識強化，實務運作上，存在由上而下與由下而上兩種模式的交互運用，比較能發揮更大的成效。主要理由有三：第一，政府擁有的防救災資源最豐富，防救災設備或專業能力，主要仍在政府（含學術與研究單位）；第二，政府救災體系組織分工龐雜，社區不一定知道政府擁有什麼資源（含設備或專業能力）；第三，由於社區民眾防救災專業能力與知識貧乏，不一定知道如何切入學習，政府與學術單位比較知道如何設計課程，吸引與強化社區民眾提升防救災自助的能力。

課程內容包括個人需要什麼知識（含行動）、緊急災難來臨時如何自保與求救，以及平常備妥緊急避難包，如圖8-2所示，避難包的內容包括重要證件、飲水、防災食物、現金、急救用品與常用藥、粗棉手套、暖暖包、小毛毯、禦寒衣物與內衣褲、輕便雨衣、手電筒、收音機與電池、面紙、毛巾、口罩、文具用品、瑞士刀與哨子、備份鑰匙等。換言之，課程的實用性很重要，最主要的目的在提升社區民眾防救災（自助）的能力。木屐寮社區防救災組織之所以成立，並能持續運作，和中央政府（重建會）提供的資源（公助）有關。也就是政府透過公助，提升木屐寮社區自助的能力，同時形成共助的規範（透過社區課程培訓），讓社區民眾知道如何互助，甚至進一步形成公助的資源，協助其他社區提升自助能力，以及建立共助機制。

---

8 http://travel.nantou.gov.tw/detail.aspx?type=scenic&id=385，瀏覽日期：2018/12/1。

圖8-2 緊急避難包[9]

9 https://www.nfa.gov.tw/cht/index.php?act=article&code=search&keyword=%E7%B7%8A%E6%80%A5%E9%81%BF%E9%9B%A3%E5%8C%85&postFlag=1，瀏覽日期：2018/12/1。

而木屐寮的故事發展至今，似乎也在呼應Arendt and Laesch (2015) 應從長期的角度進行社區的發展與規劃。木屐寮成立親水公園，除了造福社區，也成了南投縣的旅遊景點，形成反饋作用，不只是中央與地方政府影響木屐寮，長期下來木屐寮也對中央與地方政府有正面影響。Arendt and Laesch (2015: 55-84) 進一步指出，社區是複雜、開放與自我組織的社會系統（communities as complex, open, and self-organizing social system）。雖然其內容不一定會往正向發展，卻可以就社區發展作無限可能的解釋，在適當的協助下，社區可能發揮難以預期的能量，能為自己的社區造福，同時可能進一步對更大的（鄰近）社區或城鎮，產生正面的影響。基此，也可以進一步解釋木屐寮社區已可算是自我組織的社會系統，並在其長期與政府或外在環境互動下，持續成長與發展。

國內政府（包括內政部消防署、農委會水土保持局、縣市政府與學術團體）也多持續推動防救災社區培訓活動，積極執行深耕計畫。以內政部災害防救深耕第3期計畫為例（內政部，2017：12-15），內容亦強調社區自主防災的重要，並說明經費編列除中央政府外，亦請地方政府編列配合款，該計畫同時指出五大問題，包括基層防救災組織仍需持續精進、地方防災能量仍待擴充、地方政府與協力團隊合作仍須深化與技術轉移、村里與社區自主防災組織亟待建構與經營、基層防救災工作需持續改進。計畫內容亦提及，深耕計畫應參考日本仙台減災綱領，持續精進社區自主防災工作。雖然看得出深耕計畫撰寫的用心，也代表政府對社區防救災的重視，但如果能引進日本有關自助、共助、公助的架構，同時發展社區深耕計畫的衡量指標，再納入社會參與及政策溝通，也許深耕計畫執行的成效更佳。

特別是深耕計畫第3期核定本，有關附件二之105年度直轄市、縣（市）首長災害防救交流分享座談會紀錄，可發現該次座談會，係由當時的行政院林全院長主持。顯見救災體系的重視層級提升至行政院，也代表行政院對救災體系社區防救災議題的重視。至於如何強化社區自主防災，似乎不是這次座談會的主軸。勉強說來，僅第一項討論議題主要在延續深耕計畫的預算經費，卻無詳細或重點評估問題的論述。關於前述座談會議紀錄，諸多議題和社區自主防災固然有關，但有關災情資訊傳遞、漁塭養殖、高病原性禽流感撲殺、治水（淹水）、土石流自動監控系統等議題，並非直接和社區防救災自主能力強化有關，卻可融入社區自主防救災計畫。因爲可確定的是，在自主防救災社區強化部分，不論是深耕計畫、中央政府與地方政府角色，以及執行單位等，都還有改善的空間。或許，如果深耕計畫的撰寫、推動與執行，均能聚焦（或專章聚焦）在自主防救災社區，社區防救災能力可以進一步提升。而本章所提木屐寮社區防救災組織的組成、發展與運作模式，應可提供深耕計畫參考。

在這部分，有關美國舊金山的NERT（Neighborhood Emergency Response Team，譯爲睦鄰救援隊，或也稱CERT，即Community Emergency Response Team）的執行方式，也可以提供我們參考。[10]由於作者於2013年至2014年擔任UC Berkeley and Fulbright訪問學者，曾經參與NERT的（免費）培訓課程，並獲得志工證（必須全程參與課程，並參與社區自主防救災演習，而且志工證效期是兩年；換言之，要維持志工證，必須每兩年參加一次的培訓課程）。參與課程或志工培訓課程的對象，包括居住舊金山灣區所有居民（涵蓋舊金山、奧克蘭、聖荷西等大城，以及灣區所有大小城鎮），以及有興趣參與學習的短期居民，均可參加。因此，作者進一步認爲美國舊金山睦鄰救援隊志工（或自主防救災）模式，值得我們參考學習。NERT的由來係舊金山於1906年與1989年兩次大地震，尤其是1989年大地震，讓舊金山居民深感自主防救災的重要，因此央請舊金山消防局出面主導，設計並提供居民完整的培訓課程。

NERT訓練課程共有六大主題，第一個主題是地震認識、整備與減災，包括地震形式、強度、歷史與機率，如何在地震前有所準備，以及地震發生時如何因應等。第二個主題是基本災難因應技巧，包括天然氣、水、電之控制，包括爲什麼與何時要關閉這些設施、火災的種類、滅火器的運用、家庭危險物質的認識，以及恐怖攻擊的認知等。第三個主題主軸是災難醫學，包括救援人員的健康、開啓空氣暢通管道、止血與休克處

[10] https://sf-fire.org/training-schedule-registration，瀏覽日期：2018/12/1。

理、檢傷分類、輕微燒燙傷處理等。第四個主題是生命搜尋與救援，了解不同的建築類別與如何搜尋損害、如何分類受創的建築物、建立標示系統、內部搜尋模式、移開重物與機械運用的優勢，以及災民救援。第五個主題是救援團隊與管理，檢視城市災難應變計畫，並了解計畫與NERT的契合度、NERT前進指揮系統運作情形、災難管理情形，以及深化對災難心理學的了解。第六個主題是救災技巧的發展與應用，包括測驗、現場學習、滅火應用、檢傷分類與傷患救助、災民受重木壓制之救援、災難現場搜尋失蹤人員、課程評估等。

臺灣的體制或制度和美國不同，臺灣政府體制在精省之後，中央政府大幅集權，而且臺灣的民主政治歷史也沒有美國來得長。美國主要是聯邦體制，因此地方政府的權限或自主性較高，美國民間由下而上的能量也可能大於臺灣，這可以從其自發性成立NERT得到印證。因此，以舊金山灣區執行NERT方案的經驗，提供區域（社區志工）防救災教育訓練，強化個人防救災（自助）能力，值得學習。雖然由舊金山市政府消防局提供教育訓練，但基本上仍是志工主動參與並負責相關志工服務之聯繫與規劃。有關臺灣部分，我們設有六都（直轄市），原本就希望六都能起帶頭作用。因爲精省造成跨縣市協調整合的問題，行政院設有中部辦公室、雲嘉南辦公室、南部辦公室、東部辦公室等，都希望可以區域整合的方式，設計民眾參與防救災教育訓練的管道，提升民眾防救災「自助」的能力。

只是這些都比較是由上而下的模式，不是由下而上的模式，而這也是臺灣和美國體系不同之處，所造成運作模式的差異。而美國這種由下而上吸引或鼓勵參與的模式，就值得臺灣學習。只是，這涉及制度變革因素，不見得能在短時間到位。雖然，依圖8-1所示，自助固然是防救災最重要條件，但要發揮更大的效能，必須建立共助與公助。或者，如果社區很多居民擁有基本的防救災常識，若缺乏網絡的連結，有如分工後的組織沒有連結，就不易發揮整合的救災能量。因此，共助其實就是網絡的連結，而這是下節的重點。

第二節 共助

自助爲共助的基礎，因爲有了自助（居民個人擁有防救災的知識與能力），才能談共助或互助。而當自助能力或能量不足，就應有（資訊）通報系統，讓共助或公助發生（楊永年，2010b）。其背後固然存在網絡關係的建立，這和社區文化或非正式規範 (North, 1990) 的建置、工作團隊的建立（team building）有關，也和社區防救災平臺的建立有關。而這又和文化部臺灣社區通對於社區的定義有關，其內涵包括如何讓居住在同一區域範圍的一群人，建立彼此間共同利害關係（社區的消極定義），以及如何讓該區域民眾「擁有共同的意願和行動去改變某些不滿意的現況」——凝聚社區共識，參與社區改造（社區的積極或操作性定義）。[11] 而前述木屐寮專案計畫的經驗，所謂的平臺包括專案計畫本身，以及社區既有的發展協會（是否認同並持續推動社區防救災或成爲永續發展的平臺）。當然關鍵因素還是社區意見領袖的積極投入，以及消防局每年持續提供組訓，都是防救災共助平臺永續發展的因素。

至於如何讓自主防救災社區發揮共助效果，必須讓社區民眾願意共享資源，因爲社區民眾有不同的專長、人才與資源，透過資源分享，可以發揮共助的效果。再以木屐寮社區專案計畫爲例，當時籌組社區防救災團隊，首先思考團隊分工，並以適才適所考量各分工單位的組長與組員（楊永年，2002）。木屐寮社區防救災團隊共設有五組，包括預警監控組（主要係傳遞災情重要資訊，並以閩南語報馬仔組爲名，以加深社區居民的印象）、搶救組、疏散收容組、救護組、後勤組等。由於考量功能之發揮，因此社區防救災組織隊長一職，特別邀請當時的里長擔任，也獲得應允。3位副隊長邀請社區意見領袖擔任，預警監控組長請居住東埔蚋溪旁的社區民眾擔任（可以就近監控水位，並傳遞訊息），搶救組長邀請善於游泳且當時任鄰長的民眾擔任（經常於颱風來臨水位高漲時涉水撿拾漂流

11 https://communitytaiwan.moc.gov.tw/Item/Detail/%E3%80%8C%E7%A4%BE%E5%8D%80%E3%80%8D%E7%9A%84%E5%AE%9A%E7%BE%A9，瀏覽日期：2018/12/1。

木），疏散收容組長則請社區活動中心管理人員擔任，救護組長則請在地老人養護中心負責人（具護理背景）擔任，後勤組長則邀請社區具財務管理專長居民擔任。

爲充實社區居民的自助防救災能力，木屐寮社區防救災團隊組訓過程，安排有關救災技術（例如滅火器的使用、逃生技巧，以及救生圈與救生繩之使用）、社會安置（含安置注意事項，以及求助電話），以及氣象與水文監視資訊相關課程，讓他們能看懂並善加運用現有防救災資訊與資源。而爲提高所安排課程之出席率，課前由計畫主持人與熱心的社區意見領袖，共同前往居民住居所廣播宣導，鼓勵民眾參與課程學習。同時爲鼓勵聽講民眾專心學習，因此準備小紀念品，作爲專題講座結束前有獎徵答的獎品。同時爲便於團隊成員相互聯繫，研究團隊設計了《木屐寮社區防救災手冊》，內容載明防救災團隊成員、分工方式，以及連絡方式（電話），同時提供在地警察、消防、鎮公所重要電話。

應該說，社區自我覺醒或自願成立的防救災互助或合作平臺，是最理想的共助機制。其次，是由政府或學術團隊介入，提供社區自主防救災學習與共助平臺。只是，因爲大型災難不常發生，若疏於演練或提醒，社區民眾容易出現怠惰的情形。因此，定期演習、演練（例如每年）或以其他活動方式呈現，成爲社區自主防救災很好的共助平臺。例如，慈濟基金會推動社區環保（協助處理家庭資源回收，由於塑化物可能造成環境與海洋污染，進一步造成人類災難），除了具有「環保救地球」的理念。實際的做法是讓健康（或僅小病痛）社區老人走出家庭（爲社區服務），形成另類的長照、環保、救災等多功能網絡關係（甚至結合園藝與療癒內涵）。[12] 換言之，如何將防救災融入社區民眾日常生活中，慈濟創造了另種生活化的災害防救模式，值得參考。

再以美國舊金山NERT的經驗爲例，則係由政府介入，提供社區（防救災）自助與共助平臺，因爲有了NERT的志工證，志工間就會有共同的價值與認知，在災難來臨時，就很容易可以搭起緊急救難的平臺或發揮應

12 作者於2019年2月8日參與某非營利組織分享會所獲得之資訊。

有的功能，這則是共助的另一種運作模式，經由NERT方案的培訓，都會有熱心的志工協助聯繫，提供社區防災演練訊息，並鼓勵共同參與，讓志工的自主防救災能力更為強化。或許前述NERT方案，是我國防救災社區深耕計畫可以納入思考與規劃的內容，透過區域防救災自助能力（教育訓練）機制的建立，共助平臺自然隨之建立。例如在NERT的架構下，舊金山不同社區（其實也涵蓋整個舊金山灣區），會定期舉辦演練，並邀請NERT志工參加。演練過程通常也有警察與消防人員參與，自然形成自助與共助的社區自主災害防救文化。

臺灣曾積極進行社區總體營造，透過社區培力（empowerment），強化社區文化共同體，其內涵雖不在防救災，卻可以利用既有的網絡平臺，提升防救災自助能力，同時營造防救災共助平臺，也是可行的方法。共助的模式或平臺其實很多，只是沒有去整理或整合。例如，村里長、社區發展協會、非營利組織等，以及行政院於2005年至2008年所推動的「臺灣健康社區六星計畫」，其內涵包括產業發展、社福醫療、社區治安、人文教育、環境景觀、環保生態等六大面向。[13]當時可能未考量防災項目，但的確可以同時作為社區發展的重要內涵，透過資源整合，可以發揮的防救災效能可能更佳。不過，從木屐寮的經驗卻發現，社區防救災組織最關鍵的人物，不是村里長、社區發展協會，而是深受其害的熱心社區民眾（意見領袖）。

受日本311核電事故影響，核電廠或非核家園之能源政策，在臺灣一直存在許多爭議與討論。2018年以核養綠公投過關，共獲得5,895,560張同意票，也使得2025非核家園政策存在不確定性。但後續能源政策特別是核能政策如何操作，包括是否重啓核四，以及核一、核二、核三是否延役，似乎不容易有共識。背後因素固然很多，單就核電廠鄰近社區核能安全共助（治理）機制的議題，就有許多討論的空間。例如，作者自2009年起，投入核能安全與治理之研究，特別針對核三廠鄰近社區有許多研

13 http://sixstar.moc.gov.tw/blog/u220002555/myBlogAction.do;jsessionid=59FA3042D1044845CB2BCA32599872FE?method=doViewMyBlogIndex&articleTypeId=1972，瀏覽日期：2018/12/1。

究，並有許多的發現。其內涵包括政府部門的努力，以及民間知識（資訊）與公共（社區）參與的提升。針對2009年核三廠變壓器失火，楊永年（2009b）爲文指出核安體系存在體系紊亂、溝通機制存在漏洞、預警系統失靈、核能科技缺乏人文思維等四大漏洞，也因此啓發作者對核能議題的研究興趣。

由於核三廠變壓器失火出現濃煙，一度引發部分民眾誤解爲「核能事故」。雖然變壓器失火產生濃煙和反應爐與核輻射無關，但第一時間並未公告或傳遞該關鍵訊息，引發民眾的恐慌（楊永年，2012d）。合理的論述是，這次的事件，同時曝露本章自助、共助、公助三個層面的問題（楊永年，2010；2011a；2012c；2012e；2012f；2013b；Yang, 2016）。因此，公助應該是正確訊息未在第一時間傳遞的源頭問題。而接下來的問題是，雖然當時核三廠在台電總部召開記者會前，僅與鎮長、鎮代與里長等進行溝通，沒有正式和媒體溝通，所以就該事件而言，核三廠鄰近社區所謂「共助」可能並未眞正發生。因爲代表恆春的政治人物，可能在接受核三廠安撫後，覺得沒有大問題，就回家或就沒有採取進一步行動和民眾說明或溝通。

前述案例亦可用本書第二章提到的資訊、動員、組織間合作研究架構進行整理與思考。從過去個案的分析，可以很清楚了解，共助之所以能發揮應有的成效，自助與公助不可或缺（公助除了緊急時給予協助，特別是災後協助重建，有助共助文化的產生）。因爲任何災難或核能事故發生，第一時間除了自助，就屬共助最能發揮即時的效果。再以核三廠變壓器失火爲例，如果公助在第一時間就注意到正確資訊傳遞的重要性，同時透過既有之共助網絡管道進行訊息傳遞，是可以有效和民眾溝通。例如，核三廠鄰近許多社區多設有廣播系統，惟居民反應廣播系統效果不佳（楊永年，2012d），而現今社群媒體發達，資訊流通的速度更快，其效能可能高於廣播系統。

合理的論述是，共助不一定會自動發生，有時需要政府或外部資源的介入。例如，Jang and Wang (2009) 針對921大地震期間臺中市東勢區的客家社區進行研究，結果顯示客家文化中含有的硬頸精神、整備、耐勞、社會支援網絡，都使救災韌性產生正面影響。這代表客家社區原本就存在共助的文化或精神，面對災難的來臨，共助自然能夠產生。南投縣水里鄉上安村，因爲經歷921大地震與2001年桃芝颱風造成嚴重土石流，而在當時重建委員會主導的社區防災管理方案推動下，Chen、Liu and Chan (2006)透過社區居民參與管理，以及教育訓練，同樣協助該社區獲得重生。也因上安村後續受水土保持局協助（公助），透過工程施作以及居民參與，提升社區防救災能力。

第三節　公助

由於公助的內涵所指的是，政府的資源或能量，如何透過政策設計，有效協助社區自助與共助的發生。這部分政府還有許多努力空間（特別是地方政府，不過中央政府掌握的資源最多，也責無旁貸），因爲警消分立之後，警察不管消防（雖然警察人力與分布均優於消防單位）、消防人力有限，使得公助受到限縮。也許鄉鎮市區公所可以在這部分進行努力，但因沒有專屬的「防災課」（縣市政府也沒有防災專業分工部門，僅中央有正式的災害防救辦公室幕僚單位），也使得鄉鎮市區公所難以扮演協助的功能。至於民選的村里長以及屬公務人員的村里幹事，也可能因爲防災專長與政策誘因不足，導致防救災公助的不足（楊永年，2002a）。

嚴格說來，政府在過去與現在都在推動社區防救災計畫，只是要發揮全面性的功能，仍有努力空間。例如內政部消防署主責推動的深耕計畫，以及早期文建會（現改制文化部）時代推動的社區總體營造，都是以社區防救災爲主軸的政策。前臺灣省政府陳錦煌副主席，就具體指出應從生存與經濟的角度，進行災害防救社區總體營造（李詠琴，2003）。因爲災民若喪失了經濟的來源，就失去了重建家園的資源，因此結合農業或特色產業，可以是社區發展重要的方向。由於921大地震與之後桃芝颱風的侵襲，重建會於是積極推動「社區防災、減災總體營造實施計畫」，也就是從社區總體營造的觀點，切入社區防救災，讓社區防救災的基本概念，成爲社區居民日常生活的一部分。

就救災體系而言，公助可以分兩個層面，第一是在救災階段，第二是在重建或防災階段。在災害來臨或救災階段，政府（公助）固然可以提供社區立即的協助或救助。但如果災害範圍過大，或前往災區的通訊與道路中斷，就必須仰賴自助與共助。因此，救災如果僅仰賴公助，社區罹災的風險就會很高。而公助對於重建或（與）防災的投入，其實也在強化救災的能力或能量。因此，政府必須思考如何在有限的資源下，同時提升社區自助與共助的能力。本章所提到的美國舊金山NERT的案例、南投縣竹山鎭木屐寮案例（背後有重建會與水利署第四河川局協助）、南投縣水里鄉上安村案例（背後有重建會與水保局協助），這些也都是政府出面或公助造成的社區自助與共助案例。

南投埔里桃米社區也是防救災社區重建的典範，因爲921大地震影響，桃米社區也遭重創。後在農委會特種生物研究中心協力下，從生態角度切入，找出重要生態物種（發展生態觀光），同時結合鄰近之暨南大學、交通部觀光局日月潭風景管理處、新故鄉基金會，以及地方政府與在地資源等，讓埔里桃米社區獲得重生。江大樹、張力亞（2008）指出桃米社區轉型成功經驗，主要在於「被信任者的特質」與「組織互動模式」，前者強調「意願、熱誠、在地性、義工精神」的重要性；後者則重視「人際及組織間彼此的尊重、社區自我學習與教育、非正式且持續不斷的鏈條式溝通、營運制度的健全性」。換言之，外部力量或資源的投入與協助固然重要，社區內部的特質也不能忽略。這又回應前述公助的投入，需要同時讓自助與共助發生，社區防救災機制才能永續。水沙連大學城計畫也在延續桃米社區的成功經驗，目的在讓桃米生態社區總體營造能夠永續。[14]

再以臺南市後壁區新嘉社區爲例，2018年8月發生的豪大雨量，並未造成該社區淹水。主要歸功於社區自主防災組織發揮功效，原因在於尚未籌組社區自主防災組織前，該社區因地勢低窪逢水必淹，後來透過市府水

14 https://www.gazette.ncnu.edu.tw/node/191，瀏覽日期：2019/2/11。

利處排水工程，以及社區自主防災團隊運作，才發揮防災功能。[15] 從前述案例說明，發揮防災功能固然和社區自主防災團隊有關（自助與共助），但也因爲臺南市政府提供協助或公助，例如由市政府主導排水工程施作，同時和該社區自主防災團隊有許多的討論與合作，才發揮應有的防救災功能。從新嘉社區自主防災團隊的案例，似乎也顯示社區自助與共助的發生，和公助（政府）運作與協助有很大關連性。臺南新嘉社區自主社區成功的案例是，社區（民眾）有需求，先有自助知道自己能力有限，因此同時透過互助主動提出需求，再由政府介入協助，是公助入場或介入社區的好時機。

2009年的莫拉克風災，固然爲南臺灣（包括高雄、屏東、臺南、嘉義、臺東）等，帶來嚴重災害。但因已有921大地震的重建經驗，因此對於社區重建與協助更爲多元，除了考量永久屋如何延續原來的部落文化，也意識到如何協助社區發展特色產業，或爲社區創造工作機會。也可能因爲如此，讓原本部落流失的年輕一代，願意重返家園，導致原本蓋的永久屋已不夠居住。[16] Arendt and Laesch (2015: 205-234) 就指出，社區重建的啓始點在於地方經濟（local economy），而創造工作機會基本上也屬地方經濟的一環，因爲地方經濟的振興，或者工作機會的創造，成爲居民願意長住的重要誘因。這隱含社區重建經驗成功的案例可能很多，除了非營利組織投入重建外，也許政府政策也有貢獻。因爲莫拉克風災後，中央政府成立部會層級的「行政院莫拉克颱風災後重建推動委員會」，並已於五年後（即2014年）解散。而高雄市因爲災情慘重，因此高雄市政府也成立了重建委員會，讓中央與地方政府共同協助災區重建。

爲強化民間自主防災水平，日本於2003年設有防災士制度，基於自助、共助、公助的理念，成立防災士機構；防災士機構屬非營利組織，主要在培育民眾具有防救災能力，並在災害來臨時提供協助力量。[17] 日本防

15 http://news.ltn.com.tw/news/focus/paper/1227399，瀏覽日期：2018/12/16。

16 https://udn.com/news/story/7327/4186919，瀏覽日期：2019/11/27。

17 http://www.tnst.org.tw/ezcatfiles/cust/img/img/20091221cp_21.pdf，瀏覽日期：2018/12/16。

災士機構係非營利組織或民間團體，成立初期並無政府資金的協助。因此防災士機構所需之資金必須自籌，主要籌措方式係透過防災士測驗，以及通過認證兩項名目進行收費。另設有防災士會，由取得防災士機構認證者成立並組成，並成爲防救災人力派遣單位（李鴻源等，2013）。由於日本防災士制度漸有成效，因此，臺灣於2018年8月10日公布並實施「防災士培訓及認證管理要點」，並由深耕教育第3期計畫推動實施。[18]該課程與教材，是從日本學習而來的防災士制度，但因爲不像日本由非營利組織推動，臺灣的防災士主要由政府推動，經費亦由政府提供。

因此，臺灣防災士制度的推動，如何吸引民眾參與防災士認證，同時能發揮災害爲救的功能，仍待後續研究與觀察。換言之，防災士能否在災害來臨時，有系統、有秩序的動員防救災志工進行救災，有了防災士的法令規章，是否就能改變體制，或發揮災害防救的功能，可能還有討論空間。而從日本成立防災士機制時間點，遠晚於美國舊金山NERT的志工運作模式，因此有可能係模仿舊金山模式。不過，依作者參與NERT課程教育訓練的經驗，並未收取教育訓練費用，後續參與防救災演練或參與防救災，亦由通過認證的志工連絡。重點是，臺灣要建立類似日本或美國舊金山的志工運作模式，除了參考日本，還可以參考美國。但最後還是要思考如何在臺灣深根或深耕，也就是參照臺灣的體制，進行臺灣防災士機構的設置。應該說，臺灣政府成立防災士制度的目的，同樣也在提升民間防救災教育水準，而這牽涉全民防災意識的提升，的確是重要的工作，只是如何發揮由下而上的民間防救災參與或動員能量，仍待政府與民間共同努力。

前內政部長李鴻源曾公開呼籲便利商店人員投入防災士訓練，惟有不同的聲音出現。有人認爲便利商店的員工薪水低、工時長，要求他們投入防災士訓練，並扮演防救災角色，等於加重他們的工作責任與負擔，因此

---

18 http://www.rootlaw.com.tw/LawContent.aspx?LawID=A040040131043200-1070810，瀏覽日期：2018/12/16。

並不適當。[19] 李前部長提出的方向並沒有錯，只是如何設計政策配套，例如，這項做法如果由業者主動提出，或讓業者進行配套措施的設計，以展現企業社會責任，仍有其推動的價值。可以思考的方向是，設計防災士教育訓練（網路與宣導）平臺，讓業者感受到參與防災訓練的重要。例如，作者參加美國舊金山NERT訓練課程，不乏高科技企業公司派代表參與訓練。或者，如果將民眾參與防災士訓練視為「成本」，也可以思考如何由民間支助或（由利害關係人）吸收成本。當然，實際或執行做法仍有很多討論空間與可能。

緊急或大型災難發生時，對於政府（公助）力量的投入有其必要，但往往因為災情過大，政府的人力或能量又嚴重受限，因此民間（防災士）防救災的培訓，就顯得非常重要。而這也凸顯政府在防災士教育訓練，仍可以扮演引導（或鼓勵民眾參與）角色。再以美國舊金山NERT為例，關於NERT方案與相關訊息，有專屬網頁且資訊相當豐富，包括方案緣起、教育訓練內容、報名資訊、訓練日期與期程、相關組織等。該專屬網頁置於舊金山市消防局官網之下，同時在Facebook、Twitter、Instagram也都有相關訊息連結。[20] 反觀我國，只有消防署一頁網頁，介紹防災士的重要與相關資訊。顯然，臺灣推動防災士政策機制，僅從官方網頁進行比較分析，就還有許多努力空間。倒是臺北市大安區防災士教育訓練資訊，同時出現在臺北市就業服務處，以及臺北科技大學土木工程系網頁，看來似乎比較活絡。[21]

至於社區核能安全，由於是原子能委員會主政，所以擔負較大的核能安全防救災責任。如前述，核能安全機制的強化，不能只靠（政府）公助，要想辦法讓社區自助與互助發生。不過，因為原能會在地方政府沒有主責單位，使得核安社區的推動存在困境。由於作者多來年針對社區核能安全議題進行研究（楊永年，2015a；2016a；2017c；2018j），深深了解

---

19 https://buzzorange.com/2016/02/25/about-cvs/，瀏覽日期：2018/12/30。

20 https://sf-fire.org/neighborhood-emergency-response-team-nert，瀏覽日期：2018/12/30。

21 https://ce.ntut.edu.tw/files/14-1046-76937,r711-1.php?Lang=zh-tw, themes.gov.taipei/public/Attachment/8521242220.docx，瀏覽日期：2018/12/30。

必須讓核電廠鄰近社區民眾感覺到安全，或必須避免因為對核能安全資訊不完整或扭曲，導致居民存在不安全感。同時發現，社區核能安全平臺的建立具有共識性，不論政治立場為何，均支持社區核能安全平臺的建構。也因為這些計畫直接深入社區，和社區民眾直接建立溝通平臺，並多有文創防災疏散地圖的產出，結合桌墊、束口袋、年曆等。也就是以實用性與文創性（電腦手繪地圖），結合社區核能安全防災疏散圖，讓社區代表接觸正面的核安訊息。

換言之，作者過去的社區核能安全委託研究計畫，均嘗試在核電廠鄰近社區進行核安平臺的建議，主要選擇核能安全緊急應變計畫區八公里範圍，進行逐里建立核安平臺。[22] 操作的主要流程包括，先和社區代表共同討論社區特色，最終產出具文創特色與社區特色的疏散路線圖。由於里長是社區最具代表性的人物，因此研究團隊均先徵詢里長的合作意願，作者所屬的研究團隊合作對象最多的就是里長。第二種方式是，徵得里長的同意，和當地的小學合作（主要和校長、教務、學務、總務主任討論）。例如，2014年研究團隊和恆春國小合作，同時產出「恆春愛成功」，[23] 也就是和恆春民謠節結合，舉辦話劇，比賽結果由成大學生和恆春國小師生組成的團隊，獲得該次競賽第二名。重點在於，透過話劇的演出，讓原本冰冷的核能安全資訊，成為生動活潑的資訊內容，因為話劇的語言，很容易讓社區民眾與師生們接收或接受。

核能安全議題一直是社會大眾關注的議題，鄰近核電廠居民可能因為核安資訊的不足，加上不正確核安資訊流通或謠言，導致對核電廠或核能安全存在諸多不安全感。也因為近年社區民眾意識高漲，民眾除對社區核能安全議題持續關注，參與公共事務的意願也益趨增加，所以社區核安（或輻安）計畫平臺，納入社區代表參與討論意願之評估，也因為社區核

22 https://www.aec.gov.tw/%E7%B7%8A%E6%80%A5%E6%87%89%E8%AE%8A/%E6%94%BF%E5%BA%9C%E5%B9%B3%E6%99%82%E6%BA%96%E5%82%99/%E6%95%B4%E5%82%99/%E7%B7%8A%E6%80%A5%E6%87%89%E8%AE%8A%E8%A8%88%E7%95%AB%E5%8D%80--5_43_155_898.html, 瀏覽日期：2018/12/30。

23 https://www.youtube.com/watch?v=NvWhTSgzz6E, 瀏覽日期：2018/12/30。

能安全議題由原子能委員會主政，該項計畫也在承擔核能安全風險管理責任。由於社區核能安全計畫可助核能廠鄰近社區進行災害應變整備或防災，若可進一步強化民眾災害應變意識，提升民眾防護行動知能，更可降低災害對於社會造成的衝擊。因此，未來仍應思考如何和一般防災進行結合或連結。

第九章

救災體系——非營利組織

所謂非營利組織（non-profit organizations），係指非以營利（或賺取金錢）爲目的存在或運作的組織 (Powell, 1987)。而爲維持非營利組織基本運作，通常可以收取合理之（營運）費用，但所得的營運費用，不得分配給組織成員或董事會（管理或治理委員會）。[1] Salamon (1999) 認爲非營利組織的設置，主要以提供公共或共同利益（public or mutual benefit）爲目的。Anheier (2014) 則認爲非營利組織具有五項特質：第一，是有組織的（organized）；第二，是私立的（private，和政府區隔的）；第三，是自我治理的（self-governing）；第四，沒有利益分配（non-profit-distributing）；第五，是自願的（voluntary）。所產生的盈餘或利潤，必須用於支援組織的運作。Payton and Moody (2008) 則將非營利組織定位在慈善部門（philanthropic sectors），並進一步定義所存在五種角色，包括服務的角色（service role）、倡議的角色（advocacy role）、文化的角色（cultural role）、市民或庶民角色（civic role）、先鋒的角色（vanguard role）。

前述的定義或內涵，都可以在救災過程觀察到非營利組織的特質。在本書前幾章，對於非營利組織在防救災與重建過程扮演重要角色，已有零星的論述。但因爲非營利組織在救災體系具關鍵或重要角色，非營利組織在救災過程所動員的能量，以及所發揮的功能，經常可以彌補政府部門的不足，因此值得以專章進行系統性的論述。政府也屬非營利組織的範疇，但本章所指非營利組織（或論述內涵）並不包括政府組織在內，只是也有很多公立（或政府所屬）的醫療與教育組織，雖屬政府部門，但也經常會劃歸爲非營利組織範圍。依Bozeman (2004) 的看法，所有組織都是公共的（all organizations are public），因爲都受到不同程度的政治影響、法令規範或管制。例如，有很多非營利組織受政治規範與政治充分授能（empowered）。非營利組織從其公共性（publicness）或公共利益（含公共管理）思考，其發揮空間更大。

非營利組織的存在，是可以彌補政府失靈或運作的不足。而這都可

1　https://www.law.cornell.edu/wex/non-profit_organizations，瀏覽日期：2019/12/12。

以從921大地震與莫拉克風災，非營利組織參與組合屋與永久屋重建得到印證。日本阪神大地震之後，日本很多非營利（或志工）組織也紛紛成立，原因在於非營利組織運作較政府更有彈性。例如，2020年1月12日，日本兵庫縣寶塚市長中川智子在一場紀念阪神大地震二十五週年震災研討會的專題演講中提到，1995年阪神大地震發生時，她是家庭主婦，主動前往災區，提供災民服務。後來發現災民有電視與電器使用的需求，因爲當時提供給災民的組合屋，只有房子沒有任何電視或電器。因此她請在Panasonic公司服務的先生詢問捐贈災民電視的意願，但公司回應早已捐給市府。她覺得很奇怪，怎麼災民都沒拿到，於是前往市府詢問。後來官員偷偷帶她到倉庫看，並請她保密，因爲市府要列冊再行分配，所以需要時間。中川詢問需要多久時間才能將這些電器分配給災民，市府官員說要一年。

前述問題凸顯政府失靈現象，無法有效的發放與提供電視給需要的災民。可能的原因在於政府有其既有的規範或法規，使得官員爲能公平發放電視，因而犧牲了效率，也可能因爲資訊不公開，所以官員感受不到分配或發放電視的壓力。但也因爲政府的僵化，犧牲了災民應有的權益。中川智子於是決定自己成立非營利組織，並協調捐贈電視與電器事宜，立即貼告示請社會大眾捐贈不用的二手電視或電器，再由她轉贈給災民。中川所住的公寓就成了倉庫與工作室，還自掏腰包支付運費，但因災民需求量大，所以向銀行借了700多萬日圓。還好，剛好她父親在印尼，介紹一款健康芋農產品，於是透過告示與宣傳，「請大家購買健康芋，除增進健康並可幫助災民」，後來很快就償還了700多萬日圓的債務。

Osborne (2003: xiii-xiv) 針對日本非營利組織進行系統性的研究，讓讀者能深入了解日本非營利組織的發展歷程。Imada (2003) 指出，因爲1995年的阪神大地震造成的龐大災難，不僅民眾與民宅受損嚴重，地方政府（救災）單位受創也相當嚴重，以致很多災民必須仰賴鄰居與志工進行救助。或許因爲阪神大地震的傷害，日本政府與民間深刻體會志工或非營利組織的重要，所以日本政府與民間對於臺灣921大地震的協助，會是那麼用心與投入。再依Imada的看法，民間志工組織在1980年代後期開始萌芽，1990年初期則有具體的成長，包括基金會與論壇的設置，進行慈善志工組織的建立。而爲了能讓非營利組織永續，日本政府與社會，嘗試讓非營利組織和社區進行連結，希望發揮與提升社區自助與互助的功能。不過，Bestor and Maekawa (2003) 則將日本的慈善志工組織發展，追溯到1910年代洛克菲勒基金會（Rockefeller Foundation）與宗教團體對日本的投入與協助。

合理的論述是，大型災難的發生固然造成許多悲劇，但另一方面也凸顯非營利組織慈善或志工投入的重要，日本如此，臺灣也是如此。Koliba、Mills and Zia (2011) 從課責與治理網絡（accountability in goverancenetworks）的角度，檢視卡崔娜風災的因應，發現治理網絡的協調整合出現嚴重瑕疵。他們進一步認爲，雖然傳統上防救災多以政府爲核心，且政府掌握較多的資源，理應發揮更大的功能，但實際上卻因政府失靈、非營利組織失靈，導致許多防救災功能（特別是課責）無法發揮，弱勢者經常成爲災民。特別是，如果從永續的角度思考，FEMA與紅十字會人事更迭，反而造成救災體系設計的盲點或挑戰。也因此，防救災治理網絡的個別組織，應以更動態或彈性的方式，進行角色定位的調整；同時應以永續或長遠的觀點，建立防救災課程與治理網絡的組織間合作關係。並應避免政治人物經常扮演批判（卸責）或口水的遊戲，而應將重點放在課責與專業功能強化上。

不屬政府之非營利組織之所以成立，部分原因在於避免政治或官僚的限制，以提升服務的彈性或多樣性；非營利組織背後有政治（政府）出資成立的，也有企業捐助成立的，當然也有自發性（因任務或理想）成立的非營利組織。Hall (1987) 以私立非營利組織（private non-profit sector）作定位，並進一步認爲，由於政治、經濟、社會、宗教與族群的多元性，使得美國私立非營利組織具多樣性。至於非營利組織之設立，通常具有特定關心的標的、項目或議題。例如，Wolf (1990: 6) 針對非營利組織的特質就有六項，包括具有公眾服務使命、必須組織成一個非營利或慈善機構、經營結構須排除個人或私人利益或財物獲得、經營得享有免除政府稅收優待、具有法律上的特別地位，贊助該類組織之捐款得列抵（免）稅範圍、必須是正式合法的組織，同時要接受相關法令規章管理。

Fremont-Smith、Boris and Steuerle (2006) 同時指出，災害防救因為非營利組織的存在，得以彌補政府防救災運作的空缺。顯見，非營利組織在救災體系具有關鍵或難以取代的角色。Augenstein (2019) 針對印尼海嘯災難進行研究，結果發現印尼政府救災體系發揮的功能相當有限，反而是非營利組織扮演災害防救重要角色，因此本章特別針對非營利組織進行專章論述。非營利組織可以透過營利，以維持其基本運作的功能，因此非營利組織的員工也有基本生活需要的合理薪資。主要的運作邏輯在於，非營利組織的收入或盈餘，不能分配給所有成員。[2] 也由於非營利組織非以營利為目的，因此獲得許多民眾的信任。Ben-Ner and Gu (2003) 與Greiling (2007) 就指出，非營利組織較營利組織提供個人互動的優勢；因此，對民眾而言存在較高的信任度。也因為信任，民眾願意提供更多的捐款，若係企業所屬的基金會，則有助企業社會形象的提升。

惟Greiling (2007) 進一步認為，信任存在許多不確定性，因此有必要發展工作（績效）表現指標，以確認非營利組織功能的發揮。雖然經費使用和非營利組織的功能發揮（或績效表現）不一定有關，但社會大眾對於非營利組織經費使用與流向也會在意，可能會影響民眾對非營利組織的信任。應該說，非營利組織經費來源與流向，通常會有一定的規範。因此Bottiglieri、Kroleski and Conway (2011) 特別強調，針對非營利組織應有規範（regulations），以避免出現模糊或出現營利的思維或舉動。只是，可能的問題在於非營利組織的規範（包括正式與非正式規範）不健全或有瑕疵。例如非營利組織可能將民眾捐款的一部分移為行政或其他費用，導致民眾對非營利組織信任的降低。具體而言，政府、學校（含研究單位）、醫院、慈善組織、宗教團體（組織）、基金會、協會等均屬非營利組織的定義範圍。

不過，以部分臺灣的（公私立）醫院或私立學校為例，多有豐厚的利潤營運壓力與結果。在此情形下，這些強調或隱藏營利為目的的非營

2 https://www.law.cornell.edu/wex/non-profit_organizations，瀏覽日期：2019/1/21。

利組織，對於需要成本的災害防救公益之投入，可能就有所保留。但合理的論述是，救災經常以人命爲最優先考量，成本經常不是救災的重要考量因素。至於災後重建主要也在協助災民儘快回復正常生活，所以固然也有其成本，但亦非以營利爲主要考量。根據Bottiglieri、Kroleski and Conway (2011) 的定義，非營利組織是協會、慈善團體與其他自願或志工組織（voluntary organizations），主要在推動與達到文化、教育、宗教與公共服務的目的。因此，非營利組織有其特定之公共服務之目的，並非以營利爲目的存在與運作的組織。由於非營利組織的任務取向特性，有時可以沖淡政府政治與權力的包袱，這也代表非營利組織有機會可以突破或跨越兩岸或國際政治的障礙。

例如，慈濟基金會長年以來積極從事國際賑災，2010年7月19日，聯合國經濟社會理事會在紐約聯合國總部召開實質性會議，正式宣布佛教慈濟基金會成爲經濟社會理事會非政府組織特別諮詢地位之會員。[3] 2018年9月新成立的聯合國信仰組織評議會，再推薦慈濟基金會爲17個聯合國信仰組織代表之一。[4] 這也等於是我國透過非營利組織參與國際組織的重要案例，開拓臺灣參與國際社會的管道或空間。也由於慈濟基金會係以非政府組織名義加入國際組織，於是少了國際政治的爭議。只是，非營利組織運作仍存在許多運作上困境與問題。例如，就有非營利組織成員抱怨：「非營利組織第一件事情或許不是照顧弱勢，而是讓自己活下去。」[5] 也有人指出，非營利組織的行政管理支出，經常被不當縮減至極不合理的水準，導致非營利組織營運困難的情形。[6] 而這問題不僅出現在臺灣，美國也有這問題存在，例如Fremont-Smith、Boris and Steuerle (2006) 就指出，捐款人根本不知道非營利組織沒有行政管理經費就無法營運；特別是，捐款人期待他們的捐款全部要給災民，使得非營利組織面臨經營困境，難以

3 https://www.youtube.com/watch?v=BwnZ3uTDTIs，瀏覽日期：2018/12/30。

4 https://www.chinatimes.com/realtimenews/20180927002784-260405，瀏覽日期：2018/12/30。

5 https://www.thenewslens.com/article/6585，瀏覽日期：2019/1/24。

6 https://npost.tw/archives/4637?fbclid=IwAR0wM1kqXSeOA3QYt21Fcq47yUzqOlUwoP7aY8vABl7-4s7gZ7VDeQztiGs，瀏覽日期：2019/1/24。

永續發展。

前述非營利組織的困境與問題，其實也出現在屬於防救災領域的非營利組織，特別是捐款不足或僅仰賴捐款的非營利組織，其行政運作或營運就相當辛苦。部分原因在於捐款人難以接受部分捐款經費挪爲行政管理費用，使得捐款細目公開，即造成捐款人認爲捐款經費運用不當的負面聲音。也使得非營利組織百口莫辯，惟這涉及體制或民眾集體認知與政治制度問題，短時間可能難以解決。不過，慈濟基金會因爲志工人力龐大，參與救災人員多自掏腰包處理或自行吸收交通與其他相關基金，所以行政管理費可以壓到最低，將捐款盡可能用在災民項目上。然而，不是所有非營利組織都有足夠的資源，難免造成非營利組織多元發展的限制。

例如，官有垣、王仕圖（2013）即指出，由於非營利組織運作存在的困境，因此有社會企業的創新發展，而其目的，有些是在保障社會弱勢的就業或工作機會。因此，社會企業的理念應用在防救災領域，可能會有問題。除非其營利的項目和防救災無直接相關，比較容易被接受。而且，部分非營利組織轉型社會企業，也可能面臨問題或困境，例如產品的特色與品質是否能持續獲得消費者認同。例如，當湯姆鞋（TOMS Shoes）於2006年基於協助阿根廷小孩有鞋穿，興起買一送一的社會企業創新模式。由於獲得消費者高度認同，因此快速席捲全球市場。這雖非社會企業經營成功的唯一模式，卻仍被許多社會企業所模仿。只是當其所銷售的鞋快速成長，同時代表他捐助的責任加重，以及其所履行捐助的行動，是否資訊夠公開、是否禁得起公共或社會監督，這些都是社會企業的挑戰 (Marquis and Park, 2014)。

社會企業模式固然解決了非營利組織募款的困境，但其產品必須同時面對市場的嚴酷考驗。而值得探討的是背後的創新理念，究竟是以捐助優先或是以營利優先的價值。湯姆鞋合理的創業思維或價值主要在捐助或服務弱勢，但爲了達到這「夢想」，所以透過賣鞋營利，以支撐其捐助的善行。就核心價值而言，非營利組織和社會企業有部分是相同的，例如都是以社會或公共服務（議題）爲目的，營利都不是兩者經營的主要目的。社會企業有成功的案例，非營利組織同樣有成功的案例（比較合理的說法是從營運或利潤的角度）；當然也可能有失敗的案例，惟成功或失敗從不同指標觀察，可能存在不同結果。例如長庚醫院雖係歸類於非營利組織，但其獲利龐大，難免遭社會質疑或出現問題。

林口長庚醫院於2017年爆發急診部醫師集體出走案例，凸顯政府（管制）失靈（政府難以有效管理或管制非營利組織內部管理）與市場失靈（過於注意營利忽略公益）的現象，因為急診部通常營利績效較低，配置的資源就比較貧乏，導致急診部醫師離職（楊永年，2017d）。應該說，非營利組織雖可營利，但其盈餘使用應有公益性思維。重點在於，社會大眾主要檢視的是，非營利組織或社會企業是否發揮應有的公共或社會（救助、扶助）功能。所以這又與資訊公開和課責的議題相關，只是資訊公開也可能遭誤解或負面解讀，有時反而限縮非營利組織或社會企業的營運空間。例如，非營利組織的行政管理支出，就經常遭捐款人或案主質疑，這部分的困境或難處，有時不是該非營利組織所能處理或面對。

非營利組織與非政府組織（Non-Governmental Organizations, NGO）經常同時或分別出現，原因在於兩者的核心任務都和公共事務或（與）弱勢協助有關。或也有人將其視為同義詞，因此出現兩個名詞交叉運用的情形。兩者的主要差別在於，具跨國活動性質係非政府組織和非營利組織區隔的主要特徵。[7]因為外交場域，不適合政府直接出面，因此透過非政府組織達到目的，惟這不代表非營利組織就不能從事跨國活動。例如實務上，有些組織同時可稱為非營利組織與非政府組織，例如紅十字會與慈濟基金會，同時是非營利組織，也屬非政府組織，因為兩者同時進行國內與國際賑災行動或活動；兩者的功能或屬性不同，也可能就特定議題進行合作。[8]由於非政府組織在名詞上，將政府排除在外，因此很多人認為非政府組織，是排除政府的非營利組織。然而，如果就語意而非專業內涵思考，企業（營利組織）也屬非政府組織，惟通常不會將營利組織視為非政

7 https://www.cmu.edu/career/documents/industry-guides/NGOs%20and%20NPOs.pdf，瀏覽日期：2018/12/31。

8 作者於2019年2月7日訪談某非營利組織成員獲得之資訊。

府組織範疇。

依Salamon and Anheier (1996) 的分類，非營利組織至少可分爲12大類，包括文化與休閒（culture and recreation）、教育與研究（education and research）、健康（health）、社會服務（social services）、環境（environment）、發展與住宅（development and housing）、法律特殊利益與政治（law, advocacy and politics）、慈善與志願（philanthropic intermediaries and voluntarism promotion）、國際（international）、宗教（religion）、商業與職業協會暨工會（business and professional associations, unions）、其他（not elsewhere classified）。依前述分類的概念，可以看出非營利組織存在不同的任務、目標或特性。若從過去非營利組織參與國內救災爲例，可以發現所參與的非營利組織相當多元，發揮諸多政府（經費與人力僵化）難以發揮的功能。不過，如果與Anheier (2014)、Payton and Moody (2008) 相較，這應屬非營利組織不同的分類方式。

若依前述Salamon and Anheier (1996) 針對非營利組織的12項分類，救災（救難）團體（組織）或可歸類在社會服務類別，但從災害的發生到重建，存在環境保育（修護）、教育與研究、休閒觀光、文化保存、法律爭議、商業利益等問題。因此，從過去救災運作案例顯示，實際參與救災與災後重建的非營利組織類別相當多元。災害防救的不同階段，必須有不同功能的非營利組織參與防救災或災後重建工作。也就是說，不論救災現場或災後重建，都需多元的非營利組織協助，以彌補政府與單一非營利組織功能不足的問題。例如，重大地震災害現場，除了會有具公務員身分的消防搜救人員，也會有諸多民間或非營利組織成員參與現場救災工作，同時也會有其他非營利組織提供民眾熱食或民生物資（含現金），這部分在本書第四章第二節已有說明。重點在於，非營利組織的救災資源如何能有效運用，這背後涉及協調整合與資訊整合機制的設計，也是未來救災體系機制的重要內涵。

因此，從救災體系的觀點，似可鼓勵發展出不同專業能力的非營利組織，也可鼓勵非營利組織發展多元功能。災害來臨時，就可以發揮不同的功能。因爲不同功能或性質的非營利組織，可以配合不同的政府部會或局處救災。爲達既分工又整合，從資源有效利用的角度思考，參與救災的非營利組織亦可自成系統，建立資訊分享與整合平臺，但仍可以和政府連結，以彌補政府功能的不足。再依過去案例顯示，有許多企業（營利組織）在防救災議題上，具積極參與的態度，而這可以從下文所提企業參與莫拉克風災重建工作獲得印證，例如長榮集團、鴻海集團、台積電、台達電等知名企業都有參與重建的成果。至於企業積極參與防救災工作，除了在履行企業社會責任（corporate social responsibility），有時也透過企業所屬的基金會（即屬於非營利組織範疇）參與防救災工作。

在此情形下，有時營利組織或非營利組織只在一線之隔。或許可以解釋的現象是，有時防救災需要龐大經費或財務支持，因此需要大型財團或有龐大捐款所支持的非營利組織，才能發揮更大的防救災功能。本章的定義係指不涵蓋政府的非營利組織，而之所以要獨立專章進行討論，主要原因也在於非營利組織在救災體系扮演重要角色。其救災過程，從（災情）資訊分享、動員（相關資源）、組織間合作等，都有可扮演的角色，這些相關內容在本書前幾章也有部分說明。而根據前述定義，非營利組織具有的公益性，和政府組織並無二致，惟因經費來源非直接來自稅金（但可能會接受政府補助），組織運作通常有較大的彈性。這彈性有時可以發揮更大的救災能量，但也因經費來源不屬政府管轄，因此會出現缺乏協調整合的意願或誘因。

非營利組織的存在或蓬勃發展，部分原因是社會變遷快速，但政府組織運作僵化，而非營利組織提供彈性機制，投入公共事務問題與解決。再從莫拉克風災重建過程分析，也有很多企業投入災後重建工作。重點在於，這些企業雖爲營利事業，但多設有基金會從事公共事務，因此亦屬非營利組織，所以也可以算是非營利組織投入社會公益。例如，郭台銘所屬的鴻海集團投入有機農場，爲災民創造工作；[9]台達電投入那瑪夏民權國

9　https://www.facebook.com/YongLinFoundation/posts/930655890607993?comment_id=931842647155984，瀏覽日期：2019/12/13。

小綠色校園；[10] 長榮公司所屬的張榮發基金會，則認養5所受災嚴重的中小學協助重建。[11] 這些大企業所屬的基金會，都投入龐大的人力與資源協助莫拉克風災重建工作。依本書第二章引用的圖2-1與圖2-2，並未將非營利組織納入，這等於和實際救災體系運作有落差。

或可以推論，非營利組織雖可發揮救災體系諸多功能，但臺灣在中央或地方政府防救災政策規劃上，似乎未就非營利組織資源作有效的協調整合、運用或進一步連結。爲針對非營利組織在救災體系所能扮演的角色，本章從資訊、動員、組織間合作等三節作深入分析。本章的寫作邏輯是，唯有整理出詳細的非營利組織資訊（並作分享），才能有效的動員非營利組織（才知道非營利組織所擁有的資源，以及所能發揮的能量），而動員非營利組織最好的方法是透過組織間合作機制的建立。

第一節　資訊

Lein、Beausoleil、Angel and Bell (2006) 指出透過政府與非營利組織間協調整合的努力，被視爲是善用有限災害防救資源的關鍵方法。張四明等（2011）則指出：「慈濟基金會已建置防災協調系統（disaster relief management system），除了具有賑災物資與援助等資訊外，也針對災情、行動、計畫所建立的防災紀錄管理子系統。」基此，該資訊系統是否能和政府現有的資訊系統連結，以及這套系統是否也在非營利組織之間連結，都是重要的議題。這除了可以進一步呼應本書第三章有關救災資訊的觀點；更重要的是，這些資訊網絡連結，可以發揮救災體系更大的功能。再進一步論述，政府與非營利組織的整合或合作，首要就是從資訊整合思考。如第三章所述，資訊的內涵包括災情訊息、災情資訊管道，以及資訊平臺等。

---

10 http://www.delta-foundation.org.tw/waterwithlife8K/news_04.htm，瀏覽日期：2019/12/13。

11 https://www.cyff.org.tw/servlet/PUF1_ControllerServlet.do?lang=zh-TW&menu=CRTY_CARE&func=CARE&action=VIEW_GROUP&articleSeq=1，瀏覽日期：2019/12/13。

從非營利組織防救災的觀點分析，當然也需要能接收到精準的災情資訊。災情訊息又可分爲一般災情訊息，以及具專業內涵的災情知識。就一般災情訊息而言，也許新聞媒體都有廣泛報導，因此有時不待官方通知，非營利組織就可以接收到相關災情訊息。就專業防救災資訊而言，可能得需要專家對專家進行資訊傳遞，而如果能在政府防救災專區另開闢專業資訊專區，或可解決這個問題。但可能的情形是，大型災難發生時，如果再加上通訊中斷（如921大地震與莫拉克風災），不論是政府或非營利組織都可能缺乏災區的相關災情訊息。合理的論述是，不論是缺乏災情訊息，或救災資訊爆量，都有非營利組織可以介入、協助或扮演的角色。

過去曾有非營利組織協助處理災情資訊的成功案例，例如本書第三章所述，徐挺耀於2009年莫拉克風災時，協助臺南縣政府解決資訊爆量問題，獲得好評。另一種情形是，非營利組織比政府率先獲得重要災情，也可以和政府分享資訊。再深入論述，有關非營利組織與資訊議題，本節關切的議題有三：第一，非營利組織擁有什麼優勢的防救災資訊？第二，政府對於非營利組織該提供什麼資訊？第三，透過什麼管道提供資訊，有助非營利組織發揮應有的防救災功能？針對第一個問題，非營利組織（特別是累積眾多防救災經驗的非營利組織），通常擁有防救災的專業知識，且擁有防救災專業人力、裝備、器材、車輛等，這些寶貴的防救災資源的資訊如果能夠公開，或至少中央與地方政府能有這些資訊，對防救災功能的發揮可能更大。

由於這些資訊的提供是靜態的，而眞正執行防救災則爲動態性，因此，如果非營利組織在每次執行重大防救災任務後，都有詳細的檢討報告，詳細記錄該非營利組織做了什麼、怎麼做、做的（成效）如何（含面臨的問題、困境與挑戰）。除了有助該非營利組織未來防救災工作持續精進與經驗傳承，也有助救災體系功能的發揮。例如，作者前往慈濟基金會、紅十字會、中華搜救總隊官方網頁，確有看到介紹他們參與救災或急難救助的照片，以及完整的救災報告（或以專書呈現）。但網頁內容比較多是零星的訊息或媒體報導介紹，多數未見完整的防救災報告，也就無法針對非營利組織在執行防救災過程，曾面臨什麼困境，以及如何克服或解決防救災問題。這些非營利組織的防救災經驗，若仰賴口語或記憶，難免會有遺漏，導致相同的問題重複發生。

關於第二個問題，政府對於非營利組織該提供什麼資訊？由於政府與非營利組織在防救災議題上，應係夥伴關係，應該通力合作發揮救災體系最大的功能。最理想的情形是，政府可以協助解決非營利組織所面臨的困境和問題，提供非營利組織需要（或需求）的所有資訊（包括未來如何發展有助非營利組織防救災功能的強化或提升），或至少能解釋非營利組織遭社會大眾所扭曲或解釋不完整的資訊。再者，中央或地方政府研考部門，也可以針對非營利組織面臨的困境或問題進行研究，提供非營利組織問題解決的資訊。至於第三個問題，透過什麼管道提供資訊，有助非營利組織發揮應有的防救災功能？合理的論述是，可以透過正式與非正式資訊（溝通）平臺，當然前提是要能先建置完整的資訊交流或合作平臺，也可以分從災前（含預警）、災中（搶救）、災後（重建）三部分或階段，進行資訊之交流與提供。

應該說，為讓非營利組織發揮救災體系功能，主動由非營利組織端或政府端（包括中央與地方政府）提供應有之資訊有其必要。只是，用什麼方式提供，以及提供什麼資訊，至少得從以下四個層面進行思考：第一，非營利組織的任務、專長、特質與擁有的設備（裝備），其內涵包括非營利組織人力資源培訓的內容與專業領域，以及非營利組織累積的知識或資訊；第二，非營利組織所能發揮的功能，這和非營利組織過去參與救災活動或項目之工作表現或績效有關；第三，災害的種類，由於不同的非營利組織，對於災害處理有不同的敏感度或專長，因此其內涵也包括非營利組織過去所參與過的救災行動或活動；第四，期待非營利組織所扮演的角色，可能因災害的種類、規模，以及造成的損害有所差異。有了前述四個層面的資訊，對於在救災過程中，動員誰（哪個非營利組織）、動員什麼資源，以及期待達到什麼成效（成果），都可能比較精準。

為提升災情訊息因應處理能力，政府和非營利組織進行合作，是未來救災體系重要的發展方向，因為雙方可以共享資源與彈性運用人力，有助發揮救災成效。面對緊急與大型災難，政府如何和非營利組織（必要時也可考量營利組織）發展（公私協力）合作關係，是可以認眞思考與研究的議題。最理想的方式，就是在平時就能培養相關災情訊息處理的人才，以應不時之需。其次，針對過去案例經驗（問題），設計（規劃）政府和非營利組織，透過合作或契約關係，發展災情訊息處理模式。而這也不一定是創舉，例如地方政府和超商簽訂的開口契約，就是政府與營利組織合作的模式。當然也適用非營利組織，重點在於該非營利組織，是否擁有專長或專業能力，以及是否擁高度的救災承諾，才是關鍵因素。

災情知識可解釋爲廣義的資訊，這部分有時也不是中央或地方政府所能涵蓋，因此中央政府災害防救會報會有外部（學術）委員（專家）。許多縣市政府也多和在地大學進行合作，以強化災害預警（預測）與應變能力。例如，地方政府通常不會有氣象專業人員，無法針對在地氣象作更詳細或準備的氣象（降雨）預報。也因爲大學（特別是綜合型大學）擁有政府所沒有的研究發展專業能量與專業知識，而且大學具非營利特性，對於災情專業（知識）問題的處理具有實質助益。而且，依過去的案例經驗，災害不只有降雨，還有地震、氣爆、火山爆發、土石流、空難、大型交通事故、生物病原、寒害、輻射災害等，都需要不同的專業知識，以補（地方）政府之不足，強化災害預防、處理與重建之工作。換言之，災情知識不是政府所能承擔，而需建立與營利或非營利組織合作管道。特別當災害龐大或發生複合型災害，政府難以在短時間補足專業人力與知識，就更凸顯非營利組織的重要性。

Smith (2010) 針對美國卡崔娜風災有關非營利組織在救災體系扮演的角色所作的研究，一方面強調非營利組織的重要性，但又存在侷限性。因爲發現災情慘重的原因之一，是非營利組織沒有發揮功能。例如Smith (2010) 指出，由於災害發生時，因負責人出國或不在家，無法取得立即聯繫，影響非營利組織立即投入救災行動。這可能隱含，在美國有許多非營利組織並未針對大型環境災難作因應的規劃或整備。這樣的研究發現，固然凸顯非營利組織內部聯繫與資訊接收的情形，也同時點出美國休士頓與紐奧良地區非營利組織，面臨大型災難存在的問題。也就是說，當非營利組織無法在第一時間接收到重要資訊，就無法採取相關的救災行動，或可能平時就沒有因應大型災難的教育訓練或準備。合理的說法是，非營利組織固然擁有高度投入救災工作的意願，但若沒能在第一時間獲得相關資訊、沒有相關設備，以及缺乏相關教育訓練，就難以立即投入救災工作。

也許臺灣歷經921大地震之後，震出了國人（包括政府與非營利組織）防災意識。看到國外來了很多特搜隊，前往各災區進行救災，卻發現我們政府與民間都沒有成立特搜隊。因此，後來包括中央政府、地方政府，以及非營利組織（如紅十字會與中華搜救總隊，都有專責義工，而且平時就有許多防救災特種訓練），都紛紛成立（民間）特搜隊。而且這些特搜隊，同時參與國內與國際救災行動，直接與間接活絡了我國防救災的能量。但爲進一步發揮防救災功能，政府與非營利組織若能積極建構網絡系統或資訊分享平臺，以備緊急災難時進行聯繫，也許可以發揮更大的功能。而以目前資通訊科技發達的情形分析，在緊急聯繫上問題較小，可能的重點議題還是在於合作或資訊（整合）平臺的建構以及非營利組織的意願，而其目的主要在有效進行動員，以及如何有效分工與整合，而這部分內容在下兩節都會有所說明。

第二節　動員

就非營利組織而言，動員可以包括兩層意義，第一層的動員對象是非營利組織成員（含志工），也就是如前述，如何有效率、有系統、有秩序的進行非營利組織成員（志工）的動員。或者，緊急災難來臨時，爲能立即發揮救災功能，非營利組織成員應能立即投入（透過非營利組織進行動員）。而爲能有效動員，如第四章所述，得先盤點救災資源。而盤點救災資源的背後，在平時也能整理充足資訊，包括非營利組織特性、專業人力、設備、工作表現等（如前節所述），就會有較佳的動員或救災成效。能有效動員非營利組織，並不代表能有效撤離（動員）災民，因此第二層是協助在預警階段防救災動員或疏散（或動員民眾），主要的標的或對象是（潛在）災民或需協助對象，而爲提升動員成效或能順利疏散或撤離災區民眾，宜有災前的演練。至於災中的緊急疏散，可能和演練（習）的腳本有落差，應有心理準備。至於災後重建之動員，涉及諸多經驗與專業能力，也可以有事先之準備與資源盤點。

非營利組織動員志工前往災區進行救災固然令人讚賞，但可能存在五個值得思考或探討的問題：第一，能否動員足夠的志工；第二，所動員的志工是否有能力與經驗；第三，是否了解當地的風俗與文化。第四，災區願否接受協助。第五，是否能顧及受助者的尊嚴，或者志工提供的協助是否係災區所要的。某種程度而言，這些項目都存在資訊不對稱的情形；或者，也許有志工希望前往救助，卻不得其門而入。例如，大型災難後通常需要大量志工人力資源，進行清潔（清理）或復原的工作。但以日本2019年10月發生的颱風19號案例，作者從日本電視觀察顯示，雖災害發生已經一個月，仍有大量清潔與重建工作必須進行。因此，有災區透過媒體提出需求志工的訊息，顯示志工需求仍非常殷切。也有媒體報導，有社區或社會志工零星前往災區協助，但似乎日本大型非營利組織前往災區參與救災的頻率不高，至少作者在近一個月的媒體報導觀察並不常見。

例如，日本紅十字會是相當龐大的非營利組織，日本天皇皇后是榮譽總裁，同時擁有逾900萬會員，理應可以發揮龐大的救災能量。[12] 但從媒體報導的質量，和其組織規模似乎不成正比，甚至透過Google搜尋，亦不易找到日本紅十字會參與颱風19號救災的活動（作者於2019年11月初搜尋網頁與日本紅十字官網，當時並未找到任何日本紅十字參與救災的活動報導；11月下旬才從官網看到紅十字會前往災區救災的相關訊息）。應該說，有可能日本紅十字會做了很多，只是資訊的呈現不完整，或可能媒體不喜歡報導。例如日本紅十字會官網的確呈現救助活動訊息，但感覺在日本颱風19號風災救助的能量或規模似乎太小。[13] 而以日本大阪大學渥美公秀教授為首的非營利組織，雖然會員規模不大，以2019年颱風19號為例，多次前往災區救災，這也成了另種有意義的對比，而這也是學術參與救援

12 http://www.jrc.or.jp/english/about/glance/，瀏覽日期：2019/11/25。

13 http://www.jrc.or.jp/activity/saigai/news/191108_005941.html，瀏覽日期：2019/11/25。

的典範案例。[14]

根據作者的觀察（從新聞媒體報導），日本非營利組織投入2019年颱風19號似乎沒有非常踴躍。可能的情形是媒體報導不多，也可能和臺灣相較，日本非營利組織動員的能量不如臺灣。另一個可能情形是，日本政府（政治）認爲非營利組織的發展，可能對政府的存在造成威脅。Pekkanen (2003) 整理出日本政府對於非營利組織的政治管制歷程，顯示一直都非常保守，特別對於法人或民眾捐款免稅的規範，一直沒有大幅鬆綁。尤其在1996年時，自民黨（Liberal Democratic Party, LDP）視非營利組織和反政府組織爲同義詞。作者閱讀完這篇論文，感覺日本的非營利組織似乎和官僚體系沒有兩樣，可能因爲規範相當嚴格，導致非營利組織的動員能量受限，但也可能因爲日本政府長期推動非營利組織與社區結合，確也發揮防救災成效提升的效果。畢竟社區非營利組織提供了社區居民投入防救災與互助的平臺或管道 (Ohwa, 2003)。但如果和日本社會保守文化作連結，或許可以解釋，日本社區對於外來的協助，仍比較保守。

另外，根據新聞報導，也有臺灣志工組團，自行前往日本宮城縣丸森町協助重建，主播在報導過程非常感動，因此在電視畫面呈現當場流眼淚的感人新聞。這代表臺日民間，存在濃厚的非正式關係或情誼，或如臺灣志工團所說，因爲覺得是一家人，所以覺得必須這麼做。[15] 作者於2019年10月25日前往東京某非營利組織訪談，根據受訪者的說法，在日本救災的經驗過程，災情資訊獲取是有限的，只能透過媒體與朋友傳遞相關訊息。日本社會或社區也相當保守，希望提供災區協助，有時還會遭婉拒。有些社區同意接收志工協助，卻要求不能穿統一服裝，也不能照相，可能在維護隱私權。這同時也代表著，志工服務固然神聖，但災民的感受或尊嚴也不能忽略。而這些都應反映在志工培訓（和人文素養內涵有關）或救災（救援）能力的提升。

有關前述Smith (2010) 所觀察到美國卡崔娜風災，非營利組織動員不

14 http://www.nvnad.or.jp/，瀏覽日期：2019/11/25。查閱時，已有六次前往災區救助的紀錄。

15 https://udn.com/news/story/6812/4171728?list=thumb，瀏覽日期：2019/11/25。

夠及時的問題，可能的原因在於，平時政府與非營利組織間就未建置良好的資訊平臺。反觀臺灣的非營利組織動員，似乎就非常迅速。具體的證據是，作者曾於莫拉克風災後前往六龜訪視，並前往新發村（現改爲新發里）；當時受訪民眾就說，他們因莫拉克風災受困，最早進入他們里接濟救災物資的是民間救難隊。可能的原因有二：第一，臺灣防救災類別的非營利組織具高度工作承諾；第二，臺灣媒體（含社群媒體）自由且發達。因此從前述美國卡崔娜與臺灣莫拉克風災，進行非營利組織防救災的案例比較，臺灣非營利組織成員的認同度或動員的速度似乎高於卡崔娜災區非營利組織的動員效率。不過，這樣的論述也可能存在偏頗的狀況，例如，依美國紐約市皇后區建管局何兆祥副局長，於2018年10月9日在成功大學建築系演講說明，2005年卡崔娜風災造成諸多建築物毀損，美國政府召募大量志工輪流至災區清點與檢查建築物，每次停留時間大約兩週。關於這現象，講者歸因於美國民眾熱愛國家且熱衷擔任志工的文化有關。

由於美國制度上，該類志工認同或承諾度相當高（也可能是愛國心使然），因此災區建築屋檢查進行相當順利。當然，志工服務和非營利組織運作仍有不同，但是否美國非營利組織成員工作認同度或動員效率較低，可能需進一步研究。Sakamoto (2012) 指出，1995年阪神大地震，造成逾6,000人死亡，逾4萬人受傷的悲劇。不過，因爲這次大地震卻有逾138萬志工湧入災區，但因缺乏協調與整合，造成災區的混亂。2005年美國卡崔娜風災也曾出現類似問題，Holody、Crompto and Loop (2008) 就指出，爲協助災民，因此當時公開徵求2,000位志工到災區幫忙，結果來了14,000位志工，過多的志工反而比問題解決製造出更多問題。非營利組織除了必須進行組織間協調聯繫，還必須負責志工的協調、安排與教育訓練，當然也就影響災害防救或災民服務的品質。

Atsumi (2002) 進一步指出，因爲阪神大地震大量志工參與造成混亂，因此後來建置有災難志工聯繫中心（Disaster Volunteer Center），協助進行協調聯繫的工作。由於阪神大地震的經驗，開啓日本大量志工（志願）參與救災的管理，但若這些志工沒有基本的救災知識與能力，反而可能造成救災的阻礙。可能也因爲如此，日本著手建立並推動「防災士」認證機制，這部分在本書第八章第三節已有論述。至於中國大陸2008年發生的汶川大地震，也出現民力大量動員的現象，當時促進大陸NGOs的蓬勃發展或投入災區救災（丘昌泰，2017：7-11）。可能原因在於，NGOs具有彈性機制，可以在短時間有效投入災區進行救災。丘昌泰（2017：18）同時指出，要在中國大陸找到純粹非官方性的NGOs有相當的難度，這表示中國大陸NGOs背後都有政府支持或主導的力量存在。只是，中國大陸的NGOs是否在汶川大地震發揮應有的功能，則待進一步研究。

國內許多非營利組織（特別是宗教團體）因爲捐款多（例如慈濟基金會、中華民國紅十字會、法鼓山慈善基金會、臺灣世界展望會等），代表可投入救災資源相當豐富。特別是非營利組織不屬政府官僚體系，所以不論在人力與物資投入，都比政府機關有許多彈性空間。甚至非營利組織因爲長期投入救災，累積了很多專業能力與知識，也等於說其動員能量更強。以慈濟基金會非營利組織爲例，截至2018年總計已接受過慈濟救援的國家有98個；目前有慈濟基金會的服務駐點，以及持續接受慈濟救災的有58國。[16]這樣的成績，似乎遠優於我國所擁有正式邦交國數；也就是說，慈濟基金會成員和在地國政府關係，存在促進臺灣政府正式與非正式外交關係的效果。慈濟已是龐大的事業體，擁有（慈濟）醫院、大學與中小學、廣播電臺（慈濟大愛臺），不論在臺灣各地，甚至世界重要城市都有分會。因此屢屢在（國際與國內）救災發揮重要功能，或可以說，光是慈濟基金會的動員力就相當驚人。

若再以慈濟基金會防救災功能分析，不只擁有救災的行動力還有研發力。例如，爲了方便救災，因此研發香積飯（不用煮食，只要開水沖泡即可食用）、行動廚房（以便在災害現場煮食，原本是爲辛巴威賑災所打造的第二代行動廚房，啓程前先在臺南0206大地震用上）、坐臥兩用的福慧床（便於災民或救災人員在災區使用）、福慧桌、福慧椅、救災專用手套等。[17]甚至，和慈濟基金會相關的大愛感恩科技（其核心任務或理念爲

16　此係2019年2月6日訪談某慈濟志工的統計數字。

17　https://www.youtube.com/watch?v=rQipwlB6ppg，瀏覽日期：2019/1/24。

「與地球共生息」），將人工智慧科技融入整個非營利組織，並進行相關環保產品研發。[18]由於慈濟旗下相關組織眾多，儼然已成龐大的事業體或非營利組織，可以發揮巨大的救災與救援動員能量。而這可以從慈濟基金會，面對各種大小災難，幾乎無役不與可以獲得印證。

以2018年為例，慈濟基金會成員參與國內南臺灣823水災、普悠瑪出軌車禍、花蓮大地震、持續關懷921大地震77所學校重建「希望工程」，以及國際救災，包括寮國水霸潰堤、印尼強震、敘利亞人道救援、菲律賓風災、緬甸水災等（慈濟，2018）。顯示慈濟基金會存在國內與國際龐大的救災（救援）動員能量，從緊急救助（救援）到災後重建，其所展現的效率或成效，可能是政府所難以比擬。接下來的問題是，如何在大型災害來臨時，有效動員這些資源，就變得相當重要。應該說，有關非營利組織基本資訊與資源在平時就應有整備（或整理），以因應災害來臨時災民之所需。不論非營利組織或非政府組織，防救災的動員力（包括人力與救災物資）或動員能量都不能忽略。

慈濟與紅十字會，並不侷限國內救災，兩者之國際連結與（或）參與國際救（賑）災行動亦相當頻繁。針對非營利組織運作（動員）Moore（2006）指出，在資源或物資內容與方式的提供上，有時不是災區或災民最需要的。或者，有時非營利組織所提供的資源，不是給需求最高的災民，而是提供給非營利組織的偏好對象。作者認為，可能的問題有二：第一，是資訊不對稱的問題，也就是說非營利組織沒有完整的災區或災民資訊，可能政府、媒體或相關單位，沒能提供足夠的災情資訊，也可能非營利組織不願搜尋進一步的災情資訊；第二，是非營利組織沒有持續成長或改變。針對這些問題，也等於提供非營利組織未來持續精進或永續發展的方向。依美國GAO針對非營利組織進行的調查報告，就提供諸多寶貴的意見。

例如美國GAO調查發現，美國紅十字會在美國災難救助與緊急應變上，一直扮演獨特的角色。紅十字會係在執行大規模救災上，唯一獲聯邦

---

[18] http://www.daait.com/index.php/tc/，瀏覽日期：2019/1/24。

政府授權的非營利或非政府組織，因爲聯邦政府和紅十字會存在契約或特殊的合作關係。1881年成立的紅十字會一直在天然災害的人道關懷與救援服務精進，1905年開始，國會的憲章就要求紅十字會提供災難預防與救助服務。而且紅十字會的50名理事中，有8位由美國總統任命，7位必須是聯邦官員（U.S. General Accountability Office, 2006）。這份報告指出，美國卡崔娜颶風救災過程遭批評政府動作遲緩，GAO調查發現，在重大災難大規模救助（mass care）部分，顯示FEMA和紅十字會存在嚴重的歧見（兩者解讀不同）；並進一步認爲，如果歧見不解，可能嚴重影響重大災難的救助，或對大規模災難救助運作會有傷害。

主要的歧見在於，FEMA與紅十字會對ESF#6（Emergency Support Function #6，緊急支援功能）有不同看法。FEMA認爲大規模災難發生時，紅十字會應接受所有FEMA要求的指令（災難協助要求），但紅十字會認爲，他們是自願性的非營利組織，他們的責任與能量（能力或人力資源）無法擔負大規模救助的任務；加以紅十字會有其組織輪調與運作模式，不太可能完全配合政府運作。而從這份報告可以了解美國救災體系運作，第一，FEMA雖在全美重要城市多設有辦公室，但其政策執行力是有限的，特別是人力部分，必須仰賴國民兵或非營利組織；第二，美國防救災的體制運作邏輯是由下而上，也就是說，地方政府若有能力或資源不足要請州政府支援；州政府力有未逮，再請聯邦政府支持；第三，這份報告雖然極力要求與希望美國國土安全部，應該協同FEMA盡全力和紅十字會進行溝通，不過字裡行間，也充分對FEMA與紅十字會各自立場的尊重，主要也只是籲請國土安全部協同FEMA和紅十字會溝通。因此，針對FEMA與紅十字會的歧見協商，從2006年一直討論到2010年，雙方才公開簽訂備忘錄（Memorandum of Agreement, MOA）[19]，內容清楚載明FEMA與紅十字會的工作內容與責任。從這份報告，也可以看出紅十字會在美國重大災難來臨時，扮演極爲重要的即時救難角色。由於災難發生凸顯非營

19 https://nmcs.communityos.org/cms/files/os114/p75/FEMA%20American%20Red%20Cross%20MOA%20October%202010.pdf，瀏覽日期：2019/1/27。

利組織的重要性，還可以從慈濟基金會印尼分會和印尼政府國軍於2014年5月19日簽有合作備忘錄得到印證。[20]

而談到慈濟印尼分會，必須追溯印尼於1998年5月13日至16日發生排華暴動事件，持續約三天；該暴動約造成數萬名華裔受到虐待與殺害，根據統計則有1,250位印尼華人死亡。[21] 由於暴動當時印尼華人情境危急，許多印尼華人紛紛逃離印尼。作者於2019年2月8日參加非營利組織分享會時獲得的資訊是，1994年甫在印尼成立的慈濟小團體，在不到二十年的時間，慈濟基金會印尼分會已成慈濟功德會全球各地分會中，組織規模最完整的分會。該分會園區設有醫院、學校、電視臺等，而且經費充足，亦可經常前往鄰近國家救災，而不需慈濟基金會總部的支援。關鍵點在於，歷經排華暴動，讓印尼華人企業家深刻體會到敦親睦鄰（慈善救助）的重要，所以印尼華人企業家願意投注大量善款。這個案例顯示，非營利組織的壯大，背後存在營利組織願意支持與奉獻。

這現象也顯示出企業透過非營利組織，盡到社會責任的目的。雖然McWilliams and Siegel (2001) 指出，要將企業責任具體化並不容易。但慈濟印尼分會應該就是企業社會責任非常重要的案例，而且這部分沒有做或沒有做好，可能危及華人企業（與印尼華人生命）在印尼能否生存。至於慈濟印尼分會發展關鍵的轉捩點是，印尼排華事件當時，分會會員向證嚴法師請示，是否應該撤離印尼。但收到的指示是，應該留下來好好回饋協助弱勢印尼民眾，因爲取之於印尼，必須回饋於印尼。[22] 根據前述慈濟基金會印尼分會發展的故事，合理的推論是，因爲印尼發生嚴重災難，而且印尼分會採取正確的因應策略（從救助與協助發揮正能量），使得慈濟印尼分會（救災能量）不斷壯大，這也可以說是（臺灣）非營利組織力量的擴散，更是臺灣（國際）軟實力的增強。

20 http://www.tzuchi.org.tw/慈濟文史專區/國家地區簡史/item/21728-慈濟在印尼，瀏覽日期：2019/2/10。

21 https://www.cna.com.tw/news/firstnews/201805120094.aspx，瀏覽日期：2019/2/10。

22 http://www.tzuchi.org.tw/慈濟文史專區/國家地區簡史/item/21728-慈濟在印尼，瀏覽日期：2019/2/10。

第三節　組織間合作

如前述，非營利組織在救災過程中，可能存在資訊不足，以及資源（含經費與其他資源）整合的問題。針對這些問題，的確應有不同的整合或組織間合作模式，才能提升救災成效。而相關內容已在本書其他章節說明，組織間合作的基本理論也在第五章論述，因此不再重複。惟如果就制度論 (North, 1990) 則可以正式與非正式規範進行思考，非營利組織間合作，固然可以透過法令或簽訂契約，但不能忽略非正式（文化）層面的發展。也就是讓非營利組織間，建立自願、緊密與主動友好的關係。而由於非營利組織間屬平行或對等關係，固然可以由非營利組織發動非營利組織間的合作關係，但也同時可以由政府（或第三方）提供合作平臺，以促進非營利組織間的合作。但因有些非營利組織經費不來自政府，而來自民間捐款，因此存在獨立性，所以仍存在困境或難以協調之處，這部分仍待後續研究進行努力。

有關臺灣非營利組織參與救災與災後重建，都扮演非常重要的角色，本書前幾章已有許多論述，本節再作系統性的組織間合作分析與論述。美國非營利組織參與救災亦相當多元，而這可以從前述美國GAO 2006年以及2008年的調查報告 (U.S. General Accountability Office, 2006; 2008) 獲得印證，因為報告內容顯示非營利（或非政府）組織在美國災難管理扮演重要角色。特別是2008年的調查報告，針對五個美國最重要的非營利組織投入災難服務的資源與項目進行調查。這五個主要調查對象分別是美國紅十字會（American Red Cross）、救世軍（The Salvation Army）、美南浸信會（Southern Baptist Convention）、美國天主教慈善會（Catholic Charities USA）、美國聯合勸募（United Way of America）等。而GAO之所以撰寫這份調查報告，主要透過國會要求，希望了解非營利組織面對大型災難，所能提供的資源、能量，以及面對的困境或問題為何。

這項調查報告有諸多寶貴的發現，同時提供聯邦政府（特別是FEMA）與非營利組織明確的改善與發展建議。例如，美國GAO發現紅十字會共獲得21億美元善款（動員近25萬名志工），救世軍有365萬美元（動員志工約五十一萬小時），美南浸信會2,000萬美元（動員志工近十七萬天），天主教慈善會1,500萬美元（有110個教會投入服務），聯合勸募則獲近3,000萬美元。從這些訊息顯示，非營利組織募款的能量相當可觀，所動員龐大的志工對於協助與服務災民的能量，亦非政府機關所能取代。至於臺灣非營利組織，募款能力也不能忽略，例如，日本311海嘯，臺灣捐贈的善款金額，遠高於美國捐款的總額。但各別公開龐大捐款的同時，卻遭媒體與民眾負面解讀。[23] 可惜臺灣（監察院或審計部）沒有類似的研究報告，難以了解與整合臺灣非營利組織資源。

至於美國非營利組織投入災難服務項目，美國GAO發現，他們在大規模災難救助與相關服務上，扮演的角色非常多元，包括庇護所的建置、餐飲、緊急救難物資、緊急救助（包括撤離、人員安全與寵物安全）、災區住居所協助（包括房屋修護與租屋協助）、人本或人道服務（災難諮商與個人個案管理）等，這些都是政府難以立即或全面提供給災民的協助(U.S. General Accountability Office, 2008)。既然非營利組織在災難管理過程扮演重要角色，如何進行協調整合避免資源重複或浪費，就非常重要。主要在讓有限的救災物資與協助，能作最有效的運用或分配。例如，臺灣紅十字會與中華搜救總隊主要的專長在搜救，慈濟或其他宗教團體在災區飲食與相關災民社會服務上著力較深，自然形成不同的資源分配與分工，而有分工自然會有整合或組織間合作的問題。

再深入論述，美國聯合勸募的專長在募款（但不實際參與救災活動）、美國紅十字會提供災難應變服務最多元（而且還扮演協調州與地方政府資源的投入，而且對於大規模救助和不同層級政府訂有合作協定），救世軍、美南浸信會與天主教慈善會，則以信仰爲基礎，提供社會與社區關懷服務。而美國GAO在2008年的調查報告也發現，這些非營利組織間雖沒有簽訂正式合作關係，卻有積極與良好的互動與合作關係；不過前述美國GAO調查結果發現，仍存在救災物資重複發放的情形。雖然前述非營利組織在大規模災難發揮強大的動員能力，卻也有很多慈善團體表示缺

23 https://www.ettoday.net/news/20120313/31295.htm，瀏覽日期：2019/1/21。

乏經教育訓練的志工。還有，前述救災相關的非營利組織也表示，如果不是災難因素，他們平常募不到錢，因此無法在平常進行整備工作（包括教育訓練與強化組織動員與救災能力），只能在災難來臨時進行因應。

另一個非營利組織面臨的問題是，如何在短時間消化或分配大筆的善款，而這亦是極大的挑戰。因為在有限的人力下，要在短時間發放鉅額善款，而且又不能亂花，這不是容易的事；或許這也是日本2011年311海嘯，臺灣非營利組織龐大捐款難以在短時間發放或使用的原因。而前述問題顯示，如何分享重要或關鍵資訊，以及建置資訊平臺，就變得相當重要。合理的論述是，有關相關資訊提供與平臺設計，可能由政府來提供比較適當。但為讓平臺能發揮效益或功能，仍得獲得非營性組織的認同；因為要讓非營利組織能認同平臺並願意分享資訊與合作。未來非營利組織如何善用與分配善款，仍可能存在敏感性，而這敏感性可能影響非營利組織的發展。而且，畢竟非營利組織經費不來自於政府，所以無法強制合作，因此如何保持合作關係，仍是未來的挑戰。

大型災難讓不同的非營利組織或志工團體有更多參與防救災的機會，有形與無形中亦厚植了災害防救的能力。但如何讓政府與非營利組織間，以及非營利組織相互間充分合作，以發揮更高的災害防救能量，是重要課題。例如，某非營利組織就曾為另一個非營利組織購置2套生命探測器，原因在於兩者的功能與屬性不同。[24] 為讓非營利組織既存的龐大力量，在災害來臨時能發揮立即與整合的功能，有必要進行政府與非營利組織間合作機制。相關理論已於本書第五章救災組織間合作有論述，本章主要針對政府與非營利組織，以及非營利組織相互間的合作進行分析。具體而言，為促進或整合非營利組織進行防救災，主要還是先要有資訊或資訊平臺的建置。因此，可以嘗試在中央或地方政府災害防救官方網站，建置非營利組織專屬網頁平臺，也可以建立協力機關整合平臺，將潛在的救災團體進行匯整，或也可以透過網頁連結的方式，呈現所有防救災非營利組織相關資訊。

---

24 作者於2019年2月6日參加某非營利組織分享會議所得資料。

有了重要或關鍵資訊，政府與非營利組織間，才比較容易會有共同目標，啓動合作機制。甚至有了這些關鍵資訊，非營利組織間也可以藉以建立合作平臺。不同非營利組織間合作，因爲經費來源、組織文化、運作模式均存在差異，可能導致組織間合作的困難度高。透過政府匯整資訊的公開，可讓性質或功能相近的非營利組織，建立合作關係。或者，未來我國行政院災害防救辦公室或內政部，可成立專責單位，進行非營利組織間的合作。例如，爲促進我國非政府組織參加國際事務，我國外交部設有非政府組織國際事務會之一級單位（下分參與評估科、援助合作科、培力發展科等三科）。非政府組織國際事務會，主要掌理輔導並協助國內民間團體參與非政府間國際組織、國際會議及交流活動等事項。[25]

由於外交部非政府組織國際事務會的主要任務在統籌、協助或連結非政府組織的外交潛力與能力，走入國際社會，有許多成效。過去國際賑災經常有外交部（非政府組織國際事務會）和非政府組織合作的案例。例如我國外交部和國內非政府組織合作，對海地救災與重建的協助，不僅協助海地發揮防救災與重建功能，同時鞏固了中華民國與海地的邦誼（這邦誼不僅是政府間，也是民間或非政府組織與海地民眾的珍貴友誼）。[26]依此推論或類比，爲強化我國非營利組織功能與運作，也就是發揮防救災功能。因此，可以在中央或地方政府（特別是防救災單位）成立非營利組織專責單位，使非營利組織在平時或緊急（災難來臨）時，能發揮防救災協調整合與聯繫之功能。例如前述美國聯邦政府（FEMA）與美國紅十字會間，就有深化的合作關係。

但若在政府機關成立非營利組織專責單位，可能存在人事與經費考量。在此情形下，不妨透過專案計畫的方式，而其專案目標很清楚，就是強化非營利組織的防救災功能。至於該專案計畫可設於行政院或行政院災害防救辦公室之下，以發揮跨部會整合之功能。也許由具官方色彩的賑

---

25 https://www.mofa.gov.tw/Organization.aspx?n=2997758C3CAF3A58&sms=F685A0BE8BCF5188#hash777822F00557B769，瀏覽日期：2019/1/1。

26 https://www.mofa.gov.tw/News_Content.aspx?n=B9FDE23268B88A87&sms=7021B4E8BCB254D5&s=40AA1CAF59C994CF，瀏覽日期：2019/1/24。

災基金會下，設立非營利組織整合常設單位或計畫，是可行的做法。[27] 依Sakamoto (2012) 的說法，2011年係日本非營利組織與非政府組織大幅投入救災的一年。由於非營利組織與非政府組織提供大量災民的救助服務，因此就讓非政府組織與非營利組織的連絡人，進駐縣的災害應變中心，以便於協調整合與聯繫，主要因爲政府與非營利組織應該是夥伴關係。基此，或許臺灣也可以考慮，邀請重要的非營利組織代表，進駐災害應變中心。[28] 只是，由誰代表非營利組織，可能得有進一步的規劃或配套設計才行，最簡單的方式，就是建立專屬整合網頁平臺。

馮燕、黃瓊億（2010）認爲美國志願組織災難行動聯盟（NVOAD, National Voluntary Organizations Active in Disaster），是另種組織運作方式。NVOAD於1970年成立，也是非營利組織，目前已有超過100個會員組織；而且，FEMA也有官員派駐NVOAD擔任常任理事，或許可解決前述非營利組織整合的問題。[29] 不過，因爲非營利組織多係自願性組織，各非營利組織仍有其獨立性。因此仍可能有許多整合空間，重點是這整合平臺必須持續存在與運作，而這有賴平時的整備、救災的動員、災後重建投入，以及研究發展。對於災害的來臨，政府與非營利組織希望發揮的救災成效目標一致，因此讓非營利組織也能進駐地方政府災害應變中心，有助非營利組織救災工作的協調整合。而這等於在災害應變中心，建置非營利組織的溝通整合平臺，可讓非營利組織立即有效的投入救災工作，並分擔災害現場非營利組織間協調整合的問題或困境，也等於將執行面的問題，提升至政策面，有助災害現場非營利組織的協調整合。

在這部分，據作者於2019年1月前往某非營利組織訪談的結果，獲知該非營利組織已獲同意可進駐中央災害應變中心。如前述臺灣非營利組織間存在特定項目的合作，惟如何發揮整體非營利組織間協調合作的功能，

---

27 http://www.rel.org.tw/beginning.html，瀏覽日期：2019/6/6。這觀點係作者和曾多次參與救災的前資深官員於2019年6月6日對談時所表達。

28 作者曾於2019年5月31日前往某非營利組織進行救災體系研究分享，據他們的說法，目前已進駐中央災害應變中心，但仍未進駐地方政府災害應變中心。

29 https://www.nvoad.org/about-us/，瀏覽日期：2019/6/6。

似乎仍有整合空間。在這部分，作者另於2019年10月25日走訪臺灣駐東京分會的非營利組織，並說明日本非營利組織存在溝通與網絡平臺，只是成效如何，並未獲得比較清楚的論證。Koliba、Mills and Zia (2011) 針對美國2005年發生的卡崔娜颶風造成的災害指出，應透過民主（民代、民眾，以及正式或法定系統）、市場（事業主與消費者），以及行政系統（官僚、專業與合作），建構救災課責模式與網絡關係，而這網絡關係涵蓋政府、企業（營利）與非營利組織。這其實也在說明同時建構營利與非營利組織的合作平臺的重要性，該平臺可以同時在中央與地方政府進行建構，必要時由非營利組織主導治理網絡，亦未嘗不可。

在此情形下，如何強化政府與非營利組織，以及改善非營利組織間合作機制，是未來政府與非營利組織共同且重要的課程。例如，Pipa (2006) 就指出，面對災難的侵襲，爲提升救災體系防救災成效，一個高階的整合單位應該被建置，以促進地方慈善組織或多元組織的參與和合作。同時指出，FEMA應扮演更積極與彈性的角色，以促進政府與非營利組織間，以及非營利組織間的合作，而爲強化非營利組織的能力，應鼓勵整備階段的募款。這些都呼應作者前文的主張，也是未來救災體系應該努力的方向。

第十章

結　論

大型災難對社會、經濟、政治的衝擊是巨大的，921大地震後時値臺灣總統大選，首次由民進黨總統參與人當選並執政，也等於對執政的國民黨投下反對票。1991年洛城大暴動（當時作者在美國南加州大學就讀博士班），讓原本民調看好的老布希總統被翻轉未獲連任。2011年東日本大地震後，日本大選讓自民黨重新執政，似乎也對當時的執政黨投下反對票。2019年澳洲野火肆虐，讓總理莫里森領導的政府信任度跌至歷史新低，12月11日並有2萬人走上雪梨街頭抗議，雖然總理將大火歸因於氣候變遷，但仍止不住民眾的憤怒，因爲民眾認爲政府並不重視這個議題。[1] 2019年9月泰國東北發生近十年來的嚴重水患，民眾抱怨政府救災不力，導致總理帕拉育陷入政治危機。[2] 再如第二章所述，2012年珊迪颱風，因當時歐巴馬總統全心投入救災整備，讓原居下風的情勢翻轉。因此也可以說，災難和政治密切相關，這也是未來重要的研究課題。

Brinnigan (2015: 25) 舉國際經合組織（Organization for Economic Cooperation and Development, OECD）的統計顯示，日本是世界第三大經濟體，卻擁有世界第二的貧窮率（poverty rate），約15.3%。美國是第一大經濟體，貧窮率則亦爲世界第一，約爲17.1%。特別是，災難侵襲的地點，多是偏遠鄉下或原本就貧窮之地。再如日本2019年的颱風19號，同樣造成偏遠（或貧困）地區嚴重傷亡；或者，可能很多資源多投注在都會區，使得偏遠地區防救災資源更爲貧乏。因此，這表示災難後的災區通常變得更爲弱勢，或需投入更多的資源協助，而這也應該是未來應持續關注的（社區）議題。本章主要針對本書第三章至第九章作重點整理，救災體系運作與成效絕對會持續受到關注，因爲臺灣會面臨重大災難是可預期的。只是究竟會是什麼樣的災難，以及在何時、何處發生規模多大的災難，可能不容易預測。

通常災害或災難的嚴重程度，會決定救災體系動員的規模；不過，前

1 https://www.chinatimes.com/newspapers/20191213000638-260119?chdtv，瀏覽日期：2019/12/13。

2 https://www.cna.com.tw/news/firstnews/201910020181.aspx，瀏覽日期：2019/12/30。

提是資訊的暢通、資源盤點與建置完整，以及組織間合作機制連結緊密。因此如何在平時就做好整備工作，必須成爲中央與地方政府、非營利組織與民間應有的共識。至少必須從過去與他國的災難因應經驗獲得啓發，以強化我國救災體系的能量或功能，避免相同的錯誤重複發生。本書主要的貢獻也在針對臺灣救災體系運作進行探索，分別從資訊、動員、組織間合作，研究救災體系所發揮的成效。並分從中央政府、地方政府、社區、非營利組織等，分章探討救災體系功能的發揮，同時有一些研究發現，這些研究發現有些是實證性的（descriptive），也就是具有實際案例或證據的內容；有些是規範性的（normative），也就是從理論或推論獲得的內容，仍待未來進一步證實。

整體而言，從前述不同議題或層面分析，我國救災體系過去有一些成長、改善或精進。但有些改變卻缺乏配套措施，因此仍有改善空間，這些多已在本書內容敘明，本章則整理各章重點或摘要內容。圖2-1與圖2-2固然描繪出我國救災體系的結構與內涵，但未納非營利組織。就第三章而言，有關災情資訊部分，訊息內容應考量資訊的友善性與親民性，也應強化訊息知識的深度與廣度，以及檢討報告資訊的公開，甚至可以提供多國語言（至少從英文開始，應該說這部分還有許多努力的空間），亦可透過資訊科技解決資訊不對稱問題。資訊傳播管道部分，宜設計多元傳播或傳遞管道，包括網頁專區設置、電視、收音機、衛星電話，以及新興之社群軟體如Facebook、LINE、Instagram、Wechat與網路直播等，都可嘗試。資訊平臺部分，可以升級方式處理，例如網頁專區可以是資訊平臺，同時可以連結各層級組織，甚至與國際組織或國家進行連結。但究竟各別資訊工具，在特定災難發揮什麼樣的功能，有待後續研究。例如周品君（2016），就針對災防告警細胞廣播訊息系統進行執行評估研究，結果顯示該系統雖有助預警資訊提供，但亦仍有精進空間。

就第四章而言，有關救災動員部分，如何在短時間動員足夠且專業人力救援是重要挑戰。由於1990年代進行警消分立組織變革，造成第一線救災人力大減。1999年921大地震之發生，發現臺灣缺乏特搜隊專業救災人力。2009年莫拉克風災後，救災納入國軍任務，固然解決救災人力不足，但國軍任務是作戰不是救災，因此仍應有配套措施；至於災害現場多元人力整合，也是未來精進救災成效的重點。其內涵包括民生物資如何有效發放給真正需要的災民，而且不被惡意囤積（涉及廉政問題），以及救災需用的器械、用品、交通工具，特別是直升機調派成本高，有時又有政治敏感度，平時就應有規劃；中繼屋或永久屋政策工具，也有許多問題或盲點，必須有周延之政策配套。政府經費補助與善款使用，也潛藏問題，包括死亡救助金額並無定論（不同災害案例之救助金差異從百萬至數百萬均有）；而不論是政府或非營利組織面對民眾或企業捐款如何使用與公開，也都存在不同的挑戰或問題。

某種程度而言，救災資源要靠整合，但資源畢竟有限，如何讓資源發揮最大的效用，是後續可以研究與改善的議題；或者，以現行資源分配機制，是否能滿足災民所需，因爲每場災難的特性不同，可能存在差異性。但背後的理論或原則，應該類似才合理，惟仍需進一步實際研究或資料的印證。就第五章而言，關於救災組織間合作有四個考量因素，就組織間合作誘因分析，首先必須考量組織間是否有共同價値、有意義、清楚明確的目標。而且如果目標（結果）與方法都明確，誘因也可能較高。只是，以目前臺灣的決策體制，加上災害（預測）存在不確定性，以及共同決策導致課責對象不明確，難以提升跨縣市合作治理的誘因，防災假的決策困境於是難解。未來對於防災假、停班與停課宜脫勾處理，停班則不妨比照公共運輸停駛與否進行決策，不過這樣的決策仍可能因爲颱風路徑臨時改變，成爲無風無雨的假日。

臺北車站四鐵共構，宜建立合作誘因，作好防救災整備工作。組織間合作的意願，固然建立在雙方合作或意願的認知上，但以臺灣進行非洲豬瘟防疫爲例，臺灣單方高度合作意願，亦可操作非官方或非營利組織，提升合作誘因，進行豬瘟防疫資訊共享與資源共享。警察與消防分立造成組織間合作防救災意願降低，未來宜重新思考提升防救災合作意願。防救災列入國軍重要任務，但國軍的核心任務係作戰非防救災，因此宜有政策配套，避免資源誤用或濫用。組織間合作能力，不能忽略政府以管制能力提升爲前提，2014年的高雄氣爆與2015年天津大爆炸，都與政府管制（或合作）能力不足有關。委外或可解決部分政府管制能力不足問題，但必須考量委外的對象（包括專業與口碑），以及考量生產與交易成本。面對多樣化的災害，必須讓有專業能力的組織能夠合作，而這可以透過建置國際社會的網絡連結進行思考。至於究竟是人力不足或是能力不足，則應有更清楚的證據或說明，以利後續防救災組織間合作的參考。

從諸多案例顯示，組織間合作（專業）能力的考量較人力需求的考量重要。組織間合作機制或制度的存在與建立係永續發展的概念，其內涵包括正式與非正式規範。雖然非正式規範較正式規範重要，但兩者相互影響，例如，警消分立讓長期以來警察與消防組織間合作的緊密關係產生變化。因爲防救災組織間合作機制的建立存在共識，所以成立行政院災害防救辦公室，以促進跨部會的整合或合作；縣市政府也紛紛成立災害防救辦公室進行跨局處的整合。但有些縣市政府仍以消防主導救災，難免因整合困境，導致組織間合作的不足。府際關係（縣市政府間）合作機制建立亦很重要，惟精省後府際關係同樣產生政府組織間合作的弱化。關於府際關係合作治理機制的建立，可參考美國府際關係諮詢委員會，但不能忽略大環境或政治制度的影響。組織間合作機制建立概念，同樣適用在兩岸與國際防救災議題上，惟仍受制於兩岸與國際政治因素影響。

作者在日本關西學院大學客座期間，更深刻感受到防救災國際合作的重要，而日本因係國際化深厚的已開發國家，因此是重要的合作對象，而這也可以未來可以研究（或發展）的重要課題。應該說，救災體系的組織間合作，仍是未來重要的研究議題，包括警察與消防如何能進一步合作，發揮更大的救災成效。然而，救災體系不是只有警察與消防組織，仍有諸多組織涵蓋在內。例如中央政府有跨部會的整合或合作議題，地方政府也存在跨局處問題，甚至中央與地方政府因執政黨派的差異，也造成許多扞格。主要因爲組織具有獨立性，難免存在合作的困境，如果再加上與非營利（或非政府）組織的合作，問題可能更爲複雜，重點在於，這些困境或問題都應該釐清。加以資源動員與整合，都是領導者（首長）職權有關。因此，如何讓不同的領導者，都能重視且知道如何動員與整合（組織間）資源，這些都是未來重要的研究課題。而且組織間合作，和公共行政領域的合作治理、府際關係有關（或具重疊性），這同時擴大了救災體系組織間合作的研究範圍，也使得救災體系研究的切入點更爲廣泛。

就第六章救災體系下的中央政府而言，美國FEMA認眞檢討災難案例避免錯誤重複發生，同時公告完全調查報告；日本以內閣府爲名發表的政策白皮書，則針對過去重大災難檢討，並提出具體防救災的策進作爲。美日的做法，均値得臺灣參考與學習。就組織定位分析，FEMA係美國卡特政府時代成立，但不斷進行組織改造，國家安全任務與災害防救任務曾經分離，後來911恐怖攻擊後又結合，但因防救災與國安的屬性或核心價値不同，難免造成防救災的弱化。至於臺灣是否成立部會層級的災害防救總署，仍有討論空間，除非政委兼任部長，否則跨部會整合仍存在問題。例如日本係由內閣府防災擔當主導災害防救整合，FEMA則賴上級國土安全部進行跨部會整合。由於中央政府是救災體系政策形成的關鍵因素，如何讓中央政府（災害防救會報與災害應變中心）發揮更大的救災績效（功能），仍有許多後續研究的空間。

防救災組織位階是決定救災成效的因素之一，但非唯一因素。目前我國災害防救最高的決策單位是「中央災害防救會報」，召集人爲行政院長，由於行政院係我國政府組織最高的行政機關，但行政院災害防救辦公室則爲行政院的幕僚單位，因此防救災的統籌與決策權在行政院（長），不在災害防救辦公室。至於中央災害應變中心的指揮官，則由行政院長指定之業務部長擔任。防災業務或可由災害防救辦公室接手，但需補足應有的專業人力。就組織結構設計而言，美國救災體系的運作模式，聯邦政府對於州與地方政府的關係，是以支援或補充而非取代爲原則，也就是說地方政府係第一線面對災難的組織，若有不足再由聯邦與州支援。雖然如此，歷經卡崔娜風災的FEMA仍遭媒體與社會大眾批評救災遲緩。臺灣歷經921大地震與莫拉克風災，中央政府對於災害應變不敢怠慢，甚至要求國軍主動支援。至於緊急醫療部分，縣市政府衛生局宜扮演更重要角色。

在人力資源部分，由於適才適所或人是決定救災成效的關鍵因素，也因爲災害防救有其專業性，專業性也代表專業能力，有必要透過教育訓練強化其專業能力。爲充實災害防救的教育訓練，則宜從紮實的工作分析切入，而這屬於人力資源（與組織行為）領域的範疇。因此，屬於個人層次（或個人行為）的救災體系研究，也可以是未來的研究方向，因為人是組織（體系）的主體。總統在救災體系在正式（法規命令上）並無具體的責任或角色扮演，但因為總統係國家最高領導者，仍有表徵上的責任或角色扮演。總統前往災區探訪，固然有其安撫災民的作用，但可能與國家安全的內涵衝突，因為總統安全係國安層次；加以救災體系主要係整體資源的動員，前往災區視察，可能造成救災資源配置的偏頗。總統在救災體系理想的角色扮演，主要在創造願景，也就是為救災體系創造理想化的目標，並作為未來救災體系興革方向與指導原則。行政院長係最高的行政首長，依「災防法」也是救災體系最高領導者，所以具有正式的職權與責任，同時負責跨部會與跨層級政府的協調整合。換言之，任何防救災議題爭議，最終需由行政院長處理或解決。

第七章救災體系下的地方政府，可以說包括縣市政府與鄉鎮市區公所，但縣市政府資源遠多於鄉鎮市區公所。重點在於，地方政府扮演第一線災害防救政策執行的關鍵角色。救災體系下的地方政府在災難管理或應變上應有系統思維，其內涵包括整備、減災、回應、復原，而這系統思維亦可透過資訊、動員、組織間合作進行系統設計與思考。防救災資源配置上，中央政府遠多於地方政府；而地方政府中，縣市政府和鄉鎮市區公所相較，縣市政府資源較豐，當然責任較大。至於中央政府資源優於縣市政府，而這可以從中央和縣政府救災體系的結構以及人力配置獲得印證。由於臺北市係我國歷史最攸久的直轄市政府，相對而言其防救災資源配置也最豐富。不過這是和臺灣其他直轄市或一般縣市相比，若和美國與日本先進國家重要城市的防救災資源相比，可能還有進步空間。而這可以從美國紐約市政府、日本東京都，以及臺北市政府的官網，印證防救災資源的差異。

目前臺灣防災防救辦公室為正式編制者，僅行政院災害防救辦公室，縣市政府災害防救辦公室則多為任務編組，甚至有些縣市災害防救辦公室的運作模式缺乏整合功能。美國與日本地方政府，除消防局外，還設有災害管理部門（或稱危機管理部門）。相對而言，我國地方政府除消防局外，僅設有臨時任務編組的災害防救辦公室。災難來臨會有災民的產生，救災除了緊急救護外，也應有人本關懷的功能。不論救災人員或災民，都有人性上的基本需求，需求理論可以作爲救災體系人本關懷的依據。而2016年臺南大地震，臺南市政府社工體系提出「一戶一社工」政策，協助災民走出創傷，算是救災體系人本關懷的創舉。不過，災難的發生，也可能因爲廉政問題所導致（因爲工程品質不佳，導致災害加劇），因此災害防救有時也和廉政體系有關。

在鄉鎮市區公所層級部分，資源遠不及縣市政府，成立直轄市後，所在地之鄉鎮市公所改區公所，可運用的防救災資源更爲緊縮。同時發現，鄉鎮市區公所提供的災防訊息偏靜態性資訊，動態性內容較爲缺乏。例如災害演習、災防地圖提供、防救災教育訓練活動，以及過去重大災害檢討報告等，都相當貧乏。而位處偏鄉的公所，防救災資訊與資源也明顯偏弱。而從臺北市區公所官網分析，中山區提供的防救災資訊較爲豐富，例如官網就提供有防救災演習相關資訊。地方政府首長（包括縣市長與鄉鎮市區長）防救災角色扮演，可分從表徵者、領導者、連絡者、監控者、傳播者、發言人、企業家、穩定紛亂者、資源分配者、談判者等十種角色作分類。或者說，地方政府首長的行爲或角色，脫離不了這十種。就因爲鄉鎮市區公所，位處救災體系的前線，因此存在許多困境與問題，值得進一步研究。

社區是救災體系最基本單位，臺灣過去曾積極推動過社區總體營造、防災社區（深耕計畫）、社區聯防等，有些成功的案例，但也有不成功的案例。不論成功或不成功，都是重要的研究素材，所以都是未來可以著力研究的個案或內容。第八章救災體系下的社區從自助、共助、公助三個層面分析。自助的概念在強化社區民眾防救災能力與知識（資訊），以因應災害來臨前或來臨時，社區或社區民眾能自發性或主動性預防與處理災害帶來的問題，也就是提升社區自主防救災的能力。而這必須從教育訓練著手，美國舊金山睦鄰救援隊（NERT）的教育訓練機制，已有近二十年的運作經驗，值得我們參考。NERT的機制，除了強化社區自主防救災能力，同時也具共助與公助的影響；也就是在NERT的框架構，不同社區會舉辦定期防救災演練，這對社區防救災自主與共助都有正面意義。關於共助的思維，主要在於自主防救不能只有強化個人或社區能力，而應在個人與社區自主防救災能力強化後，發展人與人、社區與人、社區與社區之間的合作（共助關係），以形成防救災的社區文化。

共助的發生，宜從自助開始，也就是讓社區居民了解社區防救災的內涵後，進行社區分工與整合的組訓；組織過程，其實也是共助機制的形成。至於課程安排，以及社區防救災演練，其實都在同時強化災害防救社區自助與共助的形成。也因此，自助與共助的災害防救文化不會自動形成，通常需要政府或外力的協助或介入。而這也是公助的概念，緊急災害來臨時，因爲各種因素，政府防救災人員（公助）不一定能即時提供救援，特別在大型災難時，政府防救災能量有限（公助），所以有時必須仰賴自助與共助。不過，平時的（防災）組訓或演練，政府（公助）就比較有介入（協助）的空間。由於舊金山NERT運作良好，因此日本於2003年推動的防災士認證機制（也等於是公助的一環），可能也在學習NERT的運作模式，以致於臺灣於2018年通過「防災士培訓及認證管理要點」，可能都在透過培訓與認證（公助），讓社區防救災的自助與共助能夠在社區深耕。

從歷次大型災難的經驗，非營利組織在大型災難防救災扮演愈來愈重要的角色，也發揮諸多災害防救、救助與重建功能。因此第九章針對救災體系下非營利組織進行論述，同時發現非營利組織不論美國、日本或臺灣，面對大型災難救災與重建，都有非常深入的參與，而且有些大型非營利組織具跨國性（所以也稱爲NGO或非政府組織），甚至有臺灣非營利組織成爲聯合國外圍組織。或可以說，非營利組織是政府防救災非常重要的夥伴。美國紅十字會和聯邦政府更有特殊的委託（合作關係），紅十字會董事會也有多名聯邦官員席次。非營利組織在災害防救固然扮演重要角色，也有許多運作的彈性，可以補政府運作的不足。但非營利組織也有其運作的困境，特別在捐款使用的合理性（對於行政管理經費使用），有時會讓民眾產生誤解，導致信任與經營的危機。

從資源有效利用的角度分析，政府與非營性組織間，以及非營利組織間，都應有更多的協調、合作與整合，以提升救災體系的成效。爲達此目的，相關資訊公開與分享，應是協調整合的第一步。其內涵包括災情訊息、災情資訊管道，以及資訊平臺等。政府應提供非營利組織防救災相關災害防救資訊，非營利組織本身也應提供相關資訊（包括專長、裝備與相關資源），以利組織間合作。而特定的災害防救專區，也等於是在建立資訊平臺，因此可解決部分資訊整合的問題。由於非營利組織擁有龐大的資源，如何在災難來臨時有效動員，是重要議題。從過去大型災害案例，發現有些非營利組織的動員速度與防救災成效，大於政府部門。而從美國與日本經驗顯示，大災難發生時，經常會有大量（未經培訓）志工進入災區，造成防救災的困擾。

在此情形下，NERT與防災士機制的推動，以及非營利組織，都可以成爲志工培訓的平臺。也有大型非營利組織因資源豐沛，具有防救災研發功能，可改善救災人員的工作生活品質，以及提供災民更優質的服務，而這些都是政府難以提供的防救災資源。關於組織間合作，根據美國與日本經驗，政府與非營利組織應有更緊密的合作關係。隸屬美國國會的GAO，就曾針對非營利組織防救災，作有完整的調查（檢討）報告。內容指出美國非營利組織在大型災難扮演非常重要的救難、救助與協助災民角色，獲得近逾20億美元的捐款，以及動員約30萬名志工投入賑災，顯見非營利組織在大型災難有非常大的貢獻。調查報告同時揭露美國非營利組織經營的困境，並要求聯邦政府給予必要之協助或配合。

再以美國爲例，投入賑災的非營利組織，因爲功能或屬性不同，通常會有互補作用。而且，非營利組織間，雖無正式協定，但相互間也有很好的非正式合作空間；最大的優點在於，救災資源發放，藉由非營利組織相互間的資訊分享，可避免重複，並發給需求最殷切的災民。因此，作者進一步建議，似可建立非營利組織部門，專責協調聯繫非營利組織，投入防救災工作。而這樣的機制，係仿外交部非政府組織國際事務會而來，該會專責和非政府組織合作，投入國際事務工作，有許多好的工作績效與表現。同時也可學習日本救災體系運作，邀請非營利組織進駐災害應變中心，讓政府與非營性組織間，因資源分享而有更緊密的合作關係，可發揮更強的災害防救成效。由於非營利組織在救災體系扮演角色愈來愈重要，特別是災害規模愈大，愈需要在短時間投入龐大人力與資源。若以慈濟基金會國際賑災的表現爲例，目前的能量已遠超過政府，如何發展或研究非營利組織間整合或合作關係，會是重要議題。

整體而言，本書所提的中央政府、地方政府、非營利組織、社區等四個大柱，所構成的救災體系。中央政府的資源最爲豐富，社區最爲貧乏。縣市政府固然擁有一定的救災資源，但若遇大型災難（如921大地震），就不是縣市政府能單獨處理。鄉鎮市區公所擁有的救災資源遠不及縣市政府，但在第一時間（如黃金七十二小時）因應重大災難，仍有其重要性。雖然中央政府救災資源最爲豐富，但也有其官僚體制存在的限制。反而是非營利組織，所能扮演的角色與發揮的功能（所能動員的資源或能量）相當龐大，可惜並未和政府有緊密的連結（例如簽訂合作契約）。甚至有非營利組織（例如慈濟基金會）在世界各國駐點有58國，其所能發揮的國際救災影響力，甚至比政府要強。所謂社區防救災組織其實不是組織，只是一個團體，嚴格說來所能發揮的功能最爲有限（雖然社區身處第一線防救災）。

雖然本書對於救災（體系）成效，分散於各章進行論述，例如本書第二章與第七章，都有關鍵指標的論述；不過，救災成效（或稱績效），因爲具高度重要性，可以專章進行論述亦可以是未來後續研究重要的議題。主要因爲救災成效是政府與民間（組織）共同追求的目標與方向，也是本書的「依變項」。唯有針對救災成效不斷研究、挑戰與精進，才能進一步降低民眾生命財產的損失。在這部分，作者所著的《組織行爲》，就有組織績效專章，提供研究或論述救災成效的理論基礎，並可進行組織績效衡量的討論（楊永年，2006：443-487）。至於救災成效的內涵可以包括災前、災中、災後（重建）、量化、質化、效率、公平性、滿意度、結果、過程、結構等，而且可以分從資訊、動員、組織間合作作爲寫作架構。換言之，救災成效有其複雜性，如何理論化或概念化，同時對救災體系實務有幫助，值得持續深入探討。

面對（大規模）災難，不是個人或單一組織能夠因應。因此，不論是政府、社區、非營利組織（當然含一般民眾），甚至營利組織，應該齊力解決或結束災難帶來的問題。同時一起努力，想辦法讓災難不再發生。而最好的方法，就是回到本書的救災體系的標題與定義。想辦法建構完整的政府、社區、非營利組織、營利組織（因爲企業社會責任）的協力或合作網絡關係。而這又可以回到本書的核心架構，透過資訊分享，以及資訊平臺的建構，讓動員力量能夠增加，而最好的方式就是建立組織間合作的關係，才能提高救災成效，這也才是救災體系的眞諦。我們無法讓災難不發生，卻可降低或避免災難對我們的傷害或影響。

參考書目

一、中文

內政部（2017），*災害防救深耕第3期計畫*，核定本，7月12日。http://117.56.91.94/KMPublic/readdocument.aspx?documentId=279781，瀏覽日期：2018/12/1。

王慶富（2005），*專案管理*，臺北：聯經出版社。

丘昌泰（2000），*災難管理學——地震篇*，臺北：元照出版公司。

丘昌泰（2001），九二一災後重建的問題糾葛與破解之道，江大樹、廖俊松編著，*府際關係與震災重建*，臺北：元照出版公司，頁：33-67。

丘昌泰（2017），*大陸NGOs在災難管理的角色與困局*，新北：商鼎數位出版有限公司。

丘昌泰、楊永年、趙建民、楊聿儒（2004），臺北市政府防災組織與功能研究：納莉風災的省思，*行政暨政策學報*，36，頁：1-38。

史美強、謝百傑（2012），直轄市區公所治理問題探析：以臺中市道路建設及管理爲例，直轄市區公所永續治理研討會，12月21日，主辦單位：內政部民政司，研討會地點：成功大學。會議手冊，論文集，頁：9-30。

江大樹、張力亞（2008），社區營造中組織信任的機制建構：以桃米生態村爲例，*東吳政治學報*，第26卷，第1期，頁：87-142。

江大樹、廖俊松（2001），*府際關係與震災重建*，臺北：元照出版公司。

貝辻正利（2015），連仁發、陳逸瑄譯，*讓人安全・開心的參加活動：從活動企劃、執行管理到會場保全的實務技巧*，臺北：中華民國展覽暨會議商業同業公會。

貝原俊民（1995），*大震災100日の記錄：兵庫県知事の手記*，東京：行政學會印刷所。

余易祐（2005），山難搜救體系之研究——以無明山山難爲例，臺中：東海大學碩士論文。

何淑萍（2011），核能安全體系之研究——以核三廠變壓器失火爲例，臺南：成功大學碩士論文。

吳錦源（2004），九二一震災組合屋政策之研究，臺中：東海大學碩士論文。

李家綸（2017），災害救助金政策之研究——以維冠金龍大樓爲例，臺南：成功大學碩士論文。

李詠琴（2003），重建區社區總營造的推動——專訪臺灣省政府陳副主席錦煌，行政院九二一震災災後重建推動委員會補助，財團法人臺灣省文化基金會印行，頁：5-12。

李鴻源、陳彥旭、陳文龍、史明原（2013），赴日考察日本災害防救組織與設施，出國期間：102年7月22日至26日，臺北：內政部。

官有垣、王仕圖（2013），臺灣社會企業的能力建構與社會影響初探，*社區發展季刊*，第143期，頁：51-67。

官俊榮（2019），廚餘處理可化豬瘟危機爲轉機，*蘋果日報*，1月30日，論壇，A16版。

林志信、楊永年、林元祥（2002），桃芝颱風地方政府救災組織體系運作之探討——以水里鄉與鹿谷鄉爲例，*中央警察大學災害防救學報*，第3期，頁：143-176。

林志豪（2010），*災難來了怎麼辦？災難應變SOP*，臺北：貓頭鷹出版。

林雨調（2005），土石流災害救治體系之研究，臺中：東海大學碩士論文。

林昱汝（2015），杉林大愛園區永久屋異地重建策略研究，臺南：成功大學碩士論文。

林淑馨（2016），災害救援過程中的協力關係：以東日本大地震爲例，*文官制度季刊*，第8卷，第4期，頁：21-53。

林萬億（2010），災難管理與社會工作，*社會發展季刊*，第131期，頁：33-51。

周嘉盈（2011），影響民眾採取水災整備行爲的因素，高雄：中山大學公共事務管理研究所碩士論文。

周品君（2016），災防告警細胞廣播訊息系統之執行評估，臺北：臺北大學公共行政暨政策學系碩士論文。

胡水旺（2005），地方政府救災體系之研究——以南投縣七二水災爲例，臺中：東海大學碩士論文。

柯恒昌（2002），災區組合屋居民對政府與民間團體之各項滿意度分析——以臺中縣大里市、霧峰鄉五個組合屋爲例，臺中：朝陽科技大學碩士論文。

建築改革社（2019），*921地動綻開的花蕊*，臺北：有方文化。

徐挺耀（2011），不存在的網路防災體系，*蘋果日報*，3月17日，論壇，https://tw.appledaily.com/forum/daily/20110317/33253900，瀏覽日期：2018/6/21。

高維廷（2010），空污事件之糾紛應變機制研究——以大發工業區空氣污染事件爲例，臺南：成功大學政治經濟研究所碩士論文。

高橋和雄、中村百合、清水幸德（1998），阪神・淡路大震災における応急仮設住宅の設置と長期間使用する場合の課題に関する調査，*土木学会論文集*，

604，頁：99-111。

翁佳詩（2010），災害預警系統之政策研究——以廬山溫泉區爲例，臺南：成功大學碩士論文。

梁景聰（2001），救災組織體系之研究——以九二一大地震南投縣政府爲例，臺中：東海大學碩士論文。

陳敦源（2002），*民主與官僚：新制度論的觀點*，臺北：韋伯文化事業出版社。

陳鈺欣、黃肇新（2012），中繼屋社區住民組織運作之研究——屏東縣忠誠中期安置中心案例，*臺灣社區工作與社區研究學刊*，第2卷，第1期，頁：79-110。

陳儀深（2011），*八八水災口述史：2009～2010災後重建訪問紀錄*，臺北：前衛出版社。

張中勇（2010），災害防救與我國國土安全管理機制之策進，*災難治理與地方永續發展*，張中勇、張世杰編著，臺北：韋伯文化國際出版有限公司，頁：15-44。

張中勇、張世杰編著（2011），*災難治理與地方永續發展*，臺北：韋伯文化國際出版有限公司。

張四明編著（2016），*極端氣候下臺灣災害治理*，臺北：財團法人二十一世紀基金會。

張四明、吳秀光、周韻采（2011），防災應變體系中資訊網絡整合機制改善之研究，行政院研究考核發展委員會委託研究報告，報告編號：RDEC-RES-099-031。

張四明、戴世偉（2016），新北市防災社區之建構與發展經驗，*極端氣候下以灣災害治理*，張四明主編，臺北：財團法人二十一世紀基金會，2016年1月出版，頁：169-210。

張玉欣（2009），補償政策之研究——以中石化安順廠爲例，臺南：成功大學政經所碩士論文。

許倬雲（1992），*從歷史看領導*，臺北：洪健全文教基金會。

章光明、吳秀光、洪文玲、鄧子正等（2010），中央與地方災害防救組織與職能之研究，行政院研究發展考核委員會委託研究報告，報告編號：RDEC-TPG-099-003。

游顥（2008），環境污染整治政策形成之研究——以中石化（臺鹼）安順廠爲例，臺南：成功大學政經所碩士論文。

馮燕、黃瓊億（2010），臺灣非營利組織災變應對平台模式之發展——從九二一震災到莫拉克風災，*社區發展季刊*，第131期，頁：298-308。

曾煜倫（2019），台水公司防貪策略之研究——以工程採購案爲例，臺南：成功大學政經所碩士論文。

曾梓峰、丁澈士（2012），因應氣候變遷都市水患問題探討與因應對策，行政院研究考核發展委員會委託研究報告，報告編號：RDEC-RES-100-010。

黃俊能、簡賢文、施邦築、游家懿（2012），我國因應重大災難物力動員機制之研究，行政院研究考核發展委員會委託研究報告，報告編號：RDEC-RES-100-017。

黃啓禎、李文郎（2000），天然災害救助措施之研究，行政院研究發展考核委員會委託研究計畫報告，報告編號：RDEC-RES-089-022。

黃榮村（2009），*臺灣921大地震的集體記憶——921十周年紀念*，新北：印刻文學生活雜誌出版公司。

黃榮村（2019），*921震後20年紀事——以及核電爭議與全球氣候變遷*，新北：印刻文學生活雜誌出版公司。

董柏甫（2019），漳州市古雷區PX石化廠災害處理策略之研究，臺南：成功大學未出版之碩士論文。

楊永年（1997），警察組織績效評估——就李總統六個月內改善治安之承諾論述，*警學叢刊*，第28卷1期，第113期，7月，頁：167-183。

楊永年（1998），論警察業務簡化，中央警察大學行政警察學系八十七年學術研討會，5月26日，地點：中央警察大學。

楊永年（2001），潛水海難，暴露管理機制嚴重不足，*中國時報*，8月21日，時論廣場，第15版。

楊永年（2001a），火，在跨縣市求援的猶豫中蔓延，*聯合報*，5月16日，民意論壇，第15版。

楊永年（2001b），縣市長，宜坐鎮救災中心，*中國時報*，9月18日，時論廣場，第15版。

楊永年（2001c），新官的第一課：學習防救災管理，*聯合報*，12月2日，民意論壇，第15版。

楊永年（2001d），地方首長，對災害應具高敏感度，動員救災體系救災，是地方政府首長的權力、責任與義務，*聯合報*，7月31日，民意論壇，第15版。

楊永年（2002），「社區防救災總體營造實施計畫」——木屐寮社區防救災組織研究，2002/7/1-2002/11/31，主持人，委託單位：行政院九二一震災災後重建推動委員會，生活重建處。

楊永年（2002a），救救「社區防災救災組織」，*聯合報*，9月6日，民意論壇，第15版。

楊永年（2003），社區防救災組織之研究，*重建區社區營造點案例選錄*，行政院九二一震災災後重建推動委員會補助，財團法人臺灣省文化基金會印行，頁：5-12。

楊永年（2006），*組織行爲：理論與實務*，桃園：中央警察大學出版社。

楊永年（2006a），日本地方政府救災體系之研究——以靜岡縣爲例，2006年臺灣公共行政與公共事務系所聯合會年會，主辦：臺灣公共行政與公共事務系所聯合會，6月3日，地點：政大公企中心。

楊永年（2007），烏合之眾救災總動員？*中國時報*，8月18日，時論廣場，A15版。

楊永年（2008），災情資訊爲救災關鍵，*中國時報*，5月15日，時論廣場，A19版。

楊永年（2008a），首長應進駐災變指揮中心，*中國時報*，9月14日，時論廣場，A10版。

楊永年（2008b），中國雪災，爲何難以收拾？*中國時報*，2月5日，時論廣場，A19版。

楊永年（2008c），強化海難救援機制刻不容緩，*中國時報*，4月28日，時論廣場，A15版。

楊永年（2009），八八水災救災體系之研究，*公共行政學報*，第32期，頁：143-169。

楊永年（2009a），警察與消防組織間合作之研究，*復旦公共行政評論*，第5輯，上海：上海人民出版社，頁：190-206。

楊永年（2009b），核安體系的四大漏洞，*蘋果日報*，6月15日，論壇，A16版。

楊永年（2009c），生態高速路的五大考驗，*中國時報*，3月30日，時論廣場，A10版。

楊永年（2009d），災防署與救災體系定位之問題，財團法人國家政策研究基金會，https://www.npf.org.tw/1/6414，瀏覽日期：2019/6/30。

楊永年（2010），98NPE11A09能源國家型科技計畫：核能公共參與與溝通機制之研究（以核三廠爲例）——核能安全體系之研究，2009/11/1-2010/12/31，總計畫與子計畫主持人，計畫編號：NSC98-3114-P-006-001。

楊永年（2010a），全民防救災與天災共存，*聯合報*，10月23日，民意論壇，A15版。

楊永年（2010b），防救災通報系統問題在哪？*中國時報*，10月25日，時論廣場，A14版。

楊永年（2011），建構跨國防救災合作機制，*蘋果日報*，3月14日，論壇，A20版。

楊永年（2011a），核安管制的五大困境，*中國時報*，3月16日，時論廣場，A14版。

楊永年（2012），大火燒出醫院撤離的難題，*蘋果日報*，10月24日，論壇，A15

版。
楊永年（2012a），緊急醫療衛生局應扛重責，*蘋果日報*，12月11日，論壇，A15版。
楊永年（2012b），台電的問題在科技治理，*中國時報*，5月7日，時論廣場，A14版。
楊永年（2012c），發展永續能源的大機會，*中國時報*，4月15日，時論廣場，A13版。
楊永年（2012d），核能安全體系之研究：以核三廠變壓器失火爲例，*府際關係：新興研究議題與治理策略*，趙永茂等主編，北京：社會科學文獻出版社，2012年3月出版，頁：291-339。
楊永年（2012e），能源國家型科技計畫：核能公共參與與溝通機制之研究（以核三廠爲例），2011/7/1-2012/6/31，總計畫與子計畫主持人，計畫編號：NSC 100-3113-P-006-009。
楊永年（2012f），100年度核三廠鄰近社區核能安全監督與防救災團隊之研究，2011/7/15-2012/3/15，計畫主持人，補助機關：原子能委員會。
楊永年（2012g），因應複合式災難之停班停課決策機制之研究，人事行政總處委託研究計畫，2012/8/7-2012/12/10，計畫主持人。
楊永年（2012h），颱風過後／訓練警救災備不時之需，*聯合報*，8月3日，民意論壇，A19版。
楊永年（2012i），颱風假宜鼓勵勞資訂定協議，*自由時報*，8月26日，自由廣場，A15版。
楊永年（2012j），我國社會發展政策關鍵議題與發展趨勢——公共安全風險管理與危機應變系列，行政院研究考核發展委員會，2012/8/1-2012/10/31，計畫主持人。
楊永年（2012k），國際專欄——防救災平台應速建立，*中國時報*，3月15日，時論廣場，A15版。
楊永年（2012l），醫護體系三大病灶，*中國時報*，5月14日，時論廣場，A14版。
楊永年（2012m），颶風應變歐巴馬加分，*中國時報*，11月1日，時論廣場，A14版。
楊永年（2012n），矯正署組織結構與功能之分析，*矯政（Journal of Corrections）*，第1卷，第2期，頁：2-25。
楊永年（2013），精省15年養出組織怪獸，*中國時報*，2月8日，時論廣場，A18版。
楊永年（2013a），救災醫療體系之研究——以雲嘉南爲例（總計畫），救災醫療體系組織分工與整合（子計畫），2012/4/1-2013/3/31，總計畫與子計畫主持人，計畫編號：NSC 101-2420-H-006-009-MY2。

楊永年（2013b），能源國家型科技計畫：核能公共參與與溝通機制之研究（以核三廠爲例），2012/7/1-2013/6/30，總計畫與子計畫共同主持人，計畫編號：NSC 101-3113-P-006-021。

楊永年（2013c），大火噬命，誰之責？*中國時報*，1月18日，時論廣場，A18版。

楊永年（2013d），隕石撞地球該查個水落石出，*中國時報*，2月17日，時論廣場，觀念平台，A11版。

楊永年（2014），救災縣市政府責無旁貸，*中國時報*， 9月23日，時論廣場，A14版。

楊永年（2014a），台電公司於南臺灣進行核能溝通之策略研究，2013/8/1-2014/7/31，台電公司。

楊永年（2014b），假如火山爆發……我們有準備嗎，*聯合報*，9月28日，民意論壇，A12版。

楊永年（2015），面對大量傷病患不能再亂，*中國時報*，6月30日，時論廣場，A15版。

楊永年（2015a），核能安全緊急應變自我治理之研究，2014/8/1-2015/3/31，主持人，委託機關：原子能委員會。

楊永年（2015b），「爆」出問題，*中國時報*，8月19日，時論廣場，A12版。

楊永年（2016），強降雨治理策略之研究，*極端氣候下臺灣災害治理*，張四明主編，臺北：財團法人二十一世紀基金會，2016年1月出版，頁：65-120。

楊永年（2016a），核安社區自我治理之研究，2015/11/17-2016/7/17，委託機關：原子能委員會。

楊永年（2016b），跨域救災經驗應制度化，*中國時報*，2月12日，時論廣場，A12版。

楊永年（2017），民眾要的，不只是災害簡訊，*中國時報*，2月14日，時論廣場，A14版。

楊永年（2017a），回不去省府時代了凍省4症頭難解，*聯合報*，12月5日，民意論壇，A14版。

楊永年（2017b），災害檢討報告上網公開，*中國時報*，6月4日，時論廣場，A15版。

楊永年（2017c），恆春地區防災治理之研究，原能會與科技部產學合作計畫，基礎研究，2017/1/1-2018/12/31，主持人，MOST 106-2623-E-006-013-NU，學門名稱：人才培訓與風險溝通。

楊永年（2017d），爲何急診醫師集體出走林口長庚，《制度篇》政府與市場都失靈了，*蘋果日報*，6月29日，論壇，A15版。

楊永年（2018），淹水怎重複發生？*蘋果日報*，6月16日，論壇，A22版。

楊永年（2018a），花蓮大地震應設官網，*自由時報*，2月10日，自由廣場，A19版。

楊永年（2018b），防強颱強雨救災準備3關鍵，*聯合報*，2月5日，民意論壇，A13版。

楊永年（2018c），首長責任不只在勘災，*蘋果日報*，8月30日，論壇，A14版。

楊永年（2018d），治水破功？口水成功？*自由時報*，9月2日，自由廣場，A15版。

楊永年（2018e），高市的廉政坑洞，*中國時報*，9月4日，時論廣場，A14版。

楊永年（2018f），預警後立即撤離海嘯傷亡可降低，*蘋果日報*，10月1日，論壇，A14版。

楊永年（2018g），普悠瑪翻覆／建立災情平台正確、動員、安民心，*聯合報*，10月25日，民意論壇，A15版。

楊永年（2018h），新南向與印尼防救災，*自由時報*，10月5日，自由廣場，A19版。

楊永年（2018i），滴水不漏防非洲豬瘟從各部會到全民都有危機意識？*聯合報*，12月20日，民意論壇，A15版。

楊永年（2018j），核能電廠緊急應變計畫區核安社區風險治理之研究，原能會與科技部產學合作計畫，基礎研究，2018/1/1-2019/12/31，主持人，MOST 107-NU-E-006-002-NU，學門名稱：人才培訓與風險溝通。

楊永年（2018k），確認眞相再來追究責任，*自由時報*，10月26日，自由廣場，A20版。

楊永年（2018l），「參考」指標不是「決策」指標，*自由時報*，7月13日，自由廣場，A17版。

楊永年（2019），國際化非洲豬瘟防疫資訊，*蘋果日報*，1月22日，蘋論陣線，A23版。

楊永年（2019a），兩岸共打豬瘟，*中國時報*，1月5日，時論廣場，A15版。

楊永年（2019b），非洲豬瘟防疫兩岸怎麼合作？*聯合報*，1月24日，民意論壇，A15版。

楊永年（2019c），豬瘟防疫善用非營利組織，*自由時報*，1月26日，自由廣場，A19版。

楊永年（2019d），非洲豬瘟防疫資訊應該升級，*蘋果日報*，1月7日，蘋論陣線，A14版。

楊永年（2019e），小林滅村國賠啓示，*中國時報*，3月29日，時論廣場，A14版。

楊永年（2019f），預警與救災，高市府三大新挑戰，*聯合報*，4月5日，民意論壇，A13版。

楊永年（2019g），別只關心颱風假讓人人都能讀懂氣象資訊，*聯合報*，10月1日，民意論壇，A12版。

楊永年（2019h），該成立防災局了，*自由時報*，9月27日，自由廣場，A13版。

楊永年、侯夙芳、廖翊詠（2012），區級政府災害防救功能之研究，直轄市區公所永續治理研討會，2012/12/21，主辦單位：內政部民政司，研討會地點：成功大學。會議手冊，論文集，頁：73-88。

楊永年、潘秀明（2000），救難技術，有待全面提升，*中國時報*，7月24日，時論廣場，第15版。

楊錦清（2010），警察組織與救災功能之研究——以警報系統為例，臺中：東海大學碩士論文。

慈濟（2018），*慈濟月刊*，第625期，12月1日出版，臺北：慈濟人文志業中心慈濟期刊部。

廖翊詠（2003），緊急醫療救護體系成效之研究——以2011年阿里山森林鐵路小火車翻覆事故為例，臺南：成功大學碩士論文。

蕭嘉政（2009），災害潛勢地區推動防災社區之調查研究：以彰化縣為例，彰化：國立彰化師範大學碩士論文。

鄭榮光（1999），臺灣九二一大地震與日本阪神大地震之比較研究，*營造天下*，47/48，頁：14-20。

蔡孟栩（2005），地方政府警察與消防組織間合作之研究——以臺中縣七二水災為例，臺中：東海大學碩士論文。

蔡政憲、張士傑、林建智、彭金隆（2012），天災風險管理對策之研究：財政管理與風險管理，行政院研究考核發展委員會委託研究報告，報告編號：RDEC-RES-100-021。

蔡詠丞（2011），核能安全地方治理之研究以核三廠變壓器失火為例，臺南：成功大學碩士論文。

劉正千（2010），如何運用遙測資訊進行快速應變——莫拉克風災之經驗與建言，*工程科技通訊*，第106期，6月，頁：43-51。

簡琦哲（2009），中石化社區去污名化之研究，臺南：成功大學政治經濟研究所碩士論文。

羅德民（2012），論國軍災害防救之角色與定位——以八八水災為例，臺南：成功大學碩士論文。

二、英文

Adams, T.M., and Anderson, L.R. (2019). *Policing in Natural Disaster: Stress, Resilience, and The Challenges of Emergency Management*. PL: Temple University Press.

Anheier, H. K. (2014). *Nonprofit Organizations*. New York: Routledge.

Ansell, C., and Gash, A. (2007). Collaborative Governance in Theory and Practice. *Journal of Public Administration Research and Theory.*18: 543-571.

Angus, R. B., Gundersen, N. A., and Cullinane, T. P. (2000). *Planning, Performing, and Controlling Projects: Principles and Applications*. New Jersey: Prentice Hall.

Arendt, L.A., and Laesch, D.J. (2015). *Long-Term Community Recovery from Natural Disasters*. FL: RC Press.

Ashkenas, R., Ulrich, D., Jick, T., and Kerr, S. (1995). *The Boundaryless Organization: Breaking the Chains of Organizational Structure*. San Francisco: Jossey-Bass.

Atsumi, K. (2002). Fifteen Years' of Disaster Volunteer Activity. *Urban Policy*. 138. Keisoshobo. 37-44.

Atsumi, T. (2014). Relaying Support in Disaster-affected Areas: the Social Implications of a 'pay-it-forward' Network. *Disasters*. 38. S2. S144-S146.

Atsumi, T., and Goltz, J.D. (2014). Fifteen Years of Disaster Volunteers in Japan: A Longitudinal Fieldwork Assessment of a Disaster Non-Organization. *International Journal of Mass Emergencies and Disasters*. 32. 1. 220-240.

Atsumi, T., Seki, Y., Yamaguchi, H. (2018). The Generative Power of Metaphor: Long-Term Action Research on Disaster Recovery in a Small Japanese Village. *Disasters*. 43. 2. 355-371.

Augenstein, R. (2019). The NPO's Preparedness Strategy of Kogami for Tsunami at Padang in Indonesia. National Cheng Kung University. Tainan: Master Thesis.

Awotona, A. (2017). *Planning for Community-based Disaster Resilience Worldwide: Learning from Case Studies in Six Continents*. Editor. London: Routledge.

Barnard, C.I. (1938). *The Function of the Executive*. Mass: Harvard University.

Barney, J.B., and Ouchi, W.G. (1986). Learning from Organizational Economics. In *Classics of Organization Theory*. Editors. 8th ed. Edited by J.M.Shafritz, J.S. Ott, and Y.S. Jang (2016). 218-223. Boston: Cenggage Learning.

Ben-Ner, A. and B. Gui(2003). "The Theory of Nonprofit Organisationsrevistited" In *The Study of the Nonprofit Enterprises*. H. K. Anheier and A. Ben-Ner eds. 3-26. New York et al.: Kluwer Academic/Plenum Publishers.

Bennett, D., and LaForce, S. (2019). Text-to-acton: Understanding the interaction between accessibility of Wireless Emergency Alerts and behavioral response. In *Risk Communication and Community Resilience*. 9-26. Edited by Kar, B., and Cochran, D.M. Jr. NY: Routledge.

Bestor, V.L., and Maekawa, R. (2003). The philanthropic roots of the voluntary and non-profit sector in Japan: The Rockefeller Legacy. In *The Voluntary and Non-Profit Secotr in Japan*. edited by S.P. Osborne. 23-39. London: RoutledgeCurzon.

Blau, P.M., and Scott, W.R. (1962). *Formal Organizations: A Comparative Approach*. San Francisco: Chandler.

Bolman, L., and Deal, T. (1991). *Reframing Organizations: Artistry, Choice, and Leadership*. San Francisco: Jossey-Bass.

Bottiglieri, W.A., Kroleski, S.L., and Conway, K. (2011). The Regulation of Non-Profit Organizations. *Journal of Business & Economics Research*. 9. 9.

Bozeman, B. (2004). *All Organizations Are Public: Comparing Public and Private Organizations*. CA: Jossey-Bass Inc.

Brannigan, M.C. (2015). Japan's March 2011 *Disaster and Moral Grit: Our Inescapable In-between*. Maryland: Lexington Books.

Bratsky, P. (2016). Research on Flooding Protection Policy in Prague-the case of the 2002's Vltava Flood. Master Thesis at the Department of Natural Disaster. Tainan: National Cheng Kung University.

Carr, J. (2016). *Disaster Relilience After Hurricane Sandy: Enhancement Efforts, Use of Funds, and National Mitigation Framework*. Editor. NY: NOVA Publishers.

Chamlee-Wright, E. (2010). *The Cultural and Political Economy of Recovery: Social Learning in a Post-Disaster Environment*. London: Routledge.

Chamlee-Wright, E., and Storr, V.H. (2010). The Role of Social Entrepreneurship in Post-Katrina Community Recovery. *International Journal of Innovation and Regional Development*. 2. 1. 149-164.

Chamlee-Wright, E., and Storr, V.H. (2009). Club Goods and Post-Disaster Community Return. *Rationality and Society*. 21. 4. 429-458.

Chen, L.C., Liu, Y.C., and Chan, K.C. (2006). Integrated Community-Based Disaster Management Program in Taiwan: A Case Study of Shang-An Village. *Natural Hazards*. 37. 209-223.

Cigler, B.A. (1987). Emergency management and public administration. in Charles, M.T. and Kim, J.C.K. eds. *Crisis Management: A Case Book*. 5-19. MO: Thomas, Springfield.

Col, J.M. (2007). Managing disasters: the role of local government. *Public Administrative Review*. 67. S1. 114-124.

Comerio, M. (1998). *Disaster Hits Home*. CA: University of California Press.

Comfort, L.K. (1988). Designing Policy for Action: The Emergency Management System. In Comfort, L.K. ed., *Managing Disaster: Strategies and Policy Perspectives*. Durham & London: Duke University Press.

Conger, J. A., and Kanungo, R. N. (1987). Toward a Behavioral Theory of Charismatic Leadership in Organizational settings. *Academy of Management Review.* 12(4). 637-647.

Copper, T.L. (1990). *The Responsible Administrator: An Approach to Ethics for the Administrative Role.* 3rd ed. San Francisco: Jossey-Bass.

Cooper, T.L. (1991). *An Ethic of Citizenship for Public Administration.* New Jersey: Prentice Hall.

Cummings, T.G., and Worley, C.G. (2001). *Organizational Development & Change*. 7th ed. Oh: South-Western College Publishing.

Cutt, J., and Murray, V. (2000). *Accountability and Effectivenss Evaluation in Non-Profit Organizations.* NY: Routledge.

Deflem, M. (2012). *Disasters, Hazards and Law*. Editor. Sociology of Crime, Law and Deviance. 17. UK: Emerald.

Denhardt, R. (1984). Theories of Public Organizations. CA: Brooks & Cole.

Dessler, G. (2005). *Human Resource Management.* 10th ed. NJ: Prentice-Hall.

Deutsch, K.W. (1961). Social mobilization and political development. *The American Political Science Review*. 55. 3. 493-514.

Diaz, J.O.P. (2018). *Disaster Recovery: Community-Based Psychosocial Support in the Aftermath*. Editor. Canada: Apple Academic Press Inc.

Drabek, T.E., and Hoetmer, G.J. (1991). *Emergency Management: Principles and Practices for Local Government*. International City/County Management Association, Washington, DC.

Duarte, D.L., and Snyder, N.T. (1999). *Mastering Virtual Teams*. San Francisco: Jassey-Bass.

Elliot, D., and Smith, D. (2004). *Crisis Management: Theory, Systems and Practice.* Editors. NY: Routledge.

Ermus, C. (2018). *Environmental Disaster in the Gulf South*. LA: Louisianan State University Press.

Federal Emergency Management Agency. (2011). *A Whole Community Approach to*

Emergency Management: Principles, Themes, and Pathways for Action. FEMA: Washington, DC.

Ferris, J., and Graddy, E. (1986). Contracting Out: For What? With Whom? *Public Administration Review.* 46. 4. 332-344.

Ferris, J., and Graddy, E. (1989). Production Costs, Transaction Costs and Local Government Contractor Choice. USC Working Paper.

Fiefie, E. (2016). Disaster Risk Reduction Strategy: A Case Study of the 1/12 Earthquake in Haiti. Master Thesis at the Department of Natural Disaster. Tainan: National Cheng Kung University.

French, W.L., and Bell, C.H., Jr. (1999). *Organizational Development: Behavioral Science Interventions for Organization Improvement.* 6th ed. New Jersey: Prentice-Hall.

Frederickson, H.G. (1991). Toward A Theory of The Public for Public Administration. *Administration & Society*. 22. 4. 395-417.

Fremont-Smith, M., Boris, E., and Steuerle, E. (2006). Charities' response to disasters: Expectations and realities. In E. T. Boris and C. E. Steurle (Eds.), *After Katrina: Public Expectation and Charities' Response* (pp. 1-4). Washington, DC: The Urban Institute.

Frew, S.L. (2019). Harnessing the power of social media for disaster risk reduction and the mitigation planning process. In *Risk Communication and Community Resilience*. 104-122. Edited by Kar, B., and Cochran, D.M. Jr. NY: Routledge.

Gopalakrishnan, C., and Okada, N. (2007). Designing new institutions for implementing integrated disaster risk management: key elements and future direction. *Disasters.* 31. 4. 353-372.

Gomez, B. T., and Wilson, J. M. (2008). Political sophistication and the attributions of blame in the wake of Hurricane Katrina. *Publius: The Journal of Federalism,* 38. 4. 633-650.

Greiling, D. (2007). Trust and Performance Management in Non-Profit Organizations. *The Innovation Journal: Public Sector Innovation Journal*. 12. 3. article 9.

Gopalakrishnan, C. and Okada, N. (2007). Designing new institutions for implementing integrated disaster risk management: key elements and future direction. *Disasters.* 31. 4. 353-372.

Guggenheim, M. (2014). Introduction: disasters as politics-politics as disasters. In *Disasters and Politics,* Tironi, M., Rodriguez-Giralt, I., and Guggenheim, M. eds. P: 1-16. UK: John Wiley & Sons.

Hawkins, C., and Knox, C.C. (2014). Disaster events and policy changes in Florida. In Editors. *Disaster & development: Examining global issues and cases*. Edited by N. Kapucu and K.T. Liou. 111-128. NY: Springer.

Hayes, P. (2014). The Impact of Team Member Familiarity on Performance: Ad hoc and Pre-formed Emergency Service Teams. In *Human Factors Challenges in Emergency Management: Enhancing Individual and Team Performance in Fire and Emergency*. Edited by C. Owen. 97-124. UK: Ashgate Publishing Limited.

Hall, P.D. (1987). A Historical Overview of the Private Nonprofit Sector in *The Nonprofit Sector: A Research Handbook* edited by Walter W. Powell. page 3-21. New Haven: Yale University Press.

Henstra, D. (2010). Evaluating Local Government Emergency Management Programs: What Framework Should Public Managers Adopt? *Public Administration Review*. 70. 2. 236-246.

Herzberg, F. (1968). One More Time: How Do You Motivate Employees? *Harvard Business Review*. 46. 53-62.

Holody, M. K., Crompton, J., and Loop, K. (2008). A Community Learns: The Austin, Texas, Response to Hurricane Katrina. *LBJ Journal of Public Affairs*. 19. 115-134.

Hori, T., and Shaw, R. (2014). *Local Disaster Risk Management in a Changing Climate: Perspective from Central America.* Editors. Community, Environment and Disaster Risk Management. Volume 17. UK: Emerald.

Horigan, K.P. (2018). *Consuming Katrina: Public Disaster and Personal Narrative.* MS: University Press of Mississippi.

Imada, M. (2003). The voluntary response to the Hanshin Awaji earthquake: A trigger for the development of the voluntary and non-profit sector in Japan. in *The Voluntary and Non-Profit Secotr in Japan*. edited by S.P. Osborne. 40-50. London: Routledge-Curzon.

Ingham, V., Hicks, J., Islam, M. R., Manock, I., and Sappey, R. (2012). An Interdisciplinary Approach to Disaster Management, Incorporating Economics and Social Psychology. *The International Journal of Interdisciplinary Social Sciences*. 6. 5. 93-106.

Jang, L.J., and Wang, J.J. (2009). Disaster Resilience in a Hakka Community in Taiwan. *Journal of Pacific Rim Psychology*. 3. 2. 55-65.

Jha, A.K., Barenstein, J. D., Phelps, P.M., Pittet, D., and Sena, S. (2010). *Safer Homes, Stronger Communities: A Handbook for Reconstruction after Natural Disasters*. D.C.: World Bank.

Jurkovich, R. (1974). A Core Typology of Organizational Environments. *Administrative Science Quarterly*. 19. 380-394.

Kahn, R.L., Wolfe, D.M., Quinn, R.P., and Snock, J.D. (1964). *Organizational Stress: Studies in Role conflict and Ambiguity*. NY: John Wiley.

Kanter, R.M., and Brinkerhoff, D. (1981). Organizational Performance: Recent Developments in Measurement. *Annual Review of Sociology*. 321-136.

Kapucu, N. (2008). Collaborative emergency management: better community organising, better public preparedness and response. *Disasters*. 32. 2. 239-262.

Kapucu, N., Augustin, M., and Garayev, V. (2009). Interstate Partnerships in Emergency Management: Emergency Management Assistance Compact in Response to Catastrophic Disasters. *Public Adminsitration Review*. 69. 2. 297-313.

Kar, B., and Cochran, D.M. Jr. (2019). *Risk Communication and Community Resilience*. NY: Routledge.

Kast, F.E., and Rosenzweig, J. E. (1985). *Organization & Management: A Systems and Contingency Approach*. 4th ed. NY: McGraw-Hill Book Company.

Katz, D., and Kahn, R.L. (1966). *The Social Psychology of Organizations*. NY: Wiley.

Khanna, B.B.k., and Khanna, N. (2011). *Disasters: Strengthening Community Mitigation & Preparedness*. New Delhi: New India Publishing Agency.

Kincaid, J. (2011).The U.S. Advisory Commission on Intergovernmental Relations: Unique Artifact of a Bygone Era. Intergovernmental Management Symposium. *Public Administration Review*. 181-189.

Kingdon, J. (1984). *Agendas, Alternatives, and Public Policy*. Glenview, IL: Scott, Foresman and Company.

Koliba, C.J., Mills, R.M., and Zia, A. (2011). Accountability in Governance Networks: An Assessment of Public, Private, and Non-Profit Emergency Management Practices Following Hurricane Katrina. *Public Administration Review*. 71. 2. 210-220.

Kusumasari, B., Alam, Q., and Siddiqui, K. (2010). Resource capability for local government in managing disaster. *Disaster Prevention and Management*. 19. 4. 438-451.

Lein, L., Beausoleil, J., Angel, R., and Bell, H. (2006). *Lessons from Katrina evacuees: A digest of research by the Center for Social Work Research for the City of Austin and the Entrepreneurs Foundation*. University of Texas at Austin School of Social Work. Adopted from Smith (2010).

Locke, E.A., and Latham, G.P. (1990). *A Theory of Goal Setting & Task Performance*. New Jersey: Prentice Hall.

Madu, C.N., and Kuei, C.H. (2017). *Handbook of Disaster Risk Reduction & Management*. Editors. Singapore: World Scientific Publishing Company.

Marquis, C, and Park, A. (2014). Inside the Buy-One Give-One Model. *Stanford Social Innovation Review*. Winter. 28-33.

Maslow, A.H. (1954). *Motivation and Personality*. NY: Harper & Row.

McCarthy, J.D., and Zald, M.N. (1977). Resource mobilization and social movements: a partial theory. *American Journal of Sociology*. 82. 6. 1212-1241.

McGregor, D. (1960). The Human Side of Enterprise. NY: McGraw-Hill.

McWilliams, A., and Siegel, D. (2001). Corporate Social Responsibility: A Theory of the Firm Perspective. *The Academy of Management Review*. 26. 1. 117-127.

Mileti, D.S. (1999). *Disasters by Design: A Reassessment of Natural Hazards in the United States*. Washington DC: Joseph Henry Press.

Mimaki, J., and Shaw, R. (2007). Enhancement of disaster preparedness with social capital and community capacity: A perspective from a comparative case study of rural communities in Kochi, Japan. SUISUI *Hydrological Research Letters*. 1. 5-10.

Mintzberg, H. (1973). *The Nature of Managerial Work.* NY: Harper & Row.

Monma, T. (2015). Tokyo University of Agriculture East Japan Assistance ProjcetAssiting with Reconstruction: Guiding Principles, Planning, and Propagation of Benefits. In *Agricultural and Forestry Reconstruction After the great East Japan Earthquake: Tsunami, Radioactive, and Reputational Damages.* 19-41. Edited by Monma, T., Goto, I, Hayashi, T., Tachiya, H., and Ohsawa, K. Tokyo: Springer.

Monma, T., Goto, I, Hayashi, T., Tachiya, H., and Ohsawa, K. (2015). *Agricultural and Forestry Reconstruction After the great East Japan Earthquake: Tsunami, Radioactive, and Reputational Damages*. Editors. Tokyo: Springer.

Moore, M. H. (2006). Disasters and the voluntary sector: Reflections on the social response to Hurricane Katrina. In E. T. Boris and C. E. Steurle (Eds.) *After Katrina: Public Expectation and Charities' Response* (pp. 23-27). Washington, DC: The Urban Institute.

Morgan, G. (1986). *Images of Organization*. CA: Sage.

Morgeson, F.P., and Campion, M.A. (2000). Accuracy in job analysis: Toward an inference-based model. *Journal of Organizational Behavior*. 21. 7. 819-827.

Munkhtuya, D. (2018). Research on the Effectiveness of 2016's Dzud Disaster Responses in Zavkhan Province, Mongolia. Master Thesis at the Department of Natural Disaster. Tainan: National Cheng Kung University.

Nanus, B. (1992). *Visionary Leadership*. San Francisco: Jossey-Bass.

Noji, K.E., ed. (1997). *The Epidemiological Consequences of Disasters*. NY: Oxford Unversity Presss.

North, D. (1990). *Institutions, Institutional Change and Economic Performance*. NY: Cambridge University Press.

Ohwa, M. (2003). The voluntary and non-profit sector and the community in Japan. In *The Voluntary and Non-Profit Sector in Japan*. edited by S.P. Osborne. 199-207. London: RoutledgeCurzon.

Okun, A.M. (1975). *Equality and Efficiency: the Big Tradeoff*. D.C.: The Brookings Institution.

O'Leary, M. Ed. (2004). *The First 72 Hours: A Community Approach to Disaster Preparedness*. NY: iUniverse.

Osborne, S.P. (2003). *The Voluntary and Non-Profit Sector in Japan*. edited by S.P. Osborne. London: RoutledgeCurzon.

Ostrom, E. (1990). *Governing the Commons: The Evolution of Institutions for Collective Action*. UK: Cambridge University Press.

Ostrum, V., Bish, R., and Ostrum, E. (1988). *Local Government in the United States*. Washington DC: ICS Press.

Otani, J. (2010). *Older People in Natural Disaster*. Kyoto: Kyoto University Press.

Ott, J.S. (1989). *The Organizational Culture Perspective*. Il: The Dorsey Press.

Owen, C. (2014). *Human Factors Challenges in Emergency Management: Enhancing Individual and Team Performance in Fire and Emergency*. UK: Ashgate Publishing Limited.

Payton, R. L., and Moody, M.P. (2008). *Understanding Philanthropy*. Bloomington: Indiana University Press.

Pekkanen, R. (2003). The politics of regulating the non-profit sector. In *The Voluntary and Non-Profit Sector in Japan*. edited by S.P. Osborne. 54-75. London: RoutledgeCurzon.

Perry, R.W. and Mushkatel, A.H. (1984). *Disaster Management: Warning Response and Community Relocations*. CT: Quorum, Westport.

Pfeffer, J. (1992). *Managing with Power: Politics and Influence in Organizations*. Boston: Harvard Business School Press.

Pfeffer, J., and Salancik, G.R. (1978). *The External Control of Organizations: A Resource Dependence Perspective*. NY: Harper & Row.

Pipa, T. (2006). *Weathering the storm: The role of local nonprofits in the Hurricane Katrina relief effort*. Nonprofit Sector Research Fund Working Paper Series. Washington, DC: The Aspen Institute.

Powell, W.W. (1987). *The Nonprofit Sector: A Research Handbook.* Editor. New Haven: Yale University Press.

Porras, J.I. and Robertson, P.J. (1992). Organizational Development: Theory, Practice, and Research. In M. Dunnette and L. Hough eds. *Handbook of Industrial and Organizational Psychology.* 2nd ed. 3. CA: Consulting Psychologists Press.

Pressman, J., and Wildavsky, A. (1973). *Implementation.* CA: University of Berkeley.

Paulison, R.D. (2006). FEMA's response to Hurricane Katrina. May. *Fire Engineering*. 213-218.

Rainey, H.G. (1991). *Understanding and Managing Public Organizations*. San Francisco: Jossey-Bass.

Rambelli, F. (2014). Gods, Dragons, Catfish, and Godzilla. in *When The Tsunami Came to Shore: Culture and Disaster in Japan*. 50-69. Edited by R. Starrs. Netherland: Global Oriental.

Rivera, F.I., and Kapucu, N. (2015). Disaster Vulnerability, Hazards and Resilience: Perspectives from Florida. NY: Springer.

Roberts, P.S. (2006). FEMA After Katrina. *Policy Review*. 137. 15-33.

Robertson, P. J. (1996). Interorganizational relationships: Key issues for integrated services. Working Paper. Los Angles, CA.: University of Southern California.

Ross, A.D. (2014). *Local Disaster Resilience: Administrative and Political Perspectives.* NY: Routledge.

Rubin, D.M. (1987). How the News Media Reported on Three Mile Island and Chernobyl. *Journal of Communication.* 37. 3. 42-57.

Sakamoto, M. (2012). The rise of NGOs/NPOs in emergency relief in the great east Japan earthquake. *Japan Social Innovation Journal*. 2. 1. 26-35.

Salamon, L. (1999). *America's Nonprofit Sector: A Primer.* NY: The Foundation Center.

Salamon, L.M., and Anheier, H.K. (1996). The International Classification of Nonprofit Organizations: CNPO-Revision 1. Working Papers of the Johns Hopkins Comparative Nonprofit Sector Project: The Johns Hopkins University.

Salancik, G.R. and J. Pfeffer (1978) 'A social information processing approach to job attitudes andtask design'. *Administrative Science Quarterly*. 23. 2. 224-252.

Schein, E.H. (1992). *Organizational Culture And Leadership*. 2nd ed. San Francisco: Jossey-Bass.

Schneid, T.D., and Collins, L. (2000). *Disaster Management and Preparedness.* FL: CRC Press.

Schneider, S.K. (2011). *Dealing with Disaster: Public Management in Crisis Situation.* NY: M.E. Sharpe.

Scott, W.R. (1992). *Organizations: Rational, Natural, and Open Systems.* 3rd ed. New Jersey: Prentice-Hall.

Senge, P.M. (1990). *The Fifth Discipline: The Art & Practice of The Learning Organization.* NY: Currency and Doubleday.

Settles, T.L. (2012). Federalism, Law, and the Ethics of Disaster Evacuations. In *Disasters, Hazards and Law*. Edited by M. Deflem. Sociology of Crime, Law and Deviance. 17. 65-81. UK: Emerald.

Shafritz, J.M., and Ott, J.S. (1992). *Classics of Organization Theory*. Editors. 3rd ed. CA: Brooks/Cole.

Shafritz, J.M., Ott, J.S., and Jang, Y.S. (2016). *Classics of Organization Theory*. Editors. 8th ed. Boston: Cenggage Learning.

Shaw, R., Shiwaku, K., and Takeuchi, Y. (2011). *Disaster Education.* Editors. Community, Environment and Disaster Risk Management. Volume 7. UK: Emerald.

Shaw, R. (2014). Kobe Earthquake: Turning Point of Community-Based Risk Reduction in Japan. in *Community Practices for Disaster Risk Reduction in Japan.* edited by R. Shaw. Japan: Springer.

Skinner, C., and Mersham, G. (2002). *Disaster Management: A Guide to Issues Management Crisis Communication*. Oxford: Oxford University Press.

Smith, S.L. (2010). Coping with Disaster: Lessons Learned from Executive Directors of Nonprofit Organizations (NPOs) on New Orleans Following Hurricane Katrina. Unpublished Ph.D. Dissertation: Western Michigan University.

Starrs, R. (2014). Introduction: Cultural Responses to Disasters in Japan. in *When The Tsunami Came to Shore: Culture and Disaster in Japan*. 1-20. Edited by R. Starrs. Netherland: Global Oriental.

Staw, B.M, and Salancik, G.R. (1977). *New Directions in Organizational Behavior.* Chicago: St. Clair Press.

Storr, V.H., Haeffele-Balch, S., and Grube, L.E. (2018). *Community Revival in the Wake of Disaster*. NY: Palgrave Macmillan.

Tachiya, H. (2015). Dealing with Diasters of Unprecedented Magnitude: The Local Government's Tribulations and the Road to Reconstruction. In *Agricultural and Forestry Reconstruction After the great East Japan Earthquake: Tsunami, Radioactive, and Reputational Damages.* 3-18. Edited by Monma, T., Goto, I, Hayashi, T., Tachiya, H., and Ohsawa, K. Tokyo: Springer.

Tanigawa, K. (2012). 'Lessons learned from the Fukushima Daiichi nuclear power plant accident: evacuation, screening and emergency care for the injured following the Fukushima incident'. Paper presented at the Disaster Medical Assistance Team (DMAT) International Conference, 15 September, National Cheng Kung University, Tainan City, Taiwan.

Tang, S.Y. (1992). *Institutions and Collective Action: Self-Governance in Irrigation*. CA: Institute for Contemporary Studies.

Thompson, J.D. (1967). *Organizations in Action*. NY: Macmillan.

The White House. (2006). The Federal Response to Hurricane Katrina Lessons Learned. http://library.stmarytx.edu/acadlib/edocs/katrinawh.pdf, accessed on 2019/1/27.

Tierney, K. (2019). *Disasters: A Sociological Approach*. UK: Polity Press.

Vanderford, M.L., Nastoff, T., Telfer, J.L., and Bonzo, S.E. (2007). Emergency Communication Challenges in Response to Hurricane Katrina: Lessons from the Centers for Disease Control and Prevention. *Journal of Applied Communication Research*. 35. 1. 9-25.

United Nations. (2007). *Words Into Action: A Guide for Implementing the Hyogo Framework*. International Strategy for Disaster Reduction (ISDR). Geneva.

U.S. Government Accountability Office. (2008, September). *Voluntary organizations: FEMA should more fully assess organizations' mass care capabilities and update the Red Cross role in catastrophic events* (GAO-08-823). Washington DC: Author.

U.S. Government Accountability Office. (2006, June 8). *Hurricanes Katrina And Rita: Coordination between FEMA and the Red Cross Should Be Improved for the 2006 Hurricane Season*(GAO-06-712). Washington, DC: Author.

Varano, S.P., and Schafer, J.A. (2012). Policing Disasters: The Role of Police in the Pre-Disaster Planning and Post-Disaster Responses. In *Disasters, Hazards and Law*. Edited by M. Deflem. Sociology of Crime, Law and Deviance. 17. 83-122. UK: Emerald.

Yang, Y.N. (2016).The Nuclear Disaster Management System-A Case Study of the Third Nuclear Power Plant in Taiwan. *Disasters*. 40. 3. 534-553.

Yang, Y.N. (2012). Environmental Policy for Chemical Pollution in Taiwan: The An-Shun Plant Case, Disasters. In *Hazards and Law Sociology of Crime, Law and Deviance*. Edited by M. Deflem. Vol. 17. 133-151. UK: Emerald Group Publishing Limited.

Yang, Y.N. (2010). Disaster Rescuing System of Local Government-The 921 Earthquake in Taiwan, *Disasters*. 34. 1. 112-136.

Watanabe, R. (2005). *Lessons from the Great Hanshin Earthquake.* Translator. Shiozake, Y., Nishikawa, E., and Deguchi, T. Editors. Hyogo Research Center for Quake Restoration. Japan: Creates-Kamogawa Publishers.

Waugh, W. L. Jr. (1994). Regionalizing Emergency Management: Counties as State and Local Government. *Public Administration Review*. 54. 3. 253-258.

Waugh, W.L., and Liu, C.Y. (2014). Disasters, the whole community, and development as capacity building. In *Disaster & Development: Examining Global Issues and Cases*. Kapucu, N., and Liou, K.T., eds. NY: Springer.

Weber, M. (1947). *The Theory of Social and Economic Organization*. (T.Parsons, trans.) NY: Free Press.

Weick, K. (1979). *The Social Psychology of Organizing.* 2nd ed. NY: McGraw-Hill.

Weimer, D.L, and Vining, A. R. (1989). *Policy Analysis*, D.L. NJ: Prentice Hall.

Wilson, J.Q. (1989). *Bureaucracy: What Government Agencies Do And Why They Do It.* NY: Basic Book.

Wolf, T. (1990). *Management a Nonprofit Organization.* NY: Fireside.

Wunder, T. (2019). *Rethinking Strategic Management-Sustainable Strategizing for Positive Impact.* Editor. Switzerland: Springer.

Wunder, T. (2019a). Mindsets for Linking Strategy and Sustainability: Planetary Boundaries, Social Foundations, and Sustainable Strategizing. in *Rethinking Strategic Management-Sustainable Strategizing for Positive Impact.* Edited by T. Wunder. 1-40. Switzerland: Springer.

國家圖書館出版品預行編目資料

救災體系／楊永年著. ——初版. ——臺北市：五南，2020.04
面； 公分
ISBN 978-957-763-977-6（平裝）

1.災難救助 2.災害應變計畫

575.87 109004431

1PTM

救災體系

作　　者— 楊永年（318.9）
發 行 人— 楊榮川
總 經 理— 楊士清
總 編 輯— 楊秀麗
副總編輯— 劉靜芬
責任編輯— 林佳瑩、呂伊真、王者香
封面設計— 王麗娟
出 版 者— 五南圖書出版股份有限公司
地　　址：106台北市大安區和平東路二段339號4樓
電　　話：(02)2705-5066　　傳　　真：(02)2706-6100
網　　址：http://www.wunan.com.tw
電子郵件：wunan@wunan.com.tw
劃撥帳號：01068953
戶　　名：五南圖書出版股份有限公司
法律顧問　林勝安律師事務所　林勝安律師
出版日期　2020年 4 月初版一刷
定　　價　新臺幣500元

經典永恆・名著常在

五十週年的獻禮——經典名著文庫

五南，五十年了，半個世紀，人生旅程的一大半，走過來了。
思索著，邁向百年的未來歷程，能為知識界、文化學術界作些什麼？
在速食文化的生態下，有什麼值得讓人雋永品味的？

歷代經典・當今名著，經過時間的洗禮，千錘百鍊，流傳至今，光芒耀人；
不僅使我們能領悟前人的智慧，同時也增深加廣我們思考的深度與視野。
我們決心投入巨資，有計畫的系統梳選，成立「經典名著文庫」，
希望收入古今中外思想性的、充滿睿智與獨見的經典、名著。
這是一項理想性的、永續性的巨大出版工程。
不在意讀者的眾寡，只考慮它的學術價值，力求完整展現先哲思想的軌跡；
為知識界開啟一片智慧之窗，營造一座百花綻放的世界文明公園，
任君遨遊、取菁吸蜜、嘉惠學子！